普通高等院校“十四五”教育类专业系列教材

现代教育技术与应用

潘庆红　陈世灯◎主　编
伍丽媛　龙琴琴◎副主编

中国铁道出版社有限公司
CHINA RAILWAY PUBLISHING HOUSE CO., LTD.

内 容 简 介

本书是普通高等院校“十四五”教育类专业系列教材之一，以中小学教育教学现实场景中需要解决的问题为重心，注重教学案例的情景性，以有助于读者更好地掌握教育技术的基本理论和实践应用，获得教学设计、网络多媒体学习资源的处理和制作、网络课程的开发和制作、数字化教学环境的应用等能力。

本书内容分为理论和实训两部分，共九章。第 1 ～ 6 章为理论部分，论述了信息化教学环境、信息化教学设计与评价、信息化教学资源、信息化教学课堂以及教育技术新发展。第 7 ～ 9 章为实训部分，通过 PPT 进阶实训案例、Camtasia 微课制作实训案例、MG 动画微课制作实训案例，对知识进行综合应用，提高读者在中小学信息化教学场景中的实践能力。

本书配有丰富的实训案例及数字化学习资源，配套的湖南省线上线下混合式一流本科课程“现代教育技术与应用”可在学银在线平台访问。本书适合高等院校师范类专业作为教材使用，也可作为中小学教师在职培训和继续教育的教材，或供数字化教育等领域的专业人员参考。

图书在版编目（CIP）数据

现代教育技术与应用 / 潘庆红，陈世灯主编 . —北京：
中国铁道出版社有限公司，2024.3（2024. 8 重印）
普通高等院校“十四五”教育类专业系列教材
ISBN 978-7-113-30758-5

Ⅰ.①现… Ⅱ . ①潘… ②陈… Ⅲ . ①教育技术学 - 高等学校 - 教材 Ⅳ . ① G40-057

中国国家版本馆 CIP 数据核字（2024）第 049363 号

书　　名：现代教育技术与应用
作　　者：潘庆红　陈世灯

策　　划：韩从付　　　　　　**编辑部电话：**（010）51873202
责任编辑：刘丽丽
封面设计：刘　颖
责任校对：刘　畅
责任印制：樊启鹏

出版发行：中国铁道出版社有限公司（100054，北京市西城区右安门西街 8 号）
网　　址：https://www.tdpress.com/51eds/
印　　刷：天津嘉恒印务有限公司
版　　次：2024 年 3 月第 1 版　2024 年 8 月第 2 次印刷
开　　本：787 mm×1 092 mm 1/16　**印张：**13　**字数：**325 千
书　　号：ISBN 978-7-113-30758-5
定　　价：49.80 元

前　言

信息技术及其应用在飞速发展，Web 3.0 应用理念逐渐成形，人们能够随时随地接入网络获取外界信息，并乐于共享观点、沟通和讨论问题，从而对学习方式和环境提出了更高的要求。

近些年，陆续出台的《国务院关于加强教师队伍建设的意见》《教育部 国家发展改革委 财政部关于加强教师队伍建设的意见》《教育信息化 2.0 行动计划》等文件，均要求深化教师教育改革，促进教师教育内涵发展，全面提高教师教育质量，提高教师队伍整体素质，对教师的信息化教学能力提出了新的要求。“教育技术与应用”课程是高等师范类院校开设的一门必修课，是为培养师范生掌握教育教学与信息技术深度融合的理念和方法、提高信息化教学基本素养和教育技术实践能力而设置的。

本书的编写以中小学教育教学现实场景中需要解决的问题为重心，弱化理论的深度探讨，加强学科发展的最新热点的讲解，突出教材的实践性，如微课资源的开发和制作、智慧教学课堂的组织和实施、新模式新技术新工具的介绍和应用等。同时，编者在编写时注重教学案例的情景性，尽量提供有关课堂教学设计、技术应用的实践活动，让学生在学习过程中动脑、动手和动口。通过学习本书，学生可掌握教育技术的基本理论和实践应用，具备信息化教学设计能力、数字学习资源的处理和制作能力、网络课程（微课）的开发和制作能力、数字化教学环境的应用能力。

本书内容分为理论和实训两部分，共九章。

第 1 ～ 6 章为理论部分，论述现代教育技术基础知识、信息化教学环境、信息化教学设计与评价、信息化教学资源、信息化教学课堂以及教育技术新发展，让学生掌握教育技术基本概念、基本理论，使学生学会以教育技术的理念处理教学实践中的问题。

第 7 ～ 9 章为实训部分，通过 PPT 进阶实训案例、Camtasia 微课制作实训案例、MG 动画微课制作实训案例等技能的教学和训练，以案例化教学方式对知识进行综合应用，训练学生在中小学信息化教学场景中的实践能力。

本书与湖南省线上线下混合式一流本科课程“现代教育技术与应用”配套使用。该课程部署在学银在线（https://www.xueyinonline.com/detail/227284530），教师可依托平台组织教学。

为方便师生进行线下教学和学习，本书提供了案例的实操素材和效果文件，以及课程的教学大纲、PPT 教学课件、教学教案等资源，可在中国铁道出版社教育资源数字化平台（www.tdpress.com/51eds/）下载。

本书由潘庆红、陈世灯任主编，伍丽媛、龙琴琴任副主编。具体编写分工为：龙琴琴编写第 1 章，潘庆红编写第 2、6、7、8、9 章，陈世灯编写第 3 章，陈世灯、龙琴琴编写第 4 章，伍丽媛编写第 5 章。全书由潘庆红统稿。书中参考了大量学者的研究成果和互联网的教学资源，在此表示诚挚的谢意。

本书是湖南省线上线下混合式一流本科课程“现代教育技术与应用”（湘教通〔2020〕9 号）的建设成果，得到了湖南省社科基金规划项目（18YBA190）、湖南省社科成果评审委员会项目（XSP20YBZ197）的资助，在此一并感谢。

本书可供高等院校师范类公共课“教育技术与应用”课程教学使用，也可作为中小学教师在职培训和继续教育的教材，也可供网络教育应用、信息技术教育等领域的专业人员阅读参考。

由于信息技术的快速发展以及教育教学理论涉及的知识面非常宽泛且深入，加之写作水平和时间有限，书中难免有不妥之处，恳请广大同仁和读者不吝赐教。

编 者

2023 年 12 月

目录

第1章 现代教育技术概述

【学习目标】

- 掌握现代教育技术的概念；
- 掌握“学教并重”的教学设计模式的流程图；
- 了解教育信息化 2.0、教师信息素养以及 TPACK；
- 了解国家教育信息化建设的相关规划和政策文件，理解党的十八大以来加快建设教育现代化、落实立德树人根本任务，构建数字化、个性化、终身化教育体系的核心理念。

强国必先强教，中国式现代化需要教育现代化的支撑。党的二十大报告强调要“推进教育数字化，建设全民终身学习的学习型社会、学习型大国”。当前，教育信息化正引领教育变革和创新的新浪潮，催生了数字教育新业态，必将持续深刻影响教育事业的发展，既有新挑战，也为教育变革和创新提供了难得的机遇。因此，我们要主动、积极地适应数字化、智能化、终身化、融合化的发展趋势。

1.1 现代教育技术的概念及其发展

1.1.1 现代教育技术的概念

要正确理解现代教育技术的概念，其前提是有效地理解什么是技术，什么是教育技术。不能看清技术的本质，就不能真正理解教育技术和现代教育技术的含义，就会出现对技术的盲目崇拜，甚至出现工具主义和唯技术论。

1. 技术

那么何为技术？技术的本质是什么？技术是一个历史范畴，随着社会的发展与历史的变迁，人们对技术的理解也在不断发生改变。换言之，给技术下一个一劳永逸的、为一切时代所接受的、为所有人所赞同的、非历史的定义是不可能的。对于技术的定义，我们需要在特定的历史背景下，从不同的方面进行探讨和界定。在信息社会，技术是人类在生产活动、社会发展和科学实验过程中为了达到预期目的，而根据客观规律对自然、社会和人自身进行认知、调控和改造的一切物质化手段、方法技能和知识经验等活动方式的综合体。就外延而言，技术主要包括两部分内容，一是有形的物质工具手段（物资设备、工具手段），二是无形的智能方法

（方法技能、知识经验）。

2. 教育技术

至于什么是教育技术？2004年12月教育部关于印发《中小学教师教育技术能力标准（试行）》的通知中，将其定义为“教育技术是指运用各种理论及技术，通过对教与学过程及相关资源的设计、开发、利用、管理和评价，实现教育教学优化的理论与实践”。该定义借鉴了美国教育传播与技术协会（association for education communication and technology, AECT）在1994年对教育技术作出的定义：“教育技术是关于学习过程与学习资源的设计、开发、利用、管理和评价的理论与实践。”该定义简称AECT94定义，其内涵如图1-1所示。

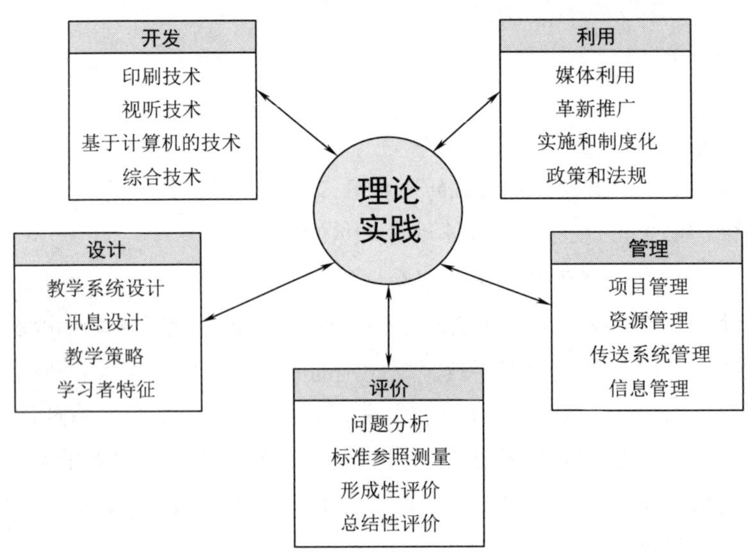

图1-1　AECT94定义的内涵

从AECT94定义可以看出，教育技术的研究对象是学习过程与学习资源，其中学习资源包含能帮助和促进学生学习的信息、人员、教材、设施、技术和环境等资源；研究目的是促进学习，改变了以往以“教”为中心的思想，转换为以“学”为中心；研究任务是对学习过程和学习资源进行设计、开发、应用、管理和评价的一系列理论和实践问题。除此之外，AECT94定义强调教育技术是理论与实践并重的领域。

2005年AECT对教育技术的定义进行了修改，俗称05定义：“教育技术是通过创造、使用、管理适当的技术性的过程和资源，以促进学习和提高绩效的研究与符合伦理道德的实践。”其中强调，教育技术的研究对象是技术性的过程和资源。其研究目的是促进学习和提高绩效，将教育技术的研究范围由学校教育教学领域扩展到企业绩效领域；研究任务是对技术性过程的资源的创造、使用和管理，强调教育技术创新，强调教育技术实践应符合伦理道德规范的要求。

我国教育界对教育技术的定义自始至终伴随着不断中国化的尝试，坚持中国式发展道路，构建了中国特色教育技术学科定义体系，指明了教育技术“是什么”“做什么”“如何做”。将教育技术内涵理解为在教育教学活动中所采用的一切技术与方法的总称，理论层面定义为研究在教育中运用相关技术来提高绩效的理论、规律和方法的一门科学；实践层面定义为在先进教育思想、理论指导下，运用相关的手段和方法来提高教育绩效的实践活动。

3. 现代教育技术

现代教育技术是教育技术的下位概念，与教育技术的区别在于现代教育技术加上了“现代”一词。对于“现代”理解的不同导致对于现代教育技术的理解也存在差异，目前主要存在两种理解：一种是指现在新出现的教育技术，强调新技术对传统技术的革新；另一种则是现在正在使用的教育技术，同时包含传统的教育技术和新的教育技术。

那么何为现代教育技术？得到较为广泛认可的定义是：现代教育技术就是运用现代教育理论和现代信息技术，通过对教与学的过程和资源的设计、开发、利用、管理和评价，以实现教学优化的理论和实践。该定义强调现代教育技术要以现代教育理论为指导，以现代信息技术为支撑，来对教与学的过程和资源进行研究与实践，目的在于实现教育教学的最优化。该定义体现了现代教育技术的内涵，具体如下：

（1）现代教育技术以先进的教育思想和现代教育理论为指导

现代教育理论包括现代教学理论和现代学习理论。其中现代教学理论有“结构-发现”教学理论、发展教学理论和教学最优化理论等。现代学习理论有行为主义学习理论、认知主义学习理论、建构主义学习理论和联通主义学习理论等。现代教育技术的应用应以习近平科技创新思想为指引，借鉴先进的教育思想和教学理论，树立应用现代教育技术推进素质教育、培养学生的创新精神和实践能力的教育思想，重视应用现代教育理论指导教与学的过程和资源的设计、开发及应用。

（2）现代教育技术以信息技术为手段支撑

信息技术是指在计算机和通信技术的支持下用以获取、加工、存储、变换、显示和传输文字、数值、图像以及声音信息的技术，包含通信、计算机与计算机语言、计算机游戏、电子技术、光纤技术等。当前应用于教育的现代信息技术主要是以多媒体和网络为核心的计算机多媒体技术、人工智能技术、互联网络通信技术和虚拟现实仿真技术等。对现代信息技术的使用，应根据教学实际需要加以选择，充分发挥多媒体和网络技术的优势，构建信息化教育教学环境和数字化教学资源。

（3）现代教育技术以教与学的过程和资源为研究对象

现代教育技术以教与学的过程和资源为研究对象，既重视“教”，也重视“学”，同时研究教与学“过程”与“资源”的设计、开发、利用、管理和评价。同时，现代教育技术以实现教与学的最优化为目标，通过现代信息技术手段不断优化教与学资源，建设信息化教与学环境，开发智能化教与学软件，推进教育现代化、教育信息化进程。

（4）现代教育技术遵循系统科学方法

现代教育技术遵循系统科学方法开展教育教学实践，即在实践过程中，将教学作为一个完整的系统来看待，通过协调教学系统的整体和组成要素（教师、学生、教学内容、教学媒体等）的关系，使组成要素的功能和目标服从教学系统的总体目标，以实现教学系统总体的最优化。换言之，为达到教学效果最优化，需要对教学系统的各组成部分进行精心设计、实施，并随时进行评价和修正。

1.1.2 现代教育技术的发展历史

如果我们将教育过程中所有出现和应用过的物化技术都归入现代教育技术研究的范畴，那么现代教育技术的历史与教育的历史一样源远流长。现代教育技术的发展主要是沿着“视觉教育—视听教育—教育技术”这一轨迹发展起来的。在此期间，媒体教学技术、个别化教学技术、教学系统方法逐步融合为一体，直至20世纪70年代，才正式把现代教育技术理解为包含上述三个方面的整体教育技术。故现代教育技术作为一个领域、一门学科，还十分年轻。教育技术学的具体发展演化进程如图1-2所示。

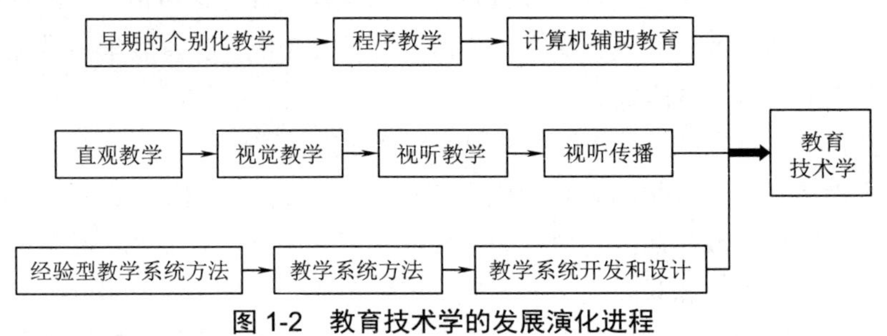

图1-2 教育技术学的发展演化进程

1. 媒体教学技术的发展

按照发展过程中使用的不同媒体和传播手段来看，媒体教学技术的发展大致经历了视觉教育、视听教育、视听传播三个阶段。

2. 个别化教学技术

（1）早期的个别化教学

个别化教学是一种适合单个学习者不同需要和特点的教学方式。其主要特点是允许学生自定学习进度，打破传统教学模式的固定步调，学生可以自定步调，但必须达到一定的教学要求才能转入下一步的学习，重视课程内容的选择和组织。

（2）程序教学

程序教学就是将教学内容按一定的逻辑顺序分解成若干小的学习单元，编制成教学程序，由学习者自主学习。程序教学的特点是：小的学习步骤、自定学习进度、积极反应、及时反馈、低错误率。

程序教学的模式有两种：直线式程序和分支式程序。这两种模式可以根据学科内容进行混合使用，如“直线程序–多重选择反应”模式、“直线程序–构答反应”模式。

程序教学在20世纪五六十年代曾经作为先进的教学方式而风行一时。它可以使学生每一单元的学习目标明确，注意力集中，适合学生的个别差异。但由于教材编制的难度较大、花费较多，教学内容的限制性强，程序教学在20世纪60年代后期逐步衰退。

（3）计算机辅助教学

20世纪60年代后期，其他个别化教学的研究也得到了一定程度的发展。由于计算机具有人机交互、动态模拟、高速运算、海量存储、控制灵活等特点，其性能大大优于早期的程序教学机器，于是人们开始探索通过计算机进行个别化教学，即计算机辅助教学（computer assisted instruction, CAI）。1959年，第一个计算机教学系统通过一台IBM 650计算机和一台电传打字机向小学生教授二进制算术。早期的CAI基于个别化学习和程序教学的思想，通过编写基于框面的、小步骤的分支式程序来完成个别化教学。

到20世纪的70年代末和80年代初，CAI的理论基础也由行为主义学习理论转向认知学习理论，开始关注学习者的内部心理过程。一种思维适应控制方法被提出，强调高级思维的控制过程，试图解释思维定向与思维转移的控制机制和控制原则。该方法应用于构造认知学习模型，以实现对学生求解集合问题思维过程的自动跟踪与控制，取得了很大的成功。

到了20世纪90年代，计算机多媒体技术、网络通信技术、人工智能技术得到了进一步的发展，并相互交叉融合，同时建构主义的学习理论和教学理论逐渐成熟，人们开始利用多媒体计算机和互联网构造基于建构主义的教学系统，构造支持自主学习、小组协作学习、群体在线学习的环境。

综上所述，在几十年的个别化教学实践中，教育技术已经形成了一整套关于个别化教学的模式、方法和以学习者为中心的指导思想，特别是程序教学和计算机辅助教学的出现，使个别化教学技术成为教育技术一个重要的研究和实践领域。

3. 教学系统方法的形成

教学系统方法是一种系统的设计、实施和评价教与学全过程的方法，它的发展形成了整体设计思想和教学过程的设计模式。教学系统方法实质上是设计和改进教学的一种经验性方法。这种经验性方法可追溯到17世纪提出的用归纳法来分析和改进教学。19世纪，以科研方法来指导教学实践被提出。20世纪初，首次用定量研究方法来处理教育问题。20世纪20年代，提出用实验方法来解决教学问题。总而言之，从17世纪至20世纪初，领域内的专家学者们都尝试使用系统的方法来解决教育教学中的问题。

20世纪六七十年代，在程序教学的开发模式、行为科学和一般系统论的影响下，教学系统方法逐渐形成。20世纪60年代初，多位学者将系统论思想与上述任务分析、行为目标和标准参照测验等理论、概念及方法进行有机结合，提出了早期的“系统化设计教学”模型。《视听教育：媒体和方法》一书中提出了系统化教学模型，以学习者为中心，充分考虑学习者的需要和能力，根据学习者达到学习目标的情况调整教学过程。这一模型充分地体现了教学中系统的方法和理念的应用，具体如图1-3所示。

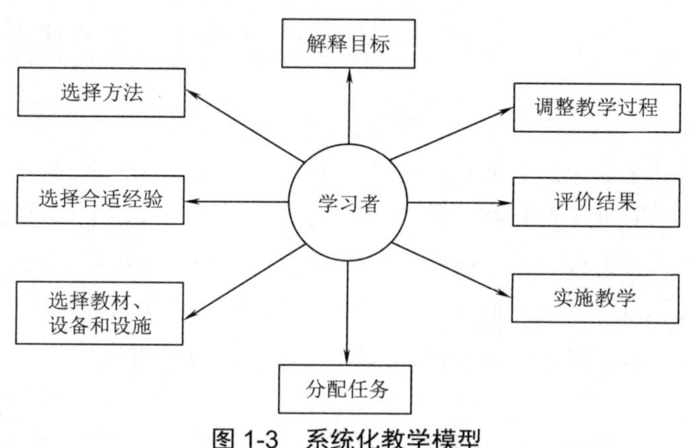

图 1-3 系统化教学模型

1.1.3 中国教育技术发展历程

20世纪90年代以前，我国的教育技术一直被称为“电化教育”，目的是创立富有中国特色的理论研究和实践探索。20世纪90年代以后，为了国际交流的方便，在研究实践领域逐渐吸收国外教育技术的理论和方法，在名称上逐步改用“教育技术”，在研究的内容、方法和实践的领域也在逐步扩展，其中，有专著将教育技术称为“现代教育技术”，是表明研究领域只局限于“电化教育”以后的阶段。下面从初创、发展、创新三个阶段进行介绍。

1. 初创阶段

1922年，南京金陵大学农学院举办农业专修科，设立推广部，并购买幻灯片、电影片，用唱片配音或播映员口头讲解，到各地宣传科学种棉知识。这大概是最早在大学中应用视听媒体来进行的教学。1923年，中国教育家晏阳初在长沙、烟台、嘉兴举办大规模的千字课教学实验。1930年，金陵大学理学院购进若干部专业无声电影，结合课程放映，翻译了60多部教学影片。1932年，“中国教育电影协会”在南京成立，这对电影教育的开展起了积极的推动作用。

“电化教育”一词，大致在20世纪30年代中期出现和使用，其内容指电影和广播。“电化教育”一词的产生主要有两个原因：一是当时该名词所概括的电影与播音教育必须以电为动力，故统称为电气化教育。二是在20世纪30年代，电是现代化的象征。尤其是在国内，一般人把电看成稀奇、万能之物，因此，“电化教育”也就被认为是先进的教育。

2. 发展阶段

新中国成立后，高等学校电化教育得到恢复和发展。高校开始设置电化教育课程，开展电化教育活动，开展普教电化教育。普教电化教育主要由各地电化教育馆来组织和推广。1950年，北京外国语学校首先利用灵格风唱片辅助外语教学，在当时很受大众的欢迎。

1978年7月，经国务院批准，教育部建立了中央电化教育馆。1978年，教育部又创办中央广播电视大学、44所省广播电视大学、456所市级广播电视大学等。从1978年到1986年，仅教育系统的电教设备就增加了数十倍。据1987年6月底的不完全统计，全国学校系统拥有幻灯机、投影器25万多台，电影放映机4万多台，电视机6万多台，录放像机3万多台，录像制作设备1 500多套，语言实验室近3 000套，电化教学室1.7万多个；先后出版了一批反映电化教育实践经验和电化教育理论研究成果的著作，主要有《电化教育》《电化教育学》《电化教育概论》等。1983年起，华南师范大学、华东师范大学首先办起四年制本科电化教育专业和教育信息技术专业。

进入20世纪90年代后，为了方便国际交流，教育技术学界采用了国际通用的学科名称，电化教育更名为教育技术，正式进入系统化建设时期，形成了具有中国特色的教育技术理论框架。同时在全国范围内开展了信息技术教育应用的实践热潮，构建了信息技术与课程整合的一套理论，进一步深化并完善教学系统设计的相关理论。进入21世纪后，教育部高等学校教育技术学教学指导委员会经过认真调查研究，重新确定了教育技术学专业的五个研究方向：教育技术学、信息技术教育、数字媒体技术、教育软件工程和现代远程教育。

3. 创新阶段

随着互联网技术的蓬勃发展，“互联网+教育”的浪潮席卷了教育技术理论和实践领域，云计算、大数据技术、虚拟现实（virtual reality, VR）技术的教育应用，基于大数据的学习分析技术、微课、MOOC、网络精品共享课程等，大大丰富了教育技术理论和实践的领域，为实现国家教育信息化战略迈出了坚实的一步。

党的二十大提出我国教育事业要全面落实立德树人根本任务，广泛践行社会主义核心价值观，加快建设高质量教高体系，发展素质教育。因此，创新育人方式，深化课程教学改革，推进新技术与教育教学的深度融合，走“互联网+教育”的新道路，实现从融合应用阶段迈向创新发展阶段，是推动我国教育信息化水平走向世界前列的必经之路。基于此，作为教育改革的“生长点”和教育信息化的“制高点”，现代教育技术从教育的辅助地位上升到教育发展的核心，成为推动教育信息化进程稳步推进和加快教育现代化建设的强有力的杠杆。教育信息化正步入以智慧教育为驱动的数字时代教育新形态。教育形态的创新体现在以下五个维度：

维度一：新在核心理念。智慧教育是关乎国计的重大战略，通过科技赋能和数据驱动，将全方位赋能教育变革，系统性建构教育与社会关系新生态，让因材施教的千年梦想变成现实。

维度二：新在体系结构。智慧教育将突破学校教育的边界，推动各种教育类型、资源、要素等的多元结合，推进学校、家庭、社会协同育人，构建人人皆学、处处能学、时时可学的高质量个性化终身学习体系。

维度三：新在教学范式。智慧教育将融合物理空间、社会空间和数字空间，创新教育教学场景，促进人技融合，培育跨年级、跨班级、跨学科、跨时空的学习共同体，实现规模化教育与个性化培养的有机结合。

维度四：新在教育内容。智慧教育将聚焦发展素质教育，基于系统化的知识点的逻辑关系建立数字化知识图谱，创新内容呈现方式，让学习成为美好体验，培养学习者的高阶思维、综合创新、终身学习等能力。

维度五：新在教育治理。智慧教育将以数据治理为核心、数智技术为驱动，整体推进教育管理与业务流程再造，提升教育治理体系和治理能力的现代化水平。

1.2　信息化教与学理论

任何学科的存在和发展都应以一定的理论为基础，逻辑上应以一定的理论为指导。现代教育技术的是教育科学的一个分支，其学科属性归属于教育范畴，同时是教育范畴中新兴的、鲜明独特的综合性学科。现代教育技术主要研究和解决如何运用现代教育理论和现代信息技术来更有效地传递教学信息，来帮助学生更好地学习等教学问题。因此，在解决这些问题的过程中，现代教育技术应该获得相应理论的支持，同时具备本学科所特有的理论基础。至于什么理论可以成为现代教育技术的理论基础，由于对现代教育技术的学科认识以及研究立场、研究取向的不同，因而关于支撑它的理论基础也会有不同的看法和认识。但众所周知，现代教育技术在发展过程中不断汲取其他学科的一些理论和方法，可以说，这些学科理论和方法为教育技术学科的产生奠定了理论基础。

纵观已出版的现代教育技术专著和教材，基本上都提到了视听与传播理论、学习理论、教学设计理论等。本节主要围绕这些理论进行简要阐述。

1.2.1 视听与传播理论

传播是自然界和人类社会普遍存在的信息传递过程。从某种意义上说，教育也是一种信息传播活动。它是教育者按照确定的教学目标，通过有效的教学媒体将适当的教学内容传递给教学对象的过程，是教育者和受教育者之间的信息交流活动。现代教育技术的研究和应用，教学媒体的设计和选择，其实质是要研究传播信息的途径、传播媒体的特征和传播效果的优劣等，这些都是以教育传播理论为基础的。因此，视听传播理论是现代教育技术的重要理论基础。

1. 经验之塔理论

教学信息有效传播的前提在于选择恰当合适的教学媒体。20世纪30年代至50年代，大量视听媒体，如广播、幻灯、电影、唱片、录音、电视等被引入教学领域，因此，有关教学媒体的选择及运用方法等问题引起了广大教育工作者的关注。他们从教学实践的研究中总结了一系列视听教学的方法，并提出了相应的理论依据。其中，比较著名的是“经验之塔”理论。该理论认为，人们学习知识，一是由自己的直接经验获得，二是通过间接经验获得。当学习是由直接到间接、由具体到抽象时，获得知识和技能就比较容易。

“经验之塔”理论把学习得到的经验按抽象程度的不同分为三大类十个层次，分别是做的经验、观察的经验和抽象的经验，如图1-4所示，该图称为“经验之塔”。塔中最底层的经验，是最直接、最具体的经验，越往上升，则越趋于抽象。各种教学活动可以根据经验的具体到抽象的程度，排成一个序列。位于“经验之塔”中层的视听教具，比用言语、视觉符号更能为学生提供较具体的和易于理解的经验。它能冲破时空的限制，弥补学生直接经验的不足。

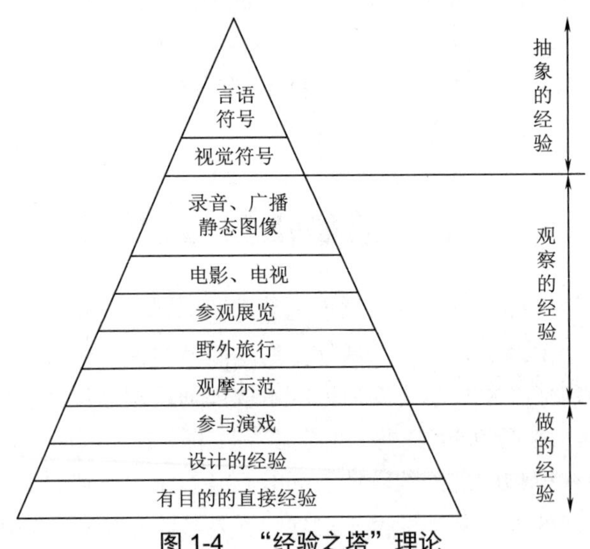

图 1-4 “经验之塔”理论

（1）做的经验

① 有目的的直接经验：“经验之塔”的底部是直接的、具体的经验，是人们直接与真实事物本身接触取得的经验，是人们通过直接感知（看、听、尝、摸和嗅）或完整的生活经验获得的大量有意义的信息与观念。

② 设计的经验：是人们在对客观事物进行“仿造”的设计、制作过程中所取得的经验。

③ 参与演戏：通常有许多事情是不能直接去实践而取得经验的。参与演戏是指把一些事情编成戏剧，让学生在戏中扮演一个角色，使他们在尽可能接近真实的情景中获得经验。演戏可以使人们参与重复的经验。

上述三个层次都是通过亲自实践，从“做”的过程中去取得经验，尽管设计与演戏所实践的是仿造或重复的真实事物，是向抽象化方向发展了，但它能突出重点，有利于达到教学目标。

（2）观察的经验

① 观摩示范：是将重要的事实、过程与观念用形象动作去呈现出来，使学生进行有目的的、准确的观察，从而获得一种观察经验。要使示范有效，学生必须有高度的自觉性、积极性，并充满想象力地参与进去，在观察中进行抽象化的思维活动，以促使进行准确而有洞察力的观察。

② 野外旅行：目的是观察真实事物的各种景象。观察的结果包括直接的经验，也包括抽象的知识等。参观旅行的主要目的是观察，而在观察之后，也许会介入直接的活动。

③ 参观展览：展览有陈列的实物、模型、图表甚至照片，由它们组合起来可以使事物、情境、过程脱离原有的背景环境被集中再现。展览主要是提供人们看，参观者并不能操纵或触摸展品，从观察这些陈列的材料去取得观察的经验。

④ 电视和电影：通过看电影、电视，得到的主要是间接的、替代的经验。但电影、电视有它特殊优越的地方。首先，它们能选择典型的材料，使学生能集中注意力观察事物的重点部分。其次，它们能突破时间和空间的限制，能随时重现过去的历史事件，或即时呈现正在发生的真实事件，因此在某种程度上讲也能带来一定的直接经验。另外，电影、电视能借助特殊的拍摄技巧、编辑技巧、动画技巧、特殊效果技巧等，帮助学生观察原本难以观察的微观或宏观的景象，不仅能展示事物的表面，也能剖析事物的内部结构，既能把快速变化运动的过程变为慢的来观察，也能把缓慢变化的过程变快，在很短的时间内呈现出来，为学生学习提供良好的条件。

⑤ 静态图像、广播、录音：提供的信息，通常能为没有文字阅读能力的人所理解。这些视听手段可以为个人或小组所用，在班级教学中，常用的是幻灯机、投影器、放音设备和扩音系统等辅助手段。但静态图像、广播、录音等都不及前面讨论的视听经验直接。尽管有些静态图像可能使人觉得有强烈的动感，甚至似乎可以听到声音，但是，照片终归不如有声电影、电视。同样，无线电广播只能提供声音信息，在信息量方面远没有电影、电视丰富。

（3）抽象的经验

① 视觉符号：是指平面地图、示意图、图表等抽象化了的符号，它们与现实事物已没有多少类似的地方。由于视觉符号并不“再现”一个具体的经验，因此，往往一个很简单的符号是很难理解的，教师应力求做到使所使用的符号适合学生的理解水平，通过实践，让学生自己去制作图表，如统计图、地图等，培养和发展他们运用符号的能力。

② 言语符号：是一种抽象化了的代表事物或观念的符号。所谓抽象化，就是这种符号已经没有实在事物的形态，不再含有对意义的视觉暗示。言语符号包括口头语言与书面的语词符号。口头语言是基本的，只要有听说能力的人，都能够使用他们的语言去进行思想交流与知识

传播。书面语词是第二性的，是符号的符号，只有学习、掌握了这些书面语词符号的人，才能利用这些符号。因此，在“经验之塔”中，口头语言的位置比书面语词要低一些。虽然语言符号本身是抽象的，但在使用时，它们是与“经验之塔”中的所有其他材料一起发挥作用的。

2. 传播过程

教育传播是一个复杂的过程，从总体而言，就是要研究教育信息传播过程中，教育者、媒体、学习者三者之间相互作用的方式、现象。在研究这一过程的方法上，往往是先把复杂的过程简化为若干组成要素，用图形、符号把这些要素的作用、地位和相互关系抽象出来，成为一种理想化了的代表，这就是传播模型，主要有拉斯韦尔模型、香农–韦弗模型。

3. 教学传播的基本规律

随着传播学逐渐与教育科学的不断融合，教学被看作围绕教育者、受教育者及教学信息的传播活动。结合传播学和教育学的理论及方法，研究者们总结归纳了教育信息传播活动的基本规律，主要有共识律、谐振律、选择律以及匹配律。

（1）共识律

共识律是指一方面教师要依据学习者已有的知识、技能的水平和特点来建立传递关系；另一方面教师要根据教学目标、内容和特点，通过各种方法和媒体来为学习者提供相关的学习资源或材料，以便学习者已有的知识技能与将要学习的新知识产生有意的联结，从而达到传播的目的。在教学传播活动中，共同的知识背景是教师与学习者得以交流和沟通的前提，教学内容的选择、组合和传递必须首先估计学习者已有的知识、技能的水平，并要考虑激发学习者的潜能。学习的过程是学习者已有知识结构平衡不断发生变化的过程，是按“平衡→不平衡→新的平衡”的循环反复过程螺旋式上升的。在创设情景的过程中，教师首先考虑的是学习者的“最近发展区”。

（2）谐振律

谐振律是指教师传递信息的“信息源频率”同学习者接受信息的“固有频率”相互接近。两者在信息的交流和传递方面产生共鸣。它是教学传播活动得以维持和发展，并获得较好传播效果的必要条件。知识信息传播的速度过快或过慢、容量过大或过小都会影响师生双方谐振的条件，从而造成传播过程中信息阻塞现象。教师还需要创设一种民主宽松、情感融洽的交互氛围，师生双方应该建立起融洽的合作关系。

（3）选择律

选择律是指任何教学传播活动都需要对教学内容、媒介等进行合理选择。选择的依据是符合学习者的身心特点，以最小代价获得最优教学效果为前提，旨在以最佳的“代价与效果比”成功地实现目标，即最小代价原则。

（4）匹配律

匹配律是指在一定教学环境中，通过学习者特征分析、教学内容分析，结合教学目标、方法、媒体、环境等因素，使各种因素按照各自的特点和规律，有机地、和谐地匹配起来，使教学传播系统处于良好的运转状态中。

1.2.2　学习理论

现代教育技术的目标在于利用现代化技术手段促使学生更有效地学习。只有清楚了解学习者的学习过程是如何发生的，把握了学习规律，才能对学习过程和学习资源进行有效的设计、开发、利用、管理和评价。因此，在现代教育技术的理论体系中，学习理论是构成现代教育技术的重要理论支撑之一，对学习理论的研究是现代教育技术研究的前提。

学习理论是阐述关于人类如何学习的理论，包括学习是怎样产生的、它经历了怎样的过程、它有哪些规律、如何才能进行有效的学习等问题。从20世纪50年代末至今，学习理论历经行为主义、认知主义、建构主义和联通主义等不同发展阶段，这些在不同历史阶段出现的学习理论流派，都是在前面的学习理论学派的基础上产生发展的，是共生和丰富的关系。各学习理论学派之间最大的差异表现在对学习本质的不同理解上，即针对什么是学习、学习过程是如何发生的等问题，各个学习理论学派有不同的解答。

1.2.3　教学设计理论

教学设计理论是关于如何设计、规定教学活动的理论，是一套用来决定在一定的教学条件下，为了使学习者达到特定的教学目标，应该采用什么样的教学策略、教学方法和教学媒体的系统化的知识体系。教学设计理论是在其他相关学科理论（如学习理论、教学理论、传播理论以及系统理论等）研究的基础上建立并发展起来的。许多教学设计专家将教学设计理论应用到实践过程中，形成了一系列过程设计模式。这些模式一方面综合了理论与技术等各方面的因素，另一方面简化了复杂的教学理论以及教学过程各要素之间的关系。因此，设计过程模式也成为教学设计理论的重要组成部分。

下面我们将根据学习理论的不同，将教学系统设计的理论和模式分为三种：以行为主义的联结学习（即刺激–反应）为理论基础的“以教为主”的教学系统设计模式、以建构主义为主要理论基础的“以学为主”的教学系统设计模式、以建构主义为其理论基础的“学教并重”的教学系统设计模式。

1.“以教为主”的教学系统设计模式

“以教为主”的教学系统设计模式以“教”为中心，即面向教师的“教”，其基本内容是研究如何帮助教师把课备好、教好，而很少考虑学生“如何学”的问题。“以教为主”的教学系统设计模式的理论基础包括四个组成部分，即系统论、学习理论、教学理论和传播理论。

2.“以学为主”的教学系统设计模式

建构主义学习理论和学习环境强调以学生为中心，不仅要求学生由外部刺激的被动接受者和知识的灌输对象转变为信息加工的主体、知识意义的主动建构者，还要求教师是知识的传授者、灌输者转变为学生主动建构意义的帮助者、促进者。可见在建构主义学习环境下，教师和学生的地位、作用和传统教学相比已发生很大变化。以“学”为中心的教学设计理论正是顺应建构主义学习理论的上述要求而提出，因而，建构主义学习理论是“以学为主”的教学设计模式的理论基础。

“以学为主”的教学设计模式的方法与步骤如图1-5所示，包含教学目标分析、学习情境创设、信息资源的设计与提供、自主学习策略设计、协作学习策略设计、开展学习效果评价等多个环节。

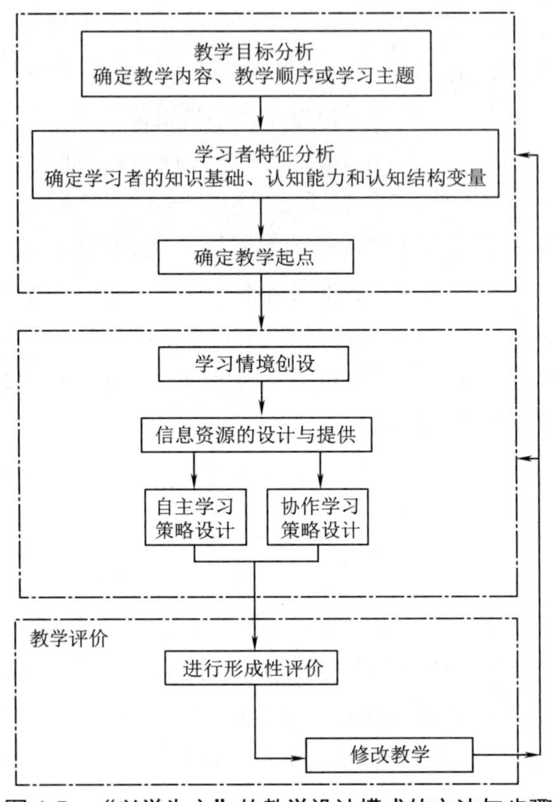

图 1-5 “以学为主”的教学设计模式的方法与步骤

① 教学目标分析。在以学为主的教学设计中，教学设计的目的是确定当前所学知识的“主题”，即与基本概念、基本原理、基本方法或基本过程有关的知识内容。由于主题包含在教学目标所需要的教学内容中，通过教学目标分析得出总目标与子目标之间的形成关系图，意味着为达到教学目的所需的全部知识点，形成当前学习内容的主题。

② 学习情境创设。建构主义学习理论认为，学习总是与一定的社会文化背景相联系的，在实际情境下进行学习，可以使学习者能利用自己原有认知结构中的有关经验去同化当前学习的新知识，从而赋予新知识以某种意义。如果新知识与旧的经验之间无法完成同化，则需要通过顺应完成知识的建构。所以，创设有利于学生自主建构知识意义的情境是“以学为主”的教学设计的非常重要的环节。情境创设分为两种。一种是学科内容具有严谨结构（良构）的情况，如数学、物理、化学等理科内容，这时要求创设有丰富资源的学习环境，包含许多应用实例和有关信息资料，以便学习者完成自主建构。另一种是学科内容是“非良构”的，如语文、英语、历史等，这时应创设接近真实情境的学习环境，激发学习者的学习积极性，形成新的认知结构。

③ 信息资源的设计与提供。信息资源设计是指确定学习知识主题所需要信息资源的种类及其在学习本主题中所起的作用。一般而言，教师要为学生提供多种感官刺激类型的学习资源，还要为学生如何使用和阅读资源提供相应的帮助和辅导。

④ 自主学习策略设计。“以学为主”的教学设计中，强调“自主–合作–探究”，要在学习过程中，发挥学生的主动性，体现学生的首创精神，使他们在多种不同的情境下应用所学知识，靠自身的行动形成对客观事物的认识，形成解决实际问题的方案。教师一般不进行课堂讲授，只是作为课堂教学的组织者、指导者，也是学生进行意义建构的帮助者和促进者。教学策略有支架式、抛锚式、随机进入式等。

⑤ 协作学习策略设计。建构主义认为，学习者之间的协作交流与互动，对于学习内容的理解、共享起着关键性的作用。通过小组讨论、协商和角色扮演等不同的协作学习策略，以进一步完善和深化对学习主题的意义建构。

⑥ 进行形成性评价。“以学为主”的评价方式更加多元，除了教师评价之外，学生是评价的主体，包括学习组对个人的评价和学生个人的自我评价。评价内容主要围绕学生自主学习能力、对合作学习所做出的贡献以及达到意义建构目标的程度。

3. “学教并重”的教学系统设计模式

“以教为主”的教学系统设计模式便于发挥教师的主导作用，便于教师监控整个教学活动进程，便于因材施教，有利于学生对基础知识的系统学习和掌握。但这种教学设计容易忽视学生的自主学习，不注意调动学生的主动性、创造性，不利于创新意识、创新思维与创新能力的培养。

“以学为主”的教学系统设计模式重视学生的自主学习与自主探究，注意调动学生的主动性、积极性与创造性，有利于学生创新意识、创新思维与创新能力的培养。但这种教学设计忽视教师的“教”，不太考虑教师主导作用的发挥，不利于学生对学科基础知识的系统掌握。

“学教并重”的教学系统设计模式介于“以教为主”和“以学为主”之间，吸收两者之长处，摒弃两者之短处，既要发挥教师在教学过程中的主导作用，又要发挥学生在学习过程中的主体地位；既要重视学科基础知识的传授，又要注重学生创新思维和能力的培养，这正是“学教并重”的教学设计的思想来源。“学教并重”的教学设计模式的总体思想是教师通过教学意图和策略影响学生，把学生置于主体地位并提供主体地位的环境，使学生成为学习的行动者。

从图1-6可以看出，“学教并重”的教学系统设计可以根据教学内容和学生的认知结构情况灵活选择“发现式”或“传递–接受式”教学分支。“传递–接受式”教学过程基本采用“先行组织者”教学策略，同时也可采用其他教学策略作为补充，以达到最佳的教学效果。在“发现式”教学过程中也可以充分吸收“传递–接受式”教学的长处，如进行学习者特征分析、促进知识的迁移等。在这个模式中，便于考虑学习者情感因素的影响。在左分支的“情境创设”或右分支的“设计和选择媒体”环节，便是考虑激发学习者的学习动机而进行合理的设计。在“学习效果评价”或根据形成性评价结果所做出的“教学修改”环节中，则可以通过讲评、小结、鼓励和表扬等手段来促进学习者的“认知内驱力”、“自我提高内驱力”和“附属内驱力”的形成与发展。

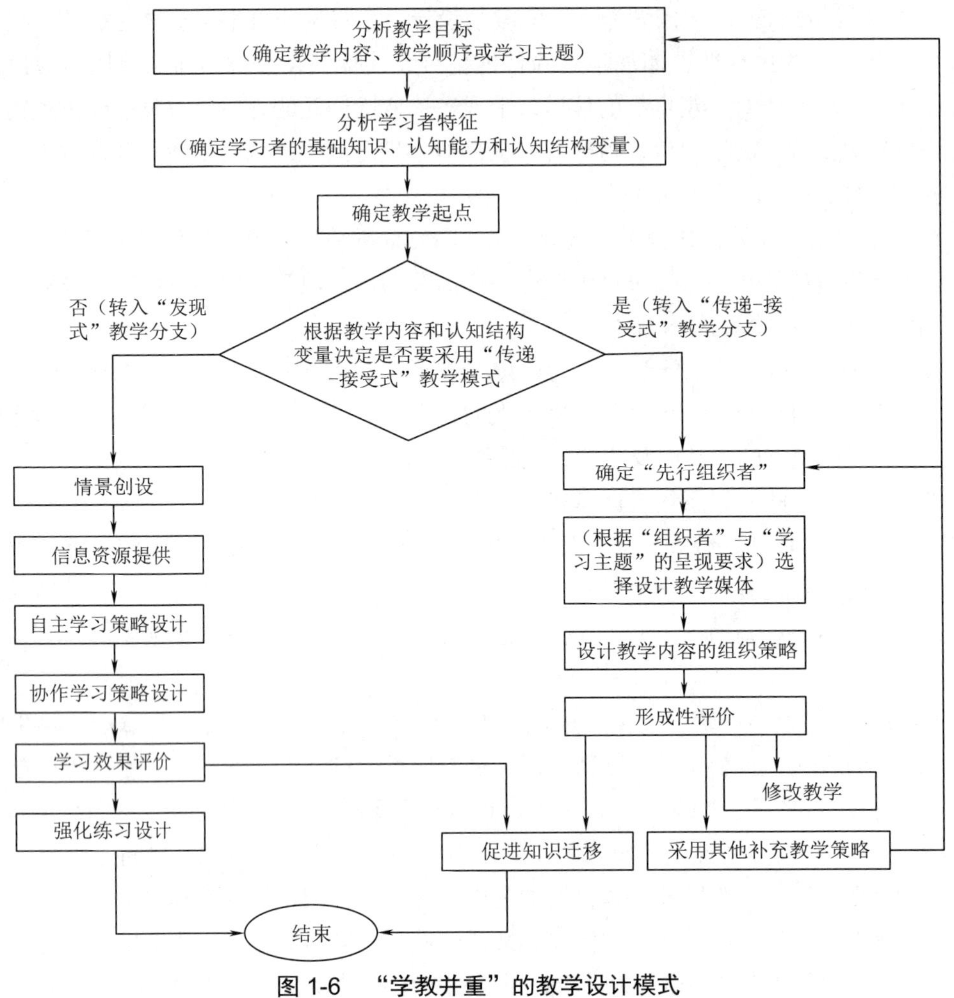

图 1-6　“学教并重”的教学设计模式

1.3　现代教育技术与教师专业发展

党的二十大报告提出，推进教育数字化，建设全民终身学习的学习型社会、学习型大国。报告强调，“教育、科技、人才是全面建设社会主义现代化国家的基础性、战略性支撑”，明确要求要不断推动教育变革和创新，推进教育数字化，构建网络化、数字化、个性化、终身化的教育体系，形成方式更加灵活、资源更加丰富、学习更加便捷的终身学习体系。教师具备良好的信息化技术应用能力，是推动教育数字化发展的前提和关键。为扎实推进国家教育数字化战略行动，我们需要完善教育信息化标准体系，提升教师利用数字技术优化、创新和变革教育教学活动的意识、能力和责任。

在信息化社会中，教师应该理所当然地成为“数字化生存”的带头人——应该能够应用信息技术开展有效的教学；应该能够应用信息技术进行研究，寻求解决教育教学过程中所遇问题的方法；应该能够利用信息技术进行合作，塑造出开放、融洽、互动的协作风格；应该能够利用信息技术进行学习，成为信息化条件下的终身学习者，实现知识、技能、伦理的自我完善。

这是信息化社会中教师专业发展的目标及要求。上述目标的有效达成有赖于现代教育技术。现代教育技术是促进教师发展专业技能和自我完善的重要途径。运用现代教育技术带来的技术成果，建立开放的教师教育体系，改革教师教育课程体系，走向专业发展的教师专业教育，是我国教师教育改革的趋势。

1.3.1　教育信息化

随着网络技术的迅速普及，我国社会的发展与信息技术的关系越来越密切，人们越来越关注信息技术对社会发展的影响，“教育信息化”的提法也开始出现了。1999年6月，中共中央、国务院发表了《关于深化教育改革全面推进素质教育的决定》，其中第15条中指出“大力提高教育技术手段的现代化水平和教育信息化程度”。这或许是“教育信息化”这一术语在我国政府文件中的最早出处。目前，我国政府的各级各类文件已经正式使用“教育信息化”这一概念。至于何为“教育信息化”，学术界没有统一的界定，国内学者从不同的研究视角出发，对教育信息化进行了不同的内涵解读。

1.3.2　教师信息素养

信息时代的教师既是信息社会的公民，同时又扮演着教师的职业所决定的作为知识传播者与信息素养教育施教者的角色。因而教师信息素养具有双重含义，一是作为信息社会的公民所应具备的个体信息素养，二是作为信息社会的教师所应具备的职业信息素养。前者是一般意义上的信息素养，主要包括对信息的选择、理解、质疑、评估与传播等能力；后者则是信息素养对于教师职业的具体化，主要由有效利用信息资源与手段促进教学的能力、促进专业自我发展的能力与帮助学生提升信息素养的能力等构成。一个具有信息素养的教师，能够在教育教学过程中检索/获取、分析/生成、接受/存储、消费/使用和生产/创造信息，并因此提升自身的专业能力。教师信息素养具体包含四个方面，即信息意识、信息知识、信息能力和信息道德。

（1）信息意识

信息意识是指行为主体在信息活动中通过与客体相互作用而产生的对客体的认识、理解和需求的总和，具体表现为对信息的内在需求和敏感度。教师的信息意识即教师对信息的态度，是教师信息素养中的观念性因素。换言之，是教师对信息重要性的认识程度。

一个具有信息意识的教师能够意识到自己所处的信息环境，自觉地排除不良的干扰信息，主动地将获取和掌握信息作为自身专业能力发展的重要途径，还能够将教育教学实践对自身的现实要求和挑战转化为内在的信息需求，利用信息技术手段解决教育教学中的问题，并能够敏锐地从在别人看来也许是微不足道、毫无价值的信息中发现信息的隐含价值。

（2）信息知识

信息知识是指一切与信息有关的理论、知识和方法，即认识、检索、获取、处理、传输和应用信息的基础知识，具体来说，包括传统的读、写、算的知识；信息的基本理论知识，如信息传播理论、文献检索知识等；计算机硬件和软件知识，如计算机的组成结构、一般工作原理以及各种计算机软件等；基本的网络知识，如网络原理、数据搜索、文件传输、网上注册等。

一个具有信息知识的教师，能够在发现信息之后，迅速地对信息进行合理的整理和储存；对于不完整的信息，能运用自身的信息知识快速地制定检索方案和路径，对信息进行追本溯源，检索和补充相关的信息；对于已有的信息，能够通过网络及时地与同行共享并进行交流和讨论。

（3）信息能力

信息能力是在信息知识的基础上，有效利用信息设备和信息资源检索、获取、加工、处理、运用、创造新信息的能力，它是信息素养的核心，更是教师专业能力发展的保障。具体来说，信息能力首先包括使用信息工具的能力，如操作计算机、扫描仪、投影仪，使用办公工具（Word、WPS、PowerPoint等软件）、浏览器、网络下载工具、搜索引擎、网页制作软件、电子邮件、QQ、微信等，使用这些信息工具要像使用黑板和粉笔一样自如流畅；其次，包括检索、获取信息的能力，如根据个人的目的和需要，运用科学的方法、采用多种方式制定检索和获取信息的路径，提取和存储自己所需要的信息；再者，包括加工、运用信息的能力，教师的信息能力不能仅停留在对计算机的基本操作阶段，对于信息，也不能以获得为目的，而是要对信息进行内涵上的加工、评价和处理，最终要将其运用到提高教师专业能力发展上来。

一个具有信息能力的教师，不仅能够从传统的纸质资源中获得有用信息，更能从互联网上获得更多的有价值的信息，特别是如中国知网、万方数据等数据库，以及数字图书馆等均为教师获取专业信息提供了极大的方便。另外，具有信息能力的教师还可以通过开通博客、微博、微信公众号等来实现与他人的思想交流，收获更多的信息。

（4）信息道德

信息道德属于社会道德的一部分，主要指人们在从事信息活动过程中应该遵循的各种道德行为规范和约束，能够依法或依据社会主流价值观对相关信息进行判断和选择，坚决不使用现代信息技术危害社会、组织或他人的合法权益，自觉地选择对个体或社会发展有益的信息。教师的信息道德是确保教师专业能力健康发展的航向标。具有良好信息道德的教师，能够具有信息免疫力，自觉抵制不良信息的侵袭和腐蚀。

总而言之，信息素养是教师适应信息时代、智能时代发展的基本素养，是教师成为新时代下卓越教师的必备条件。

1.3.3 教师的TPACK能力

随着社会的进步，教师的专业素养发展开始由学科知识为中心逐步过渡到学科知识与教学法相融的阶段。随着计算机辅助教学的兴起，学校对于教师的专业素养与教学技能要求发生了变化，要求教师具有混合多种形态和不同的教育技术促进和加强学生学习的素养和能力。基于此，强调学科知识、教学法知识和技术性知识互动整合的TPACK（technological pedagogical and content knowledge）学科教学法被提出。TPACK框架图如图1-7所示。

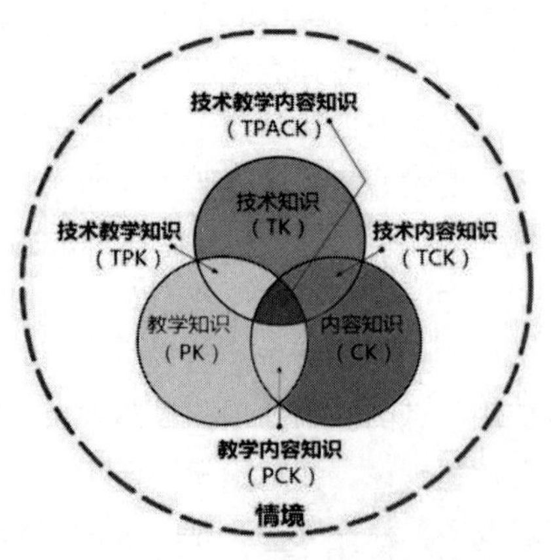

图1-7 TPACK框架图

1. TPACK的内涵与特征

TPACK是一种对学科内容、教学法和技术之间相互作用的理解，它是教师对怎样使用技术来转换对学习者来说理解有困难或对教师来说表达有困难的特定主题从而使教学更有效的认识。具体来说，当教师知道如何选择和使用恰当的技术以支持概念的表征和呈现时，他就具备了一定的融合技术的内容知识（TCK）；当教师能够使用技术激发学生，开展适用于各个学科的一般性教学活动时，他就拥有了融合技术的教学知识（TPK）；而当教师能够使用某些技术，将特定学科（或主题）的教学活动与特定主题表征协调起来，促进学生学习，就意味着教师拥有TPACK知识。综上，TPACK指的是教师懂得如何选择、设计和使用信息技术，使它与特定学科活动、特定主题活动以及特定主题表征进行有机地融合。TPACK主要包含三个核心要素和四个复合要素。三个核心要素是指学科内容知识（CK）、教学法知识（PK）和技术知识（TK）；四个复合要素是指学科教学知识（PCK）、整合技术的学科内容知识（TCK）、整合技术的教学法知识（TPK）和整合技术的学科教学知识（TPACK）。

结合TPACK内涵的解读，TPACK的特征主要体现在以下几个方面：

（1）复杂多面性

教师的知识具有一定的复杂性和多面性特征。与内容知识、教法知识和技术知识相较而言，TPACK知识的复杂多面性更加突出和鲜明。首先，TPACK包含众多的知识成分，几乎涵盖了信息化环境下有效教学的全部核心要素。TPACK不仅涉及了运用技术进行教学表征的知识，要求教师掌握使用技术实现图解、举例、模型、提问、类比等多样化的表征方法，而且，TPACK包含了使用技术开展学科或主题化的教学活动的知识，要求教师具有在技术环境下进行问题解决、示范、模拟、调研、实验、教学管理的策略。其次，与内容知识和教法知识相比，技术知识的内涵与外延更加宽泛，总是变动不居、难以定论，这无疑增加了TPACK的复杂性。

（2）实践生成性

从知识论的角度看，教师知识可以分为理论性知识和实践性知识两类。教师知识体系中的学科知识、教育学和心理学知识，通常以命题、理论的形式存在，一般通过课堂学习、阅读讲授等正规途径来获取，因此更具有理论性、正规性知识的特点。而大量的TPACK知识常以缄默的、隐性的形式存在，更适合通过实践体验和问题解决的方式来获取，因此，TPACK更具有实践性、生成性的特征。具体来说，TPACK的实践生成性是指：它的获取途径是在实践中生成的（in practice），它的内容含义是关于教学实践的（on practice），它的价值功能还是指向实践的（for practice）。所谓在实践中生成，是说信息化教学实践是教师建构TPACK的基本舞台。TPACK不是教师简单地将命题知识直接“运用”到自己的教学实践中，而是在学习理论和亲身实践中逐步建构和生成自己的“使用理论”。实践中的TPACK，是“镶嵌在一个个具体而生动的案例之中，由无数此时此地‘是什么’‘为什么’‘怎么办’构筑而生，它们是无数琐碎的经验常识与智慧火花的汇集”。

（3）个人创造性

TPACK更倾向于是教师应对具体教学问题时做出个别化的、适应性的，甚至创新性的思维和决策，具有高度灵活的情境特征和显著的个人创造性。一方面，TPACK深受教师教学所处境脉的影响，折射出教师个人的特质。TPACK是一种反映教师当下教学现场的特点的“视情境而定”的知识体。另一方面，TPACK是教师在信息技术、学科内容和教学方法的关系处理上的个性化思维和决策，而不是机械套用或僵化的知识。TPACK强调教师对技术使用的个人理解和重新设计，不同于一般意义上的信息技术与教学整合的处方性知识。

（4）动态层级性

就知识的产生过程和活化程度而言，TPACK具有动态层级的特性。第一，学科教学知识本身并非是一个稳固不变的、静态的知识体，而是一个不断建构的、生成的动态知识体。由于技术知识具有持续变化的特点，当技术要素介入教师原有的学科教学知识，所形成的TPACK就更加彰显了动态性和易变性的特点。第二，动态的特性使教师的TPACK表现出不同的层级阶段，在TPACK“获知→接纳→适应→探索→提升”的阶段推进中，教师的统领性观念、对学生学习的理解、对课程的理解以及教学表征和策略，都呈现出相应的层次变化。当TPACK处于较低水平时，教师往往倾向于把技术作为学科应用的工具，或传统教学模式的加强剂。拥有较高水平TPACK的教师，在运用技术促进学科教学的思维和概念深层理解上有更加出色的教学表现。

2. TPACK整合模式在中小学部分学科中的实施案例及要求

（1）小学五年级的“读、写教学”案例

这是小学五年级一个班的“读、写教学”课。教师通过“数字化说故事”形式来完成有关的教学要求。“数字化说故事”是“讲故事”这种古老方式的现代表达，它要求学生具有一定的词汇、阅读、写作、口头表达等方面的学科内容知识。教师将这一教学内容的实施分成三个环节：一是先由教师仔细为该班学生选择适合他们阅读水平的若干历史小说；二是将全班学生分成五个学习小组（每组4~6名学生）；三是用四个星期的时间让各学习小组（每个小组相当于一个“文学圈”）一起阅读、讨论和探究教师选定的小说。

在传统教学中，每天都是由教师讲授一节课的内容，并复习、巩固这些教学内容。现在教师通过“数字化说故事”形式将教学内容进行很大的拓展。为此，她在上述第三个环节中，运用TPACK模式按五个步骤加以实施。

① 由教师先通过PPT电子文稿制作一个如何进行“数字化说故事”的演示（主要阐明其要点）。

② 由教师向各学习小组提出数字化说故事的“主题”要求（例如，希望各组应围绕“某个人的经历或某群人的历史事件”这类主题来创编）。

③ 再由教师向学生用多媒体形式展示一个“数字化说故事”的案例。该故事展示结束后，教师还将基于网络的、对本教学单元学习效果的在线评价标准及细则，明确告诉学生。

④ 然后，学生分组进入“文学圈”，开始持续四个星期的阅读、讨论和探究活动；在经过一段时间的阅读讨论后，即可围绕教师提出的“主题”要求开始创编故事，包括先设计故事框架，然后搜集素材，再用软件工具（如i Movie、Windows、Movie、Maker等软件工具）写出故事情节等活动。

⑤ 在本教学单元的最后阶段（大致在第四个星期前后），各个“文学圈”（即各学习小组）应在组内讨论探究的基础上要求学生通过多媒体演示用“口头表述”方式，交流各组创编的故事（即用数字化方式“讲述”用数字化方式“创编”的故事）。

在这个案例中，实施TPACK模式的“境脉”涉及下列多种因素：教学内容是小学五年级的“读、写教学”，教师通过“数字化说故事”形式将教学内容作了拓展；全班学生被分成五个学习小组（每个小组相当于一个“文学圈”）对教师选定的小说，一起阅读、讨论和探究；学生们已具有相应的词汇、阅读、写作、口头表达等方面的学科内容知识；课堂有多媒体和网络设施的支持等。

在这个案例中，TPACK知识的应用，主要体现在上述教学过程第三环节的五个步骤中，不仅在教师起主导作用的前三个步骤中有体现，在学生自主学习、自主探究为主的后面两个步骤中也一样有体现。

这是因为，步骤①和步骤③是教师直接运用信息技术（PPT或多媒体）讲解或展示教学内容，步骤②则是由教师提出数字化说故事的“主题”（即要求学生围绕某个主题，如何用数字化方式去讲述“用数字化方式创编”出的故事）。显然，这三个教学步骤都涉及学科内容、教学法和技术这三个知识要素的“整合”，所以很自然就是TPACK知识的体现与应用。

再看以学生自主学习、自主探究为主的步骤④和步骤⑤。在这两个步骤中，学生先设计故事框架，搜集素材再用软件工具编出故事情节，然后在各组内或各组之间用数字化方式进行交流，这些活动显然都离不开信息技术的支持，但又是与当前要教的学科内容以及任课教师为当前教学内容所选定的、通过“文学圈”来开展“数字化说故事”的教学法直接相关，即仍然要涉及学科内容、教学法和技术这三个知识要素的“整合”。这就表明，在本案例中，即便是以学生自主学习、自主探究为主的教学步骤，其有效的学习活动（即能达到预定教学目标的学习活动）也离不开TPACK知识的指导与应用。

（2）中学数学的“排列、组合问题”教学案例

在数学教学中，能否创设密切联系生活实际的情境，对于完成当前内容主题的教学有至关重要的意义与作用，不仅对当前教学内容主题的自然而非强加、生动而不枯燥的引入有不可替代性（通过这种情境创设，可以高度集中学生的注意力，并引起学生的认知冲突，从而激发学生的学习动机），而且对于帮助学生系统地形成对相关数学原理、定律或概念的正确理解也有不容置疑的重要作用。下面通过利用“背包问题”创设情境的例子来阐明这个道理。

“你将要进行一次为期两周的远足，并将背上你所需要的一切物品。你列了一张表，上面有八件可能需要的物品，共重35 kg。表上还列出了每件物品的重量和它的价值，你可以用1～5来表示，5表示重量最重或价值最高。如果你只能携带14 kg的物品，你该携带哪些物品以达到价值数的最大值?”

这个问题初看起来很简单，利用电子表格并按照重量或价值数对物品进行排序，可能会得到某种结果，但你很快会发现这并非是上述“背包问题”的答案。为了实现能携带价值数为最大值物品的目的，你需要尝试2^8（即256）种不同的组合。显然，在这种情况下，通过编写一个软件（计算机程序）来尝试所有可能的组合，是一种能在较短时间内解决问题的有效策略。

这种排列、组合及其优化选择问题，可能在多种情况下遇到。每项实验都有各自相关设施的重量与价值（就如同旅行时所带物品都有各自的重量与价值一样）。可见，通过创设“背包问题”这样的真实情境，对于完成“排列、组合”这一内容主题的数学教学来说，是再恰当不过的了，不仅可以将学生的注意力完全集中到“排列、组合”这一内容主题的学习上，并可引起学生强烈的认知冲突（因为在此情况下，每位学生都很想尽快找到解决问题的办法），从而有效地激发起学生的学习动机与学习兴趣，而且对于帮助学生形成对“排列、组合”概念的正

确理解以及掌握对“排列、组合”问题的分析、处理方法也有不容置疑的重要作用。

本案例中的境脉是中学数学的“排列、组合问题”教学，学生沉浸在教师创设的、与当前教学内容密切相关的情境中，围绕“背包问题”进行自主学习和基于小组的合作探究，课堂应有计算机设施支持（以便学生通过编写计算机软件程序来尝试所有可能的组合）。在这个利用“背包问题”来进行情境教学的案例中，“排列、组合”是这节数学课要教的主题，即学科内容；通过创设真实的生活情境来开展学生的自主学习和基于小组的合作探究是教师在本课中结合要教的主题内容而采用的教学法；为了使这种教学法真正取得成效，要让每位学生都有机会去尝试所有256种可能的组合，这就需要技术的支持（只有通过编写计算机软件程序才能做到），而且这种技术支持必须融入当前的学习过程中，即要与当前的学科内容、采用的教学法整合在一起（学生现在要编写的计算机软件，不是一般的软件，而是要尝试256种不同组合的软件，也就是说，这是要让学生能更好地理解、掌握当前所教学科内容，使当前的教学法能真正有效而采用的一种技术），这正是TPACK的具体内涵。上述情境教学的案例也正是在数学课中贯彻、实施TPACK整合模式的典型案例。

（3）TPACK整合模式在中学理科教学中的实施要求

中学的科学课程教师要想把学科内容、教学法和技术三者有效整合在一起，必须很好地认识并把握“在何处使用技术”“使用何种技术”“如何使用技术”这三个方面的问题。

第一个问题是“在何处使用技术”。对此问题应关注下面两点：

一是教学中的难点，看看使用技术有可能帮助克服教学中或学生认知过程中的哪些困难。

二是学科内容中的某些主题。对这类主题而言，技术是其中的不可或缺因素；由于科学和技术二者之间关系十分密切，在中学的科学课程中出现“技术是其中不可或缺因素”的情况是常有的事，“在何处使用技术”的第二个关注点，就是要找出这类主题。

第二个问题是“使用何种技术”，也就是，要求教师学会“对不同问题能运用不同技术去解决”。通过下面三个例子，可阐明在中学的科学课程中，教师应当“使用何种技术”的问题。

例1是生物学中的典型案例。众所周知，通过解剖动物，学生对动物肌体的构造、功能学得更快、更好，这表明“解剖”对于生物学的教学至关重要，但是要让学生有较多的机会去实际解剖各种动物是不可能的，最好的解决方案就是用虚拟解剖技术去代替真实的解剖。

例2是理科教学中常常遇到的数据采集与处理问题。学生们往往难以搜集到必要的信息或数据资料，对已有数据资料的统计、分析、处理，也是既麻烦又费时，但是使用基于计算机和网络的信息技术，这些问题都可迎刃而解。

例3涉及建模软件和可视化技术的应用。在科学课程的教学中，有时会遇到短暂的瞬变过程（如某些化学反应），有时则会遇到要花很长时间，甚至几年才能完成的过程（如生物遗传），这些过程都不便于实际观察（甚至无法实际观察），所以不利于教也不利于学。但如果利用建模软件不仅可以重现和真实情况一样的化学反应过程、生物遗传过程，还可以使相应过程大大减缓或加快，然后借助可视化技术就能很方便地进行观察和分析，从而既有利于教也有利于学。

第三个问题是“如何使用技术”。这个问题比较复杂，它的解决涉及教师对“学科内容知识”“教学法知识”“技术知识”“对学生的了解”四方面知识的理解与掌握。对这四方面知识的具体要求如下：

① 对学科内容知识的理解与掌握。教师除了对本学科内容的知识体系、重点难点应有全面、深入的掌握以外，还涉及三项要求：一是要了解学习当前的主题需要哪些知识基础或先决条件；二是要了解当前所学的主题和实际应用之间有哪些联系；三是要了解学习当前主题之后，对学生今后的发展有哪些帮助。

② 对教学法知识的理解与掌握。教师除了要懂得一般的教学理论、方法以外，还应对本学科的学科教学论，特别是对当前所教内容主题的教学方法、策略应有较深入的理解与掌握。

③ 对技术知识的理解与掌握。中学理科课程教学涉及的技术很多，其中有些技术还相当复杂；要求中学理科教师掌握所有这些技术是不切实际的，但是应当要求所有中学理科教师都要具备一定的基本技术能力。例如，能够使用文字处理软件、利用PPT或多媒体课件演示、收发电子邮件、上网查询信息、搜集下载有关资料等。至于其他一些较高级的技能（如Flash动画、网页制作、虚拟现实技术等）则可依据各学科教师自身所教内容主题的需要，有选择地进行学习，不要一刀切。

④ 关于对学生的了解。在教学过程中加强对学生的了解，主要应关注学生的原有知识基础和认知特点。了解学生的原有知识基础，主要了解学生学习的困难在哪里（特别是在什么地方有迷思、有困惑）。教师一般通过职前培训和日常的教学经验两种途径来获得这方面的知识。教师只有对学生的原有知识基础和认知特点有了较全面、深入的了解后，才有可能制定出既符合当前内容主题的教学目标要求，又适合学生特点的教学设计方案。

实践活动

本次研讨活动以“数字时代的教与学”为主题，请大家以未来教师的身份，谈谈对信息技术环境下教学模式和学习方式变革的看法，并探讨当前实践中存在的一些问题以及未来的发展趋势。

① 如何理解“互联网+教育”？

② 你对课堂禁止使用手机有什么看法？

③ 通过网上搜索，了解人工智能技术应用在教学课堂中的案例，谈谈你对“人工智能+教育”的见解或观点。

④“互联网+教育”时代教师的信息技术应用能力指哪些方面？如何提高？

以上思路仅供参考，大家可以就自己感兴趣的问题展开讨论，发表意见，不要求把问题限定在上面的思路中，也不要追求面面俱到，抓住一个问题做深入的思考。

本章小结

本章系统首先论述了现代教育技术的概念及在中国的历史演变，随后围绕学习理论（包括行为主义学习理论、认知主义学习理论、建构主义学习理论以及联通主义学习理论）、视听与传播理论以及教学设计理论（包括“以教为主”的教学设计理论、“以学为主”的教学设计理论以及“学教并重”的教学设计理论）论述了现代教育技术的理论基础，最后结合教师专业发展，对教育信息化、教师信息素养以及TPACK能力进行了系统的阐述。通过本章的学习，可掌握现代教育技术的概念以及现代教育技术的理论基础，了解与教师专业化发展息息相关的教育信息化、教师信息素养以及TPACK能力框架。

思考与练习

1. 查阅文献，阅读国内学者对AECT94、AECT05两个定义的解读，总结他们的观点，写一篇500字左右的文献综述。

2. 根据你自身的学习经验，谈谈你对微课、MOOC学习的见解。

3. 查阅文献，通过列表格的形式对行为主义学习理论、认知主义学习理论、建构主义学习理论以及联通主义学习理论进行比较。

4. 在信息化的教育环境下，教师教育信息化应该向怎样的方向发展？

第2章 信息化教学环境

【学习目标】

- 理解信息化教学环境的概念、特点和典型应用方式；
- 熟悉中小学数字化校园的组成和功能；
- 掌握多媒体教室的分类、构成及应用方式；
- 了解智慧教室的基本组成和主要功能；
- 了解网络学习空间的概念及构成，具备在网络学习空间中开展教学的意识；
- 了解建设中小学创客空间的意义及空间构成。

信息技术的巨大进步推动了社会的快速发展，也深刻影响了人类社会生产方式、经济结构的转变，学习活动作为人类最基本的社会实践活动必然被深深地打上时代的烙印。信息技术的巨大进步深刻影响了教育教学的手段和方法，为我们提供了丰富的信息化教学环境，为个体的知识建构提供了丰富的学习资源和学习支持。信息化教学环境是“互联网+教育”的重要依托和支撑，但它也是信息化技术与教育教学深度融合的一个复杂体，涉及设备、技术、人、应用模式等构成元素。

2.1 信息化教学环境概述

2.1.1 信息化教学环境的概念

所谓环境，主要是指事物在其特定活动展开的过程中赖以持续的情况和条件，是与主体事物周围密切相关的一切要素构成的体系。因此教学环境应该是教学活动展开过程中赖以持续的情况和条件，即影响教学活动实施的各种情况和条件的总和，包括显性环境和隐性环境。显性环境包括教学仪器、设备、教室内外等物理设施，而隐性环境则包括教育理念、教学氛围、习惯、规范、人际交往氛围以及心理适应等。

随着计算机网络技术、多媒体技术的发展，以及我国信息化教育“三通两平台”的建设实施（即实现宽带网络校校通、优质资源班班通、网络学习空间人人通，建设好教育资源公共服务平台和教育管理公共服务平台），学校教育和社会性教育的教学环境得到了很大改善。《国家教育事业发展“十三五”规划》中明确提出：加快推进“宽带网络校校通”，完善学校教育信息化基础设施，加强“无线校园”建设，基本实现各级各类学校宽带网络全覆盖和网络教学环境的普及，具备条件的城镇学校实现无线网络全覆盖，形成覆盖全国、互联互通、协同服务的数字教育资源公共服务体系。广泛应用区域教育云等模式，积极推动各级各类学校建设基于统一数据标准的信息管理平台，实现各类数据伴随式收集和集成化管理，形成支撑教育教学和管理的教育云服务体系。全面推进“优质资源班班通”，推动信息技术与教育教学深度融合，鼓励教师利用信息技术提升教学水平、创新教学模式。深入推进“网络学习空间人人通”，形成线上线下有机结合的网络化泛在学习新模式。引导学校与教师依托网络学习空间记录学生学习过程，进行教学综合分析。鼓励学校利用大数据技术开展对教育教学活动和学生行为数据的收集、分析和反馈，为个性化学习提供支持，利用互联网、大数据、人工智能和虚拟现实技术探索未来教育教学新模式。

综上所述，信息化教学环境就是指运用现代教育理论和现代信息技术所创建的教学环境，是信息化教学中赖以持续的各种情况和条件的总和。信息化教学环境有广义和狭义之分。从广义上说，信息社会中与教育、教学有关的各种要素皆属信息化教学环境，如公共通信网络、现代媒体资讯等。从狭义上说，信息化教学环境主要是指开展信息化教学的物理教学环境、信息资源环境、人际关系环境等显性环境和文化、心理等隐性环境的总和。具体到实际应用中，信息化教学的显性环境和隐性环境都要在具体的实体系统或平台中体现出来，比较典型的信息化教学环境有校园网络、多媒体教室、语音教室、电子白板系统、微格教室等，当前随着云计算、大数据、物联网等新一代信息技术的飞速发展，信息化教学环境的发展趋向于构建智慧校园、构建智慧教室。信息化教学环境的概念结构如图2-1所示。

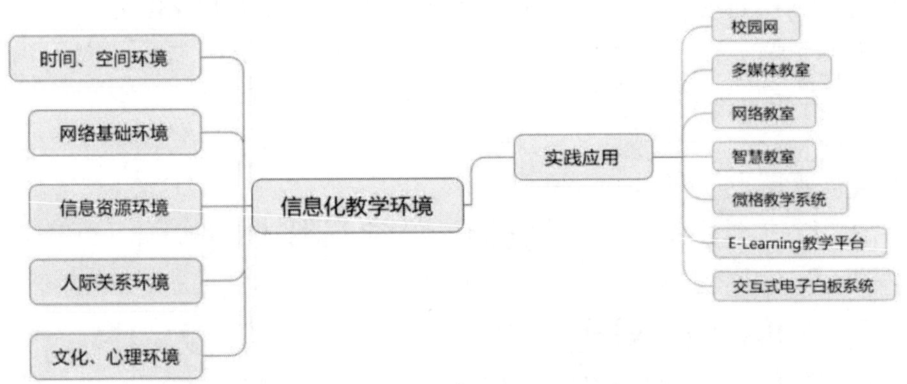

图 2-1　信息化教学环境的概念结构

2.1.2　信息化教学环境的特点

在信息化教学环境中教学活动的开展形式发生了根本性的变化，在以往传统的教学观念中，教师被认为是知识的拥有者和权威阐释者，学生则被看做是“一张白纸”或“半桶水”。教师对学生的知识增长负有绝对责任。教学过程就是“知识权威”的教师向学生传递灌输知识的过程。学生在学习活动中完全被动接受，自主能动被抑制，学习者个人的能量得不到发挥。随着信息技术的广泛应用、教学环境的巨大改变，教师的职责逐步向帮助学习者进行有意义的学习、帮助学生解决新问题、帮助学习者对事物性质、规律达到较深刻的理解为目标组织教学活动。人类的任何活动和行为都不能脱离其开展的环境，尤其在当前倡导教学活动中以学生为主体、通过情境创建促进学习者知识建构的教育理念转变过程中，信息化教学环境成为学习成败的关键因素，信息化教学环境与传统教学环境相比，呈现出如下特点：

（1）环境开放性

教学环境的开放主要体现在学习空间可以承载多种类教与学活动，满足不同层次学习者学习和使用，使得学习者在任何时间、任何地点、任一网络终端的接入方式下都能满足学习的需求和个性的展现。另外，开放性还体现在信息化教学环境是一个教师、学习者参与其中的可持续发展生态系统。通过开放的资源结构，学习者可以便捷地发布共享个人知识成果，网络学习资源得以实现自身的持续动态发展。在开放的网络学习环境中，教学信息和学习资源高度共享，相关的管理和服务便于学习者自主选择学习资源，控制学习进程。

（2）资源共享性

从学习资源角度来看，信息化教学环境下的教学活动的核心就是“共享”，强调的是对个体知识的共享、优质教育资源的共享、学习环境的共享。信息化教学环境为学习者提供了连接外部学习资源的一切软硬件条件，使学习者突破时空界限，实现最大范围的共享。

（3）活动协作性

信息化教学环境为学习者提供进行远程协商、讨论的工具和手段，方便人员相互交流和协作。学习者不仅能从学习活动的协作中轻松获取所需的知识，更重要的是对知识网络中信息的贡献和生产激发了学习者对知识创新的渴望，借助于社会协作来促进个体知识的获取与分享。

（4）学习自主性

以通信、多媒体、人工智能等为标志的信息技术快速发展以及在教育领域的应用，使得信息化教学环境从支持知识的自我构建逐渐扩展到支持个别化学习，即能够提供适合每个学习者个别化需求的学习内容和学习支持。

（5）管理智能性

基于新一代互联网技术的信息化教学环境是智慧学习环境，Web 3.0技术能感知学习情景、识别学习者特征、提供合适的学习资源与便利的互动工具、自动记录学习过程和评测学习成果，对学习者过程中的所有信息进行记录和分析，据此推荐适合学习者的学习内容和导航模式。

2.1.3　信息化教学环境的组成

信息化教学环境的组成要素主要有人、物、资源、工具四个部分。人是主体包括学习者、教师、学习共同体，其他指网络基础设施、信息化学习资源、学习平台和工具等。

1. 学习者、教师、学习共同体

学习者是信息化教学环境的中心，为了促进特定学习目标的实现，学习者与信息化教学环境中学习工具、学习资源、学习支持、社会网络等支撑性条件发生相互作用。学习者作为主体，能够利用环境所提供的工具和资源，收集信息、理解信息、与环境或环境中的他人进行交流。教师是学习活动的组织者、学习过程的帮助者。学习共同体是利用信息化交互环境，为完成学习目标，在学习过程中以寻求学习支持和知识共享为目的组成的团体，成员包括信息化教学活动展开过程中所有参与者，如教师、学习者等，与传统学伴相比具有松散多元的特征。这种通过网络交互工具组成的学习共同体突破了时间、空间和身份的限制，彼此之间的交互活动会对学习者认知活动产生了促进作用。

2. 网络基础设施

信息化教学环境中教学与学习过程离不开网络基础设施的支撑，这是开展信息化教学活动的必要条件。网络基础设施主要包括基础网络建设、多媒体计算机、网络多媒体教室、校园网、互联网、无线网络、数字化图书馆等。

3. 信息化学习资源

所有从信息化教学环境中可获取的学习资源，即一切可为学习目标服务、有利于促进学习者学习过程的信息资源，一般指经过数字化处理，可以在多媒体计算机上获网络环境下运行的、可被学习者利用的一切多媒体材料，以多种媒体形式（文本、音频、视频、动画等）组合呈现的知识，如网络课程、题库、学科资源库等，包括通过网络支撑平台进行社会性交互从教师或学习同伴那里获取和利用的资源。

4. 学习平台和工具

学习平台是建立在网络、多媒体基础设施之上的、实现信息化教与学活动的软件系统，是保障教师和学习者之间相互作用的活动空间和支撑条件。工具是学习者为了与学习环境中其他要素进行有效互动而使用的中介手段，是学习者和信息化学习资源以及其他学习共同体成员发生联系的媒介，包括认知工具、交流工具、决策工具、效能工具、测评工具等。

2.2 典型应用——中小学数字化校园

2.2.1 数字校园

数字校园是以信息技术为基础，通过对校园的基础设施、教学资源和教育活动进行数字化改造而构建的信息化环境。数字校园具有资源丰富、多种应用系统集成、相关业务高度整合等特征，其宗旨是通过信息技术与教育教学实践的深度融合，优化教学、教研、管理和服务等过程，提高教育教学质量和管理水平，促进师生全面发展。

数字校园作为一种在学校教育中应用的信息化环境，其教育应用系统的建设应以满足学校教学与管理工作的需要为目的，概括起来有四方面的服务：第一，为学生的学习活动服务；第二，为教师教学服务；第三，为学校管理服务；第四，为师生生活服务。随着宽带网络、教育云服务、移动互联网技术的发展，信息化教学环境中教师、学生、管理人员、家长借助网络形成了一个课上课后、校内校外、兼具学校教学与非正式学习、集学校、社区、社会为一体的立体化教学环境（见图2-2）。

数字校园能够实现以下支持教育教学活动的功能：

① 实现校园环境数字化：利用云计算、大数据、物联网、移动通信、人工智能等信息技术，实现从基础设施（网络、终端、教室等）、资源（教材、图书、讲义等）到应用（学习、教学、管理、生活等）的数字化。

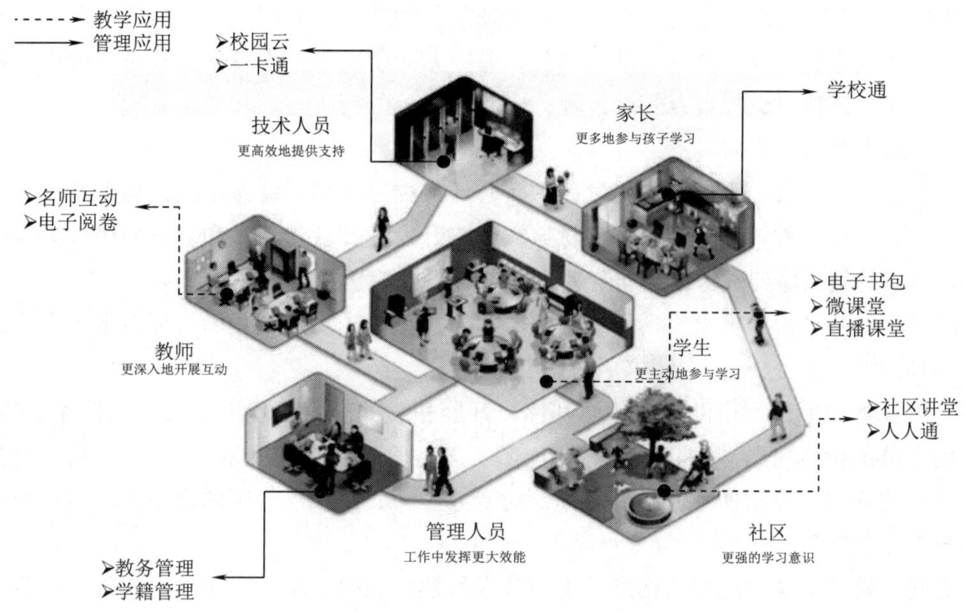

图 2-2 数字校园服务应用场景

② 实现信息系统互联互通：拓展现实校园的时空维度，实现应用系统互联互通；建设网络应用环境，实现校园宽带网络全接入、全覆盖；促进优质数字教育资源的建设、应用和共享，让每个班级都享受到优质数字教育资源；打造网络学习空间，促进师师、师生、生生、家校之间的互动。

③ 实现用户信息素养提升：提升学生的信息化学习能力；提升教师的信息化教学能力；提升管理人员的信息化管理能力；提升技术人员的信息化服务能力。

④ 实现学习方式和教育教学模式创新：促进信息技术与教育教学实践的深度融合，实现信息化教学的常态化与创新发展；支持学校服务与管理流程的优化，提升校园管理效能与决策水平。

对于学校来说，教学工作是学校的中心工作。学院的一切管理和业务都是为教学服务的。数字校园建设的最终目标之一就是对学校的教学活动提供多个方面、多种形式的支持，为信息化教学提供支撑平台。信息化教学环境中，教师在课前要完成教学设计、教学内容的组织；教学过程的实施中要完成讲授、组织讨论协作、教学效果的评估、解答疑难等教学活动。因此，数字校园的教学应用主要是在相应的网络教学支撑平台提供的技术和工具支持下完成的。主要的应用形式有校园信息门户网站、校园信息管理系统、网络教学支持平台、网络学习支持平台、网络教务管理平台和各类网络教学资源库等。

校园信息门户网站：学校信息交流服务的典型形式有学校门户网站、校园网通信交流群组、信息查询系统以及校园网一卡通等几个部分。学校门户网站主要用于学校的对外宣传，展示学校形象，介绍学校的相关发展情况、教学信息、招生信息、学科建设等，同时，学校门户网站中还会将学校提供的各种服务链接集成到网站主页内，成为人们使用校园网应用的人机交互界面。

校园信息管理系统：利用计算机网络的数据管理和信息处理功能来支持学校的管理职能，

一方面可以实现全校管理信息的共享，提高管理工作的效果与效率，通过校园网可快速发布通知、召开语音或视频会议，推动无纸化办公；另一方面帮助学校管理部门及时了解学校各项工作状态、监测、评价、调控教育管理过程，以利于学校的行政管理和教学管理，并为校领导提供科学决策的重要信息依据。

网络教学支持平台：为教学实施过程中所有环节提供支持，备课系统为教师的备课和教学设计提供相关支持，教师通过简单的素材组织即可开发设计教学活动和教学资源，教学管理系统对教学活动的组成序列进行设计与管理，还可对学生的学习过程进行管理。

网络学习支持平台：可以为学习者的整个学习过程给予支持和帮助，可在平台上完成学习活动、学习评价、学习交流、提供学习工具等。

网络教务管理平台：借助网络的便利性，开展相关的教育管理工作。可对教师、学习者、教学辅助人员的信息进行管理，分配相应权限。教务管理包括在网络平台上选课、学费缴纳、学生学业成绩管理、教学任务分配等工作，对专业学科、课程、教师的教研活动等进行教学管理，发布教务信息等。

各类网络教学资源库：利用网络技术为各学科建立教研、学习资源库，不仅方便教师和学生查询资料，也可以开展基于学习资源的网上教学活动，如学科试题库、多媒体课件库、数字图书馆等。教学资源库的组织一般是以学科为中心，按照学科教学/学习内容进行分类组织和实用。例如，各学科背景材料、作文范例、论文资料、特级教师的优秀教案和优秀课例的分析、公共信息以及优秀的教育网站等。数字图书馆利用多媒体技术将纸质图书转化为电子版的数字图书，通过校园网络进行电子版图书的存取和管理，为信息检索和利用提供便利，是为了学校的教学、科研及管理提供图书情报资料服务的综合信息服务系统。它可以为校园网用户提供全面的图书情报检索、远程查询服务、发布新书资料信息、图书流通和在线阅读等功能。某高校教育信息技术学院的门户网站如图2-3所示。

图 2-3　某高校教育信息技术学院的门户网站

数字化校园的建设和管理涉及以下几个方面的内容：

① 用户信息素养。信息素养是指个体恰当利用信息技术来获得、管理、表达、整合和评价信息以及建构新知识、分析和解决问题、开展社会交往的态度和能力。学生、教师、管理人员与技术人员是数字校园服务的主要对象，提升用户信息素养是数字校园建设与应用的核心目标之一。数字校园建设过程中要重点培养学生的信息化学习能力、教师的信息化教学能力、管理人员的信息化管理能力与技术人员的信息化服务能力。

② 信息化应用。学校的教学、管理、评价、生活服务等信息化应用是数字校园价值体现的根本；数字教育资源是开展信息化教学的基础；应用服务是实现教育教学活动信息化的重要保障；应用服务体系采用“云服务”建设模式，支持教育教学业务信息通畅、高速互访和有效整合。

③ 基础设施。信息化基础设施是数字校园建设的基础和外显形式，包括网络环境、数字终端、数字化教学空间、创新创造空间与文化生活空间，为校园信息化应用提供硬件和物理场所支持。在此基础上要利用网络环境和数字终端的各种组合形成学习空间，也就是实现空间的多功能化，满足教育教学应用的具体需求。例如，“教学空间”具有多媒体教学、录播、备课、数字阅读等功能；“创新创造空间”可实现实验教学、科学探究、创新教育等功能；“文化生活空间”用于丰富师生的校园生活。

④ 网络安全。这是数字校园建设的必要条件，需要从组织管理、网络应用与校园环境三方面加强安全保障措施，以维护数字校园的安全、平稳运行。习近平总书记在全国网络安全和信息化工作会议上指出“没有网络安全就没有国家安全”。网络安全是实现校园环境数字化的基础，是数字校园正常运行的重要保障。在组织管理安全方面，强调第一责任人，提高全校人员的网络安全意识和应急处置能力。在网络应用安全方面，强调数据安全以及内容的合法性，并对网络日志的保存时间和系统杀毒软件等提出了明确要求。在校园环境安全方面，强调依托网络配备覆盖学校物理空间的设备与监控体系，利用互联网与物联网技术，实现校园安防系统与当地公安系统的互联互通。

2.2.2　网络基础设施

中小学校园网的规模比较小，大多采用单核心交换节点的星形拓扑结构，采用万兆以太网组网技术。为了实现网络视频教学活动的开展，要求具备支持数据、话音、视像多媒体的传输能力，要求全网无带宽瓶颈，保证各种应用软件的带宽需求。核心交换机与接入交换机之间使用万兆光纤连接，千兆线速交换到用户数字终端，教学区域还要具备无线终端接入的能力，提供统一的网络管理和安全控制。通过有线、无线接入的统一认证、接入情景感知和网络访问控制，实现基于用户行为的一体化网络，为师生提供高带宽、全覆盖的信息化教学环境。

中小学校园网络根据教学业务需求可划分为若干功能区域，如校园网络中心、办公管理、教学区、数字图书馆、学生宿舍、校园安防、互联网接入等几个部分。网络拓扑结构如图 2-4 所示。

从构成数字校园网络的基础设施角度来看，虽然网络实现的功能和用途有不同，其基本组件却大致相同，由网络服务器、数字终端、网络互联设备、传输介质和网络软件系统构成。

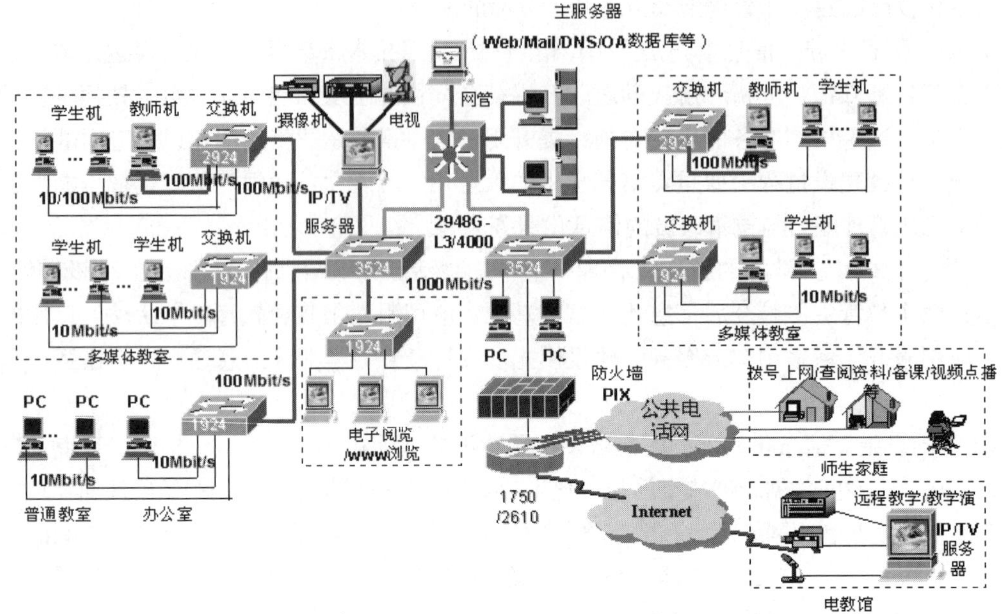

图 2-4　融合多媒体应用的中小学校园网拓扑结构

（1）网络服务器

在网络中为用户提供服务并起管理作用的高性能计算机称为服务器。服务器是校园网络的核心，校园网中至少有一台服务器，允许有多台服务器。网络中共享的资源大多都集中在服务器上。服务器的工作量通常是数字终端设备的几倍甚至几十倍，因此对服务器的要求是速度快、硬盘和内存容量大、数据处理能力强、安全性要高。服务器根据其在网络中所承担的任务不同可分为Web服务器、FTP文件服务器、邮件服务器、数据库服务器、应用系统服务器等。对于小型校园网（如小学校园网），由于数据访问量小，往往把Web服务器、FTP文件服务器、打印服务器、应用系统服务器等集中在一台高性能服务器上。

网络中心的服务器集群如图2-5所示。

图 2-5　网络中心的服务器集群

（2）数字终端

数字终端是能接入有线或无线网络的各种数字计算设备，是用户直接操作的、实现信息化应用的必备工具，主要包括计算机和各种新媒体技术设备（含智能手机、平板计算机等）。数字终端与服务器不同，服务器是为网络上许多网络用户提供服务以共享它的资源，而数字终端仅对操作该设备的用户提供服务，用户通过它可以与网络交换信息，共享网络资源。数字终端通过网卡、通信介质以及通信设备连接到网络服务器。

（3）网络互联设备

网络互联设备是指交换机、路由器、网卡等，是校园网络中计算机相互通信的媒体。

① 交换机：是网络中连接多台设备的连接设备，如图2-6所示。交换机主要完成对网络中传输的数据包的过滤与转发，可以将网络进行分段，可以有效隔离广播风暴。目前，交换机产品线比较丰富，可以满足校园网组建中不同环境、不同功能的需求，如室内连接网络使用普通交换机、楼宇外可使用汇聚交换机、学校网络中心使用具备路由功能的核心交换机等。

② 路由器：是连接多个网络或网段的网络连接设备，如图2-7所示，可以连接同类网络，也可连接异构网络。多协议路由器能支持多种不同的网络层协议，路由器能容易地实现局域网—局域网、广域网—广域网、局域网—广域网—局域网的多种网络连接形式。路由器在校园网中最典型的应用在对外连接Internet上，由于校园网是局域网、互联网是广域网，两者必须通过路由器来互通数据，否则，两种不同的网络因为使用的协议不同，不能互相识别传输的数据。

图 2-6　交换机

图 2-7　路由器

③ 网关：是能够连接不同网络的软件和硬件的产品。从网络原理来讲，不同的计算机网络由于使用的网络协议不同、设备内运行的系统不同使得互相不能识别数据，网关实际上是通过重新封装信息以使它们能被另一个系统处理，即对使用不同传输协议的数据进行相互的翻译转换。网关可以部署在服务器上。

④ 防火墙：是位于内部网或Web站点与因特网之间的一个路由器或一台计算机。在校园网中防火墙不仅要阻断外界互联网对校园网的攻击，对校园网内的安全防范同样重要。针对学生群体喜欢探究未知领域事物的特质，内网主要防范的三种攻击是：

间谍：试图偷走敏感信息的黑客、入侵者和闯入者。

盗窃：盗窃对象包括数据、Web表格、磁盘空间和CPU资源等。

破坏系统：通过路由器或主机／服务器蓄意破坏文件系统或阻止授权用户访问内部网（外部网）和服务器。

（4）传输介质

传输介质是数据传输系统中发送器和接收器之间的物理通路。常见的传输介质有双绞线、光纤、非导向传输媒体（无线信号）等。

① 双绞线。双绞线电缆由绝缘的彩色铜线对组成，每根铜线的直径为0.4～0.8 mm，两根铜线互相缠绕在一起。成对扭绞的作用是尽可能减少电磁辐射与外部电磁干扰的影响。双绞线

上既可以传输数字信号，又可以传输模拟信号。双绞线接头如图2-8所示，双绞线如图2-9所示。

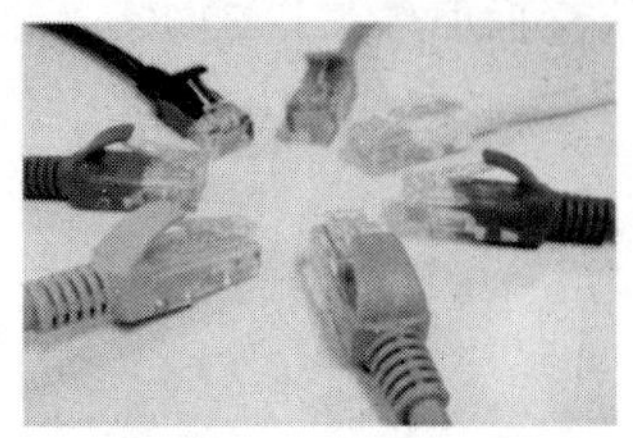

图2-8　双绞线接头

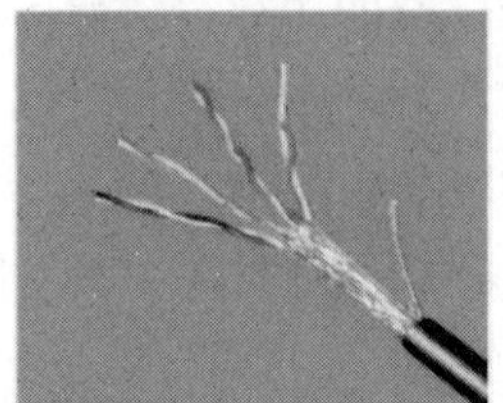

图2-9　双绞线

② 光纤。光纤以光脉冲的形式来传输信号，因此材质也以玻璃或有机玻璃为主，由纤维芯、包层和保护套组成，如图2-10所示。将光纤两端都装上连接器插头则称为光纤跳线，一般用于提供高速、远距离连接，如图2-11所示。光纤按传输点模数可分为单模光纤和多模光纤两种；按光纤折射率的不同可分为跳变式光纤和渐变式光纤两种。

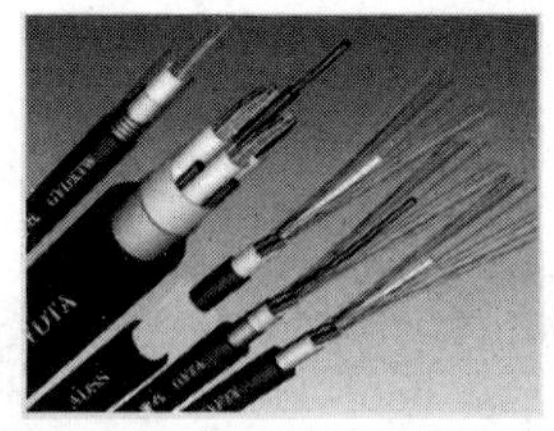

图2-10　光纤

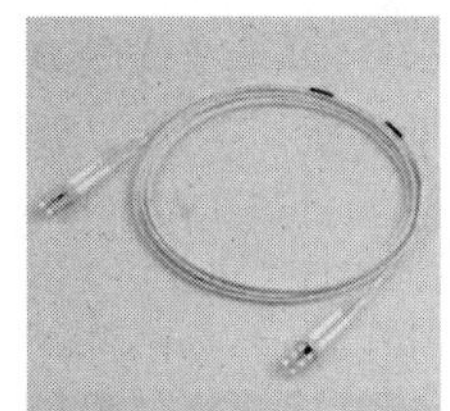

图2-11　光纤跳线

（5）网络软件系统

校园网的软件系统通常包括网络系统软件、网络管理软件和网络应用软件三类。

网络系统软件是最重要的网络软件，它对网络服务器实施安全、高效的管理，并对数字终端实施协调、控制和管理功能，向网络用户提供各种网络服务和网络资源。目前比较流行的服务器操作系统主要有UNIX、Windows Server 和Linux 三类。UNIX以其稳定和安全性能的优势用于大型的网站或大型的企、事业单位局域网中。Linux系统最大的特点就是源代码开放，可以免费得到许多应用程序，在安全性和稳定性方面也接近UNIX系统，特别是以此内核开发的操作系统发展迅猛（如移动终端设备）。Windows Server以其良好的用户界面满足了许多中、小企业的PC服务器配置需求。具体到校园网中一般多使用Linux系统和Windows Server来部署服务器。可在硬件支持、服务器部署、Web 应用和网络安全等方面都提供了强大功能。

网络管理软件用于监视和控制网络的运行，是对校园网络资源进行管理及对网络进行维护的软件，为网络管理人员提供有效方便的管理工具，如性能管理、配置管理、故障管理、计费管理、安全管理、网络运行状态监视与统计等。

网络应用软件是为网络用户提供服务，实现网络用户的各种业务需求，如校园网建设中的各种网络教学支撑平台、教学教务管理平台（见图2-12）等。例如，大家耳熟能详的超星“一平三端”智慧教学系统就是一款应用广泛的网络教学应用软件，大量学校利用该平台连通“移动端”“教室端”“教学端”，开展智慧课堂和在线教学。

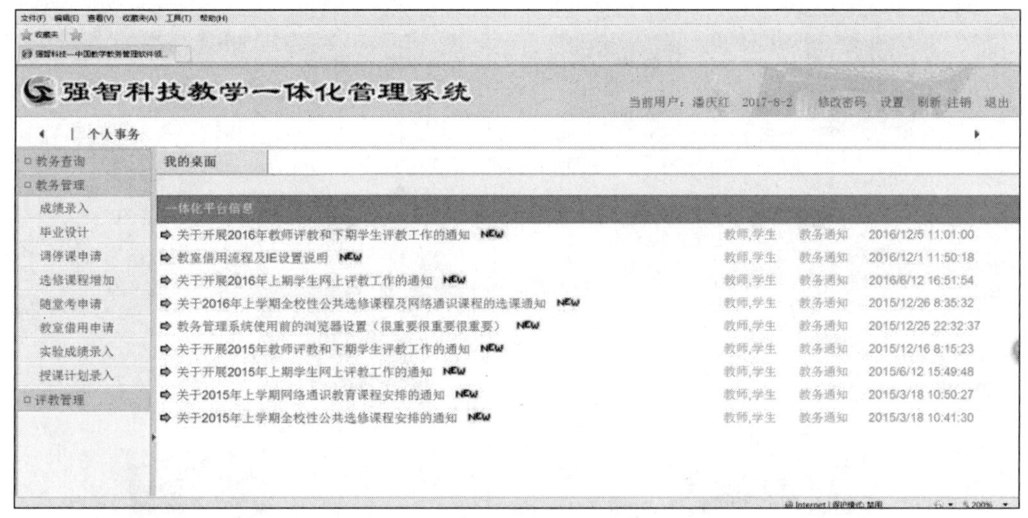

图 2-12　某教学教务管理系统主界面

2.2.3　多媒体教室

多媒体教室是根据教学需要，将计算机、投影仪、视频采集播放器件、多媒体视频实物展台等先进的视听设备及其他可遥控设备（如电动屏幕、电动窗帘、灯光等）有机地连接在一起，构成信息化视听教学环境的集成系统。该集成系统由教师根据执教内容集中控制，能实现对各种设备常用功能的控制和音视频之间的切换操作，能方便地将实物、计算机教学课件、视频、音频等教学内容呈现在学生面前，实施多媒体组合教学，使教学的内容生动化、形象化和具体化，克服了以往呆板的灌输形式，声像并茂的教学过程更加符合学生的认知、理解和记忆规律，从而提高教学效果和效率。根据不同的学科特点和教学需求，目前各类学校中最常见的多媒体教室有演示型多媒体教室、网络多媒体教室和语音多媒体教室。

1. 演示型多媒体教室

演示型多媒体教室一般以中央控制系统、多媒体计算机为教学控制核心，辅助以多媒体显示系统（投影仪、显示器或电子白板系统）、投影幕布、录像设备、视频展示台、音响系统（音箱、话筒、功率放大器）、信号源切换设备等信息化教学设备的集成系统。通常该系统还要与校园网络相连，共享校园网和互联网上丰富的信息资源。其系统结构如图2-13所示。

演示型多媒体教室综合运用了计算机和多媒体技术及控制技术，集中协同控制计算机、影碟机、录像机、视频展台、投影机等现代视听设备，同时对电动窗帘、灯光、幕布等环境设备进行集中控制，通过屏幕投影，营造出一个智能化的多媒体视听教学环境。演示型多媒体教室使得教学内容的演示变得直观、形象，能与传统课堂教学相衔接，得到了普遍应用。利用多媒体教室上课已经成为每位教师必备的教育技术技能。

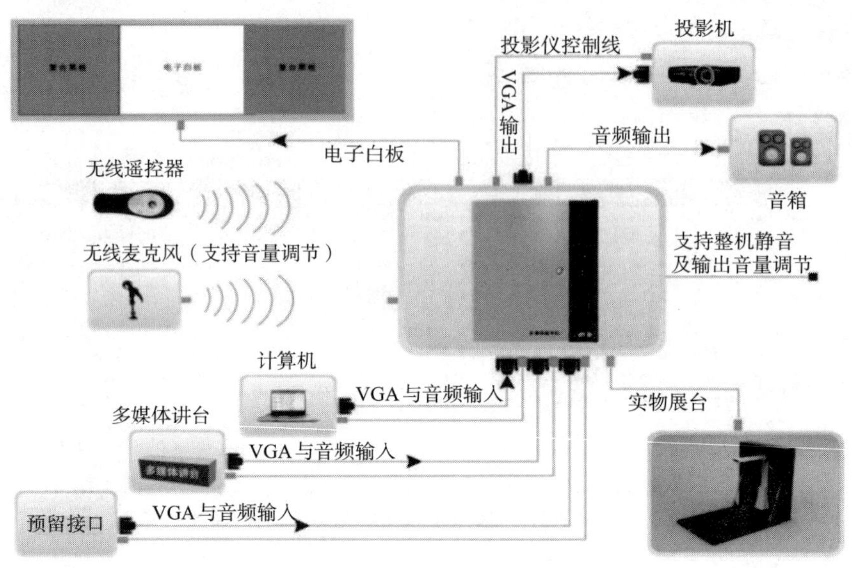

图 2-13　演示型多媒体教室系统结构

（1）中央控制器

演示型多媒体教室中的全部媒体设备都由中央控制器（见图2-14）集中管理控制，成为整个多媒体教室系统的基础核心。中央控制器将被控设备的各种操作功能按用户实际操作的要求进行组合处理，然后将其对每一媒体或设备的操作过程集成一体。授课教师可通过计算机里控制软件界面或教师操作面板（见图2-15）进行操作控制，可对所有联网教室的多媒体设备进行远程管理，如设备的开关、音量的调节、MIC的调节、输入输出信号的选择切换、计算机信息统计收集等。多媒体教室远程管理系统如图2-16所示。

图 2-14　中央控制器

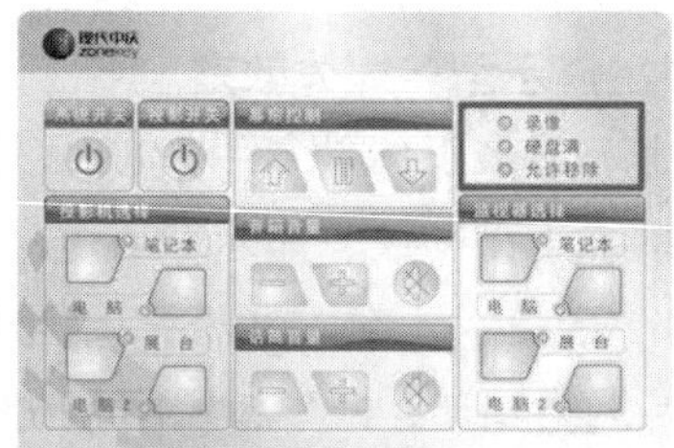

图 2-15　教师操作面板

（2）多媒体计算机

多媒体计算机是多媒体教室的核心，在系统中既是计算机教学媒体，又是网络连接设备。由于多媒体教室的计算机要适合不同课程的教学，因此软件的配置要兼顾不同课程的需要。对于没有安装还原保护卡的计算机应安装系统保护还原软件，以防由于误操作等引起系统故障。

（3）实物展示台

实物展示台也称视频展示台，如图2-17所示，是通过CCD摄像机以光电转换技术为基础，将实物、文稿、图片、过程等信息转换为图像信号，输出在投影仪、显示器等显示设备上展示出来的一种演示设备。教学中教师一般利用实物展示台来展示文稿讲义、图片照片、标本模型、实验器皿等图文资料和小型实物。由于实物展示台能够摄取实物，大大地拓宽了它的使用范围，方便了教学。

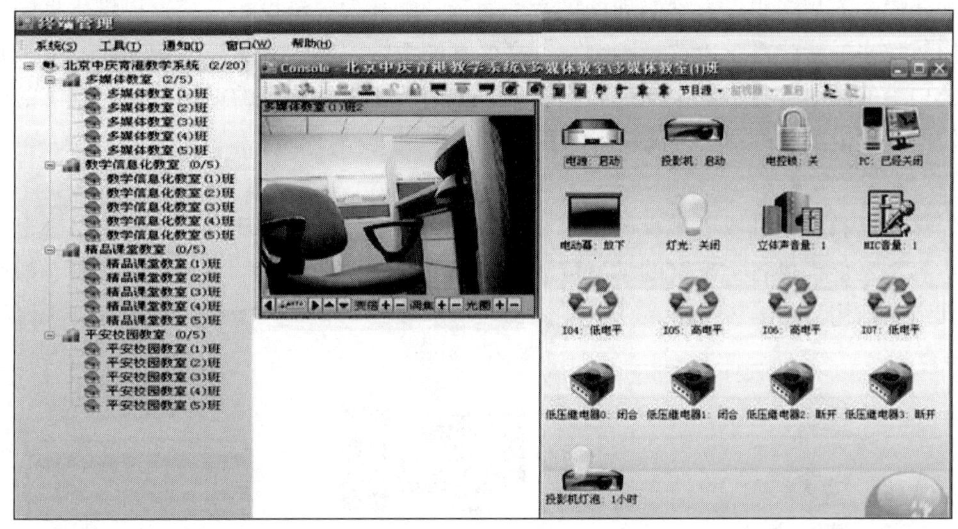
图 2-16　多媒体教室远程管理系统

（4）投影仪及投影屏幕

多媒体教室的投影系统一般选用高性能的投影设备和大尺寸投影幕，根据不同的使用要求，提供大屏幕、高亮度、多画面的图像输出，以获得丰富的信息资源，达到最佳的视觉效果。

投影仪是多媒体教室中计算机、实物展示台、VCD、录像机等视频信号的再现设备。作为图像信息显示系统主体的投影仪，根据其不同的投影原理，可以分成阴极射线管（cathode ray tube, CRT）投影仪、液晶显示（liquid crystal display, LCD）投影仪和数字光路（digital light proessing, DLP）投影仪（见图 2-18）三大类。无论何种投影机型，其主要的性能指标是亮度和分辨率。投影仪的安装根据不同的场合要求可分为前投桌面、前投吊顶，根据教室的实际空间和教学要求而定。

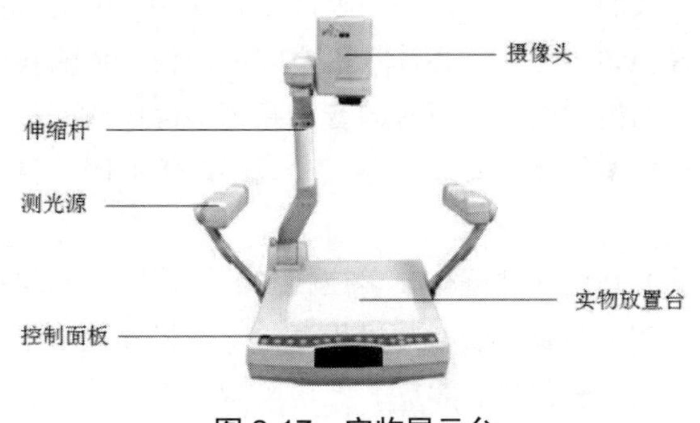

图 2-17　实物展示台

图 2-18　DLP 投影仪

投影屏幕分为软屏幕和硬屏幕。软屏幕包括白屏幕、珠光屏幕和金属屏幕；硬屏幕包括平面屏幕和弧形屏幕。现在中小学校园中硬屏幕用得较多。

（5）音响系统

音响系统由功放、音箱、话筒等设备构成，主要作用是将声音通过集中扩声将音频信号清晰地传输还原，实现多媒体教室的现场扩音、播音，配合大屏幕投影系统，提供优良的视听效果。多媒体教室的音响系统应选择频响宽、高保真的系统，应具有话筒混响功能，使教师能在播放媒体内容的同时进行讲解，保证教室有足够的声压场强、均匀的声场分布、足够的语言清晰度，使所有学生都能听到、听清发言内容。

2. 多媒体网络教室

多媒体网络教室是集成了多媒体技术和网络技术的信息化教学环境，它既能呈现形式多样的教学内容，又能提供各类丰富的学习资源，能够支持学生的自主学习、合作学习、探究学习活动。其组成结构如图2-19所示。

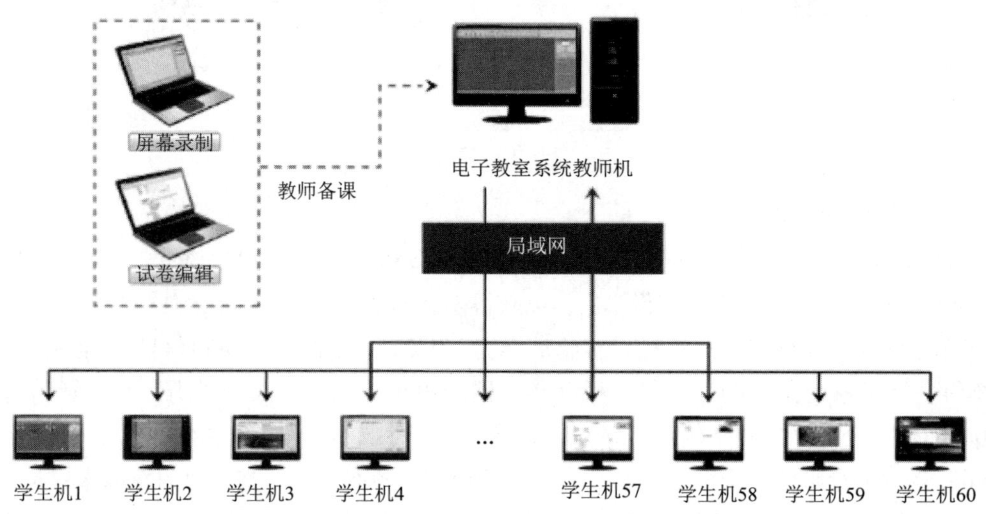

图 2-19　多媒体网络教室组成结构图

网络多媒体教室根据其控制信号和传输方式的不同，可以分为硬件型和软件型网络教室两种。硬件型网络教室需要给每台计算机安装音视频传输卡，各计算机之间铺设信号传输线用于传输视音频信息和控制信号，还需要配置专用的控制面板。所有的音视频等多媒体数据都通过专用的数据线传输到学生机。纯硬件方式由于成本较高、安装复杂、升级困难等原因，目前已逐渐被软件型网络教室所代替。

软件型网络教室是指在计算机网络的基础上利用软件进行教学控制和数据传输，实现教师机对学生机的广播、监控、语音教学等操作。教师机要安装教师机程序。学生机安装学生机程序。教师机程序可以联网控制学生端程序，包括控制关机、黑屏、屏幕监看、直接控制、屏幕转播、电子举手等功能，使得每个学生端或教师端信息的共享更加便捷。随着网络带宽的不断改善，目前基于软件的多媒体网络教室控制系统更为常见，不但能够实现基于硬件的网络教室的全部功能，还彻底解决了以往网络多媒体教室建设成本高，维护、使用困难等一系列问题。图2-20所示为某软件型网络教学系统的教师机管理界面。

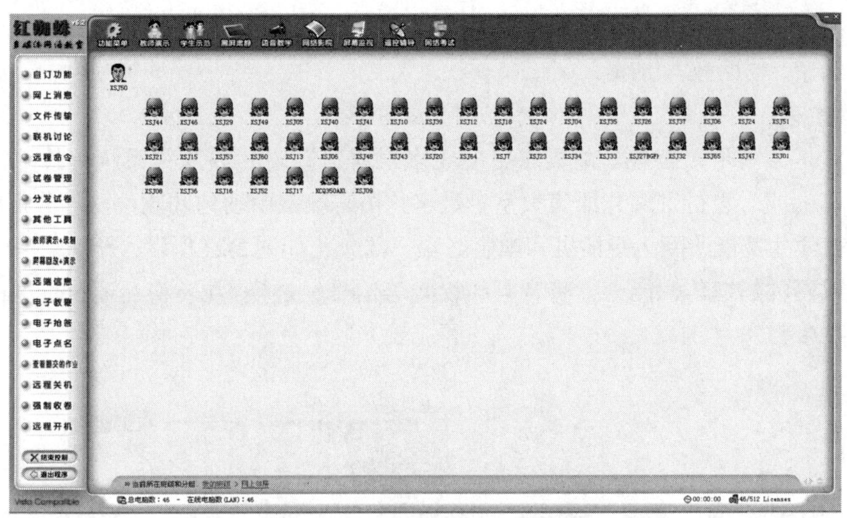

图 2-20　某软件型网络教室教师机管理界面

多媒体教室的网络教学系统通常包含以下功能：

广播教学：可将教师机的计算机屏幕画面和语音等多媒体信息（如教学课件等）实时传送广播给全体、群组或单个学生。教师可以用这个功能进行多媒体课件的教学、演示操作等。

屏幕、键盘锁定：当教师在口述讲解，无须学生看屏幕时，为了不让学生因看屏幕而影响听讲，在必要时，可强制学生机屏幕黑屏，使学生能够集中精力听讲。为防止学生在未经许可的情况下操作计算机，教师可随时锁定、解锁任意学生机的键盘和鼠标，停止或恢复学生操作计算机。

示范教学：使用转播教学功能，教师可选定一个学生的屏幕及声音转播给其他学生，增加学生对教学的参与感，提高学习的积极性。

课堂监控：教师可实时监视、监听每个学生的计算机屏幕和语音，观察学生的学习情况，这样教师不用离开自己的座位便可在自己的计算机上观看到每个学生对计算机的操作情况。可对单一、群组或全体学生进行循环监视监听。

分组讨论：教师可选择一个或多个学生进行分组讨论，通过文字和语音进行交流，而其他学生不受干扰。

网络答疑：教师可与任意指定的学生进行实时双向语音对话，而其他学生不受干扰。教师可利用此功能进行一对一的答疑辅导。教师机接管指定的任意学生机键盘和鼠标，对学生远程遥控，辅导学生完成操作，进行"手把手"式交互式辅导教学。教师在遥控辅导教学中可实时监视被遥控学生的计算机屏幕。教师在遥控辅导教学中可与被遥控学生进行双向交谈。

学习资源分发：教师可以通过网络进行多媒体文件的分发，利用此功能教师可布置作业，自主发送学习资源等。

电子举手：学生使用电子举手功能可随时呼叫教师。学生可随时通过电子举手来进行问题抢答或向教师提出自己的问题。学生举手在教师界面中用特定动态图标表示。

电子教鞭：模拟黑板，教师在电子黑板上可实现在普通黑板上的全部功能。使用电子教鞭，教师可边操作软件边注解，达到教学提示及注释的目的。提供文字书写，可设置文字字体型号，提供大量图形工具，可改变调整笔形、笔宽及笔色，提供多种注释方法（箭头、注释模板、区域闪烁等）辅助教学讲解。

3. 语音教室

语音教室是为满足语言教学的需求，基于多媒体、网络和嵌入式系统等技术设计实现的"计算机+语音终端"型的数字化语言教室。数字化语言教室由硬件和软件两部分组成。硬件部分主要包括教师主控台、网络交换机和学生终端三部分，如图2-21所示。语言学习资源的传输主要依靠局域网的数据传输能力，将音频、视频等信号经过模/数转换后通过标准的网络协议传送给用户终端。

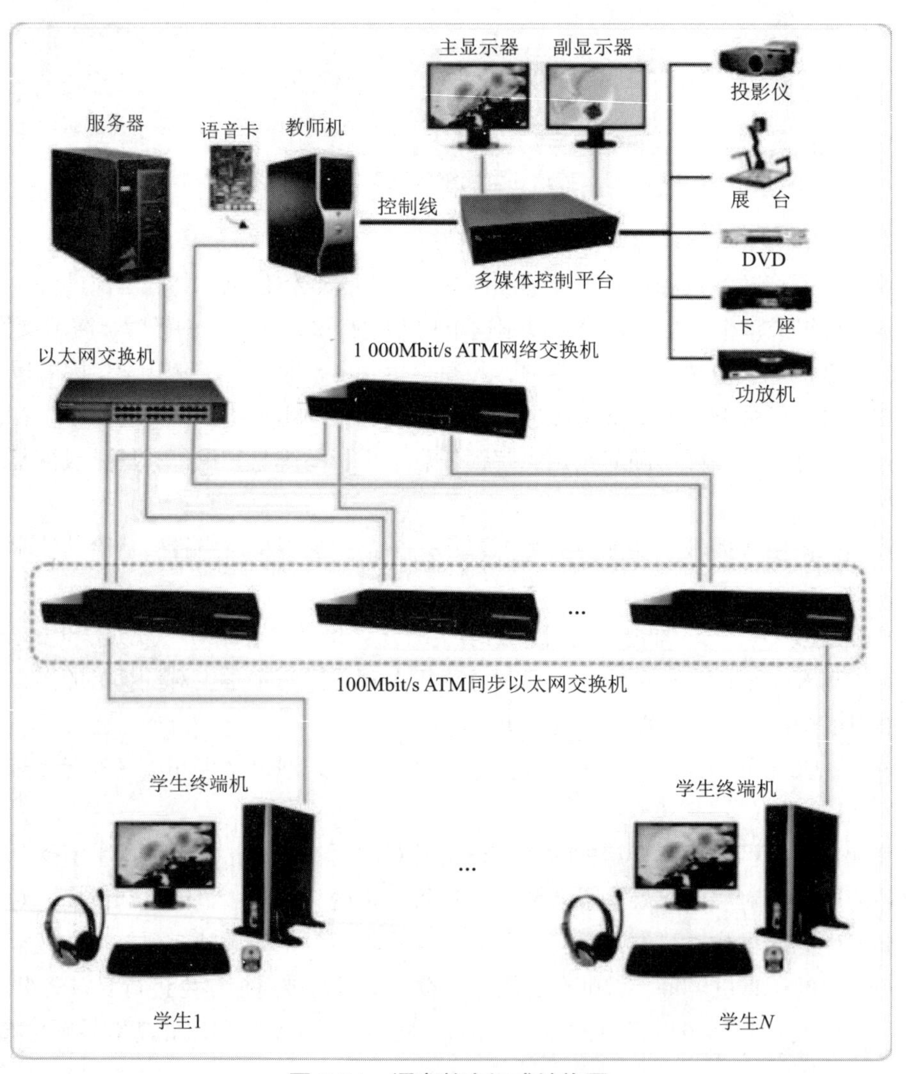

图 2-21　语音教室组成结构图

教师主控台的应用功能包括数字化复读、音波比对、音视频点播、对话练习、文本阅览、阅读教材、作业发布、考试测验等。这些功能的加入不仅丰富了课堂教学，也改变了语言实验室的应用模式，让语言实验室从单项的语音教学功能变成了开放型、能进行自主学习的多功能教室，最大程度地满足了外语教学改革的需要。

4. 交互式电子白板系统

交互式电子白板系统是一个具有正常黑板尺寸、在计算机软硬件支持下工作的、具有普通白板功能和联网多媒体计算机功能，可与教育资源以及人机、人际多重交互的电子感应屏板。交互电子白板系统由三部分构成：多媒体计算机、投影仪、交互电子白板。多媒体教室、会议室、培训中心、展示厅、视频会议等交流场合都是电子白板的应用场合。交互式电子白板的连接如图 2-22 所示。

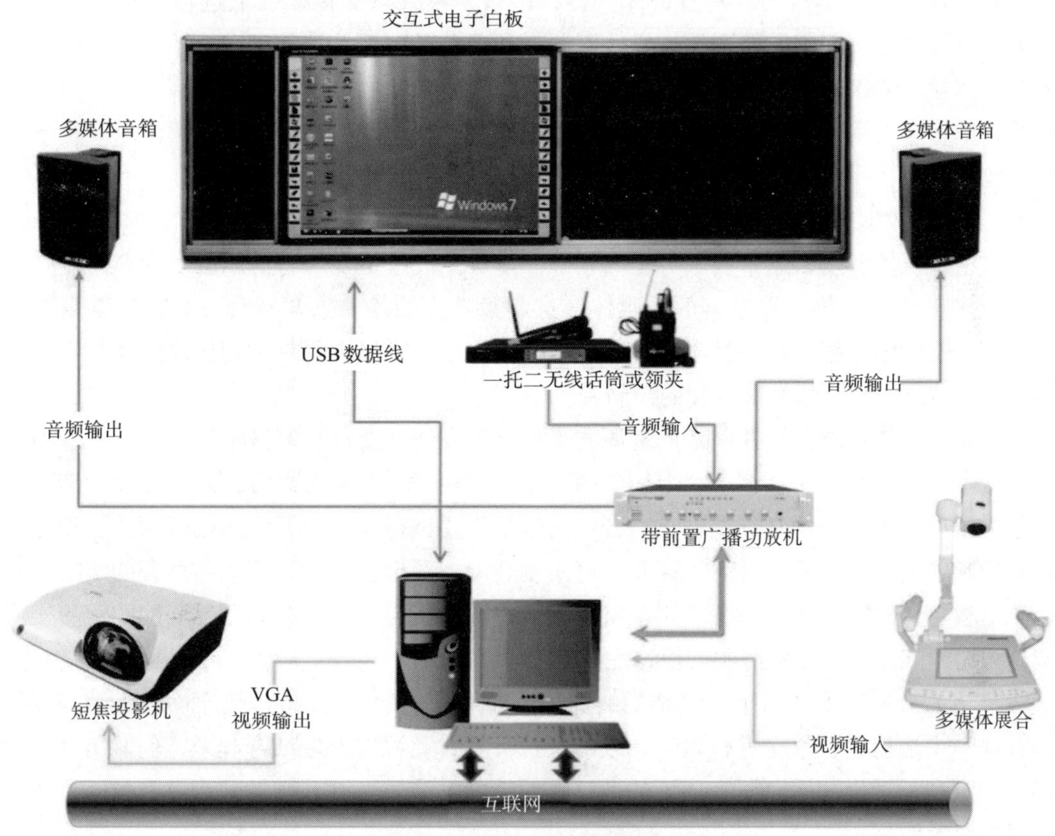

图 2-22　交互式电子白板的连接

交互式电子白板的主要功能有：

（1）互动功能

以往的多媒体教学系统，教师往往需要坐在计算机前进行操作，教师的视线被显示屏遮挡，无法与学生有充分的交流。利用交互式电子白板，教师可直接站在白板前，利用手中的鼠标笔在板面上进行计算机操作，既满足教师的传统教学习惯，更增强了教师与学生之间的交流互动。

（2）书写功能

在白板上可以像传统教学黑板一样随意书写并任意擦除。传统的投影幕布模式，教师无法在课件上圈点标注，在一些知识点上学生往往无法领会其中的内涵。利用电子白板系统，教师可直接在白板上有针对性地圈点标注，或借助遮屏、聚光灯、放大等教学辅助工具，将教学重点难点标出，着重讲解，有助于学生对知识的理解。

（3）识别功能

教师可以直接用手指或笔操作，并将手写体转化为标准体。在使用时，所有的书写和作图都使用电子墨水来完成，没有粉笔灰尘，电子白板上的书写和作图都会自动保存到与之相连的计算机里。

（4）图库功能

交互白板内置了丰富的学科资源库，传统的教学模式只能在黑板上进行一次性的板书书写，无法在板书中调用丰富的图片、媒体资源。利用电子白板，教师可在电子白板上书写优美的板书，可随意调用丰富的图片资源、媒体资源用于教学，可在白板上进行精确的作图，可调用多种辅助程序应用于教学。并且，板书内容甚至板书授课过程都可完整保留记录，将书写内容转换成HTML、PPT等文件格式，便于学生课后复习。

5. 多媒体教室的教学应用

演示型多媒体教室多用于以教为主的教学。多媒体设备主要起着演示教学内容的作用，利用音视频多媒体的优势，以丰富的多媒体信息刺激学生的各种感知器官，突破教学重点、难点，从而优化教学过程，提高教学质量和效率。教室中的媒体主要是教师用来辅助教学的，学生很少参与控制，教师依然是课堂的控制者。

多媒体网络教室充分发挥网络的资源共享、交流合作功能，利用网络资源的丰富性和共享性，支持学生的自主学习，组织线上线下的协作学习活动。教师可以方便地将多媒体信息（包括文字、图形、图像、动画、视频、声音）按教学需要进行组合，开展多媒体课堂教学，也可以将其他互联网教学资源实时引入课堂，可实现全动态图形、图像、视频和声音的实时同步发送，丰富教学资源。学生可充分利用丰富的教学资源进行自主学习，利用互联网的学习交流工具与他人讨论问题，获取资源共同协作完成某个学习任务。

数字化语言教室主要用于语言技能的训练，如外语教学中的语音课、听力课、口译课等。在语言教学中运用语音教室进行教学，教师把视听教材和视觉形象结合起来，创造出良好的语言环境，有利于学生加深对语言环境的理解，便于因材施教，有利于教师改进身教学方法和手段，提高教学效率。

2.2.4 智慧教室

智慧教室是基于物联网技术集智慧教学、人员考勤、资产管理、环境智慧调节、视频监控及远程控制于一体的新型现代化智慧教室系统。学校教室的发展经历了“传统教室→电子教室→多媒体教室→多媒体网络教室→智慧教室”的发展过程。“智慧教室”最早见于罗纳德•雷西尼奥在1988年提出的“Smart-classroom”，是一种能够感知学习情景、识别学习者特征、提供合适的学习资源和便利工具、自动记录学习过程和评测学习成果，以促进学习者有效学习的学习场所或活动空间。

智慧教室是智慧校园的重要组成部分，是对传统教室和多媒体教室以及教学过程的优化和重构。智慧教室的系统组成如图2-23所示。结合并运用云计算、大数据、物联网、移动通信、人工智能等现代技术，构成贯穿课前、课中、课后教学全过程，能够提升效率、识别情景、记录学习行为、连接社群的新型教育教学环境，促进信息技术与教育教学深度融合，提高教育教学活动的智能化水平，构建智慧学习环境和新型教学模式。我国学者黄荣怀认为智慧教室的智慧性体现在内容呈现（showing）、环境管理（manageable）、资源获取（accessible）、及时互动（real-time interactive）、情境感知（testing）五个方面。

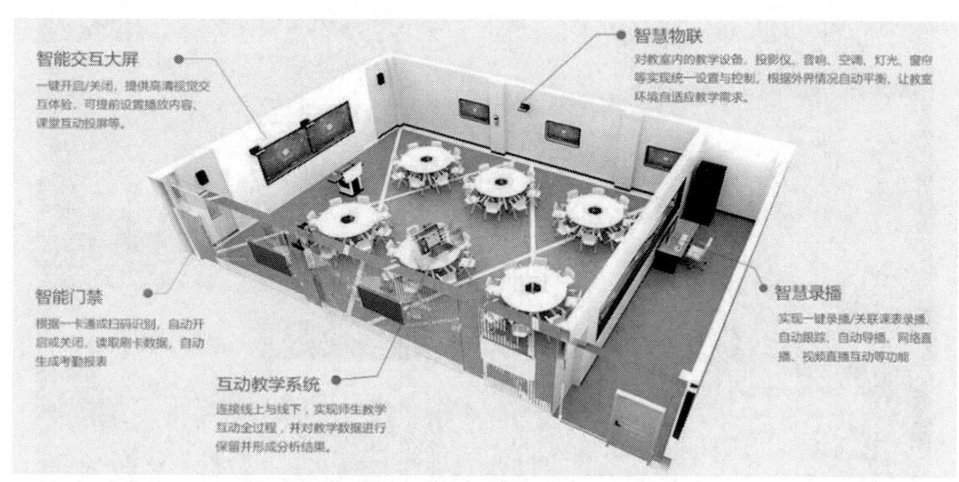

图 2-23　智慧教室的系统组成

智慧教室一般由以下系统组成：

基础设施系统：包括物理空间、桌椅装置、供配电、通风空调、灯光照明等子系统。布局合理的物理空间和符合人体工程学的课桌椅构成智慧教室的空间环境。安全可靠、健康节能的供配电、通风空调和灯光照明也是必备的设施条件。

物联感知系统：实时感知室内的空气指标和环境指标，切换空调和新风系统，将室内环境维持在适宜程度。其中智能门禁包括网络接入、射频识别、人体识别等。可根据课表便捷有效地开关教室门，可支持师生刷卡、密码、扫码、人脸识别等多种方式开门，实现智能化识别和感知。断电时会自动打开门锁，根据白名单控制进出权限，节约了管理人力，有效提高了管理效率。

智能中控系统：包括中控、能耗、监控等子系统。智慧教室中软硬件装备、运行能耗、教室现场等都可以被实时监控，并基于大数据进行智能化地分析，最终管理员可以通过可视化界面查看运行状况和进行管理操作。

智慧教学系统：包括交互演示、穿戴设备交互和教学录播等功能。交互演示子系统代表着智慧教室的教学信息呈现能力。通过多媒体教学、课堂互动、及时反馈、状态感知、数据统计等功能，为师生提供易用、高效的教学服务。借助穿戴设备子系统，物理环境与虚拟环境的无缝融合更为便捷。智慧录播子系统包括课程录播、电子学档、课堂应答等。录制课堂教学过程，制作教学视频资源，用于记录教学全过程，可以对视频内容进行分析，实时获取师生交互指数、课堂专注度、教学行为等数据，为教师教学决策和学生自主学习提供有效数据支持。

云桌面系统：云桌面既包括处于云端的海量教育资源和教育应用服务，也包括本地的笔记本计算机、平板、智能手机等移动终端。通过集中化的桌面管理，将个人教学数据转移到集中的数据中心，进行灵活、高效、可靠地应用场景管理。云资源、云服务与学生的笔记本、平板计算机、智能手机等移动终端一起组成了一个随时随地、虚实结合的个性化学习空间。

智慧班牌系统：实现校园信息展示发布、环境监测、电子课表、教室预约、考勤统计、考场管理、视频巡班等多种功能，主要由显示终端和控制软件构成，与课表数据对接，改变传统的课表张贴模式，实时更新课表信息和教室使用状态。电子班牌如图2-24所示。

图2-24　电子班牌

在现实应用场景中，智慧教室面对的业务目标和技术支持有不同侧重点。对上述构成智慧教室的软硬件进行合理筛选组合，可以构成不同类型的智慧教室。

录播型智慧教室主要服务于视频公开课的制作，能够实现实时采集多媒体教学资源，具备在线存储、在线编辑、在线审片、线上线下混合教学等多种功能。

研讨型智慧教室为小组研讨过程提供全方位支持，是交流研讨、多屏互动、成果展示等功能于一体的智慧教学环境，让小组研讨活动组织更便捷，让研讨过程和细节可视化，如图2-25所示。

图2-25　研讨型智慧教室

智慧微课教室是一站式制作微课的智慧教室。教师可在无辅助拍摄人员的情况下，通过一键式的简单操作完成微课录制工作。课室采用先进的智能云镜技术，自动对老师讲台画面、人屏一体画面进行录制拍摄，并自动形成高清晰度的微课视频文件，给学生真实地呈现课堂实况。虚拟微课制作教室如图2-26所示。

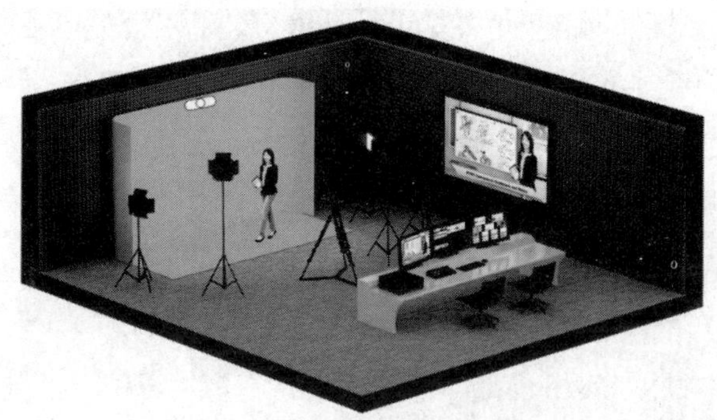

图 2-26　虚拟微课制作教室

远程互动智慧教室则打破地域和教师资源限制，实现异地远程互动视频教学和培训。可支持远端教室教学图像采集、编码及组合录制，师生远程互动讨论，课程直播等，在优质学校和帮扶学校之间开展互动教学活动，让偏远地区学生共享优质学校的教学资源。

2.2.5　创客空间

创客空间是面向应用的、构建以学习者为中心的、融合从创意、设计到制造的用户创新学习环境。学习者通过提供的技术和服务，进行项目的协作推进以及各种学习活动的开展，以促进相互之间知识和资源的互动、创造力的表达与分享。

创客教育的提出始于创客运动的发展，旨在利用创客理念推动教育，强调通过实践操作将知识的验证结果呈现出来，将创意的想法变成具体的实物或真实的产品，在创造的过程中理解、完善知识体系，并对知识体系进行更新。创客教育着重培养学生跨学科解决问题能力、团队协作能力和创新能力。与STEM教育相比，创客教育更直接地指向创新教育，具有更明确的目的性和实施路径。STEM教育为创客教育的落实提供了学科知识的基础，为创造行为的实现提供了理论和能力支持。而创客教育为STEM教育的开展提供了新的有效落地方式。培养学习者的科技理工素养就需要具体的实现空间和实现工具。在《中小学数字校园建设规范中》对创客空间的建设要求主要有：

① 小学提供科学课实验教学空间，支持科学探究实验的开展。

② 中学提供理化生实验教学空间，支持理化生课程教学中探究实验的开展。

③ 配备探究实验管理软件，支持学生实验数据的存储、显示与分析。

④ 提供适量的创新训练空间，配备训练工具和设备，支持学生在创造中学习。

⑤ 开设适量的创新训练课程，供全校学生自主选修。

⑥ 配备专业的指导教师团队，为学生的创新创造提供及时辅导。

⑦ 建设线上创新社区，支持学生创意作品的展示分享与互动交流。

创客空间的布局一般分为展示区、材料区和活动区。其中展示区往往是在校园创客空间的前端（即入口处），用于展示学生创客作品，配有展示台或展示柜两种展示装置，用于开阔学生眼界，启发学生创新灵感。材料区的主要功能是保管耗材和少量精密易损的仪器设备，有一定的保管箱柜和制度，一般由专人负责，也可以是半开放方式。创客空间的布局如图2-27

所示。

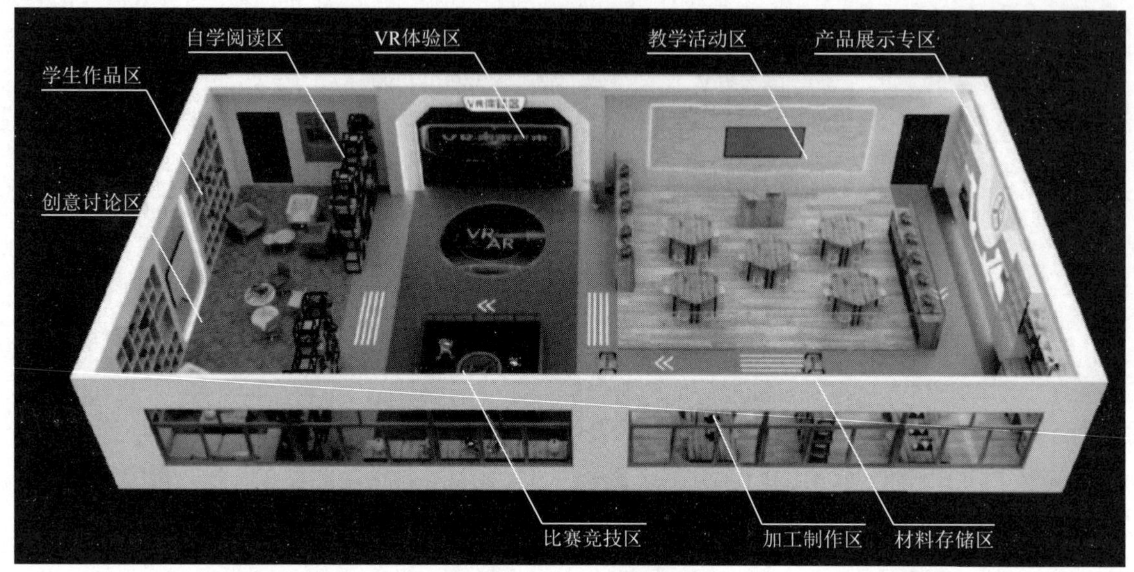

图 2-27　创客空间的布局

2.3　典型应用——网络学习空间

网络学习空间是由教育主管部门或学校认定的，融资源、服务、数据为一体，支持共享、交互、创新的实名制网络学习场所。网络学习空间的概念源自2012年5月在北京召开的教育信息化试点工作座谈会上提出的“三通两平台”。“三通两平台”是国家“十三五”期间教育信息化的重点工作，而“网络学习空间人人通”是“三通两平台”的核心工程。网络学习空间在我国的发展大体分为初始探索（2000—2011年）、系统推进（2012—2015年）、融合创新（2016年之后）三个阶段。为了加快发展，2018年教育部发布了《网络学习空间建设与应用指南》，为科学、合理地建设与应用网络学习空间指明了方向。

2.3.1　网络学习空间的构成

网络学习空间分为个人空间和机构空间，并集成了公共应用服务和数据分析服务，如图2-28所示。

个人空间是具有角色基本功能且可拓展的个性化工作与学习场所，是调用各类应用服务的个人应用枢纽，支持资源管理、教学管理、交流互动和信息查询等。个人空间既有通用的基本功能，如个人管理、消息管理、资源管理、应用管理、社区管理等，又具备可拓展的个性化工作与学习场所。在个人空间里可以调用各类应用服务，相当于一个教学功能的总调度中心。例如，教师教学管理包括在线备课、在线作业批改、网上指导等。学生学情反馈包括跟踪、检测学生学习全过程，实现个性化资源与作业推送等。

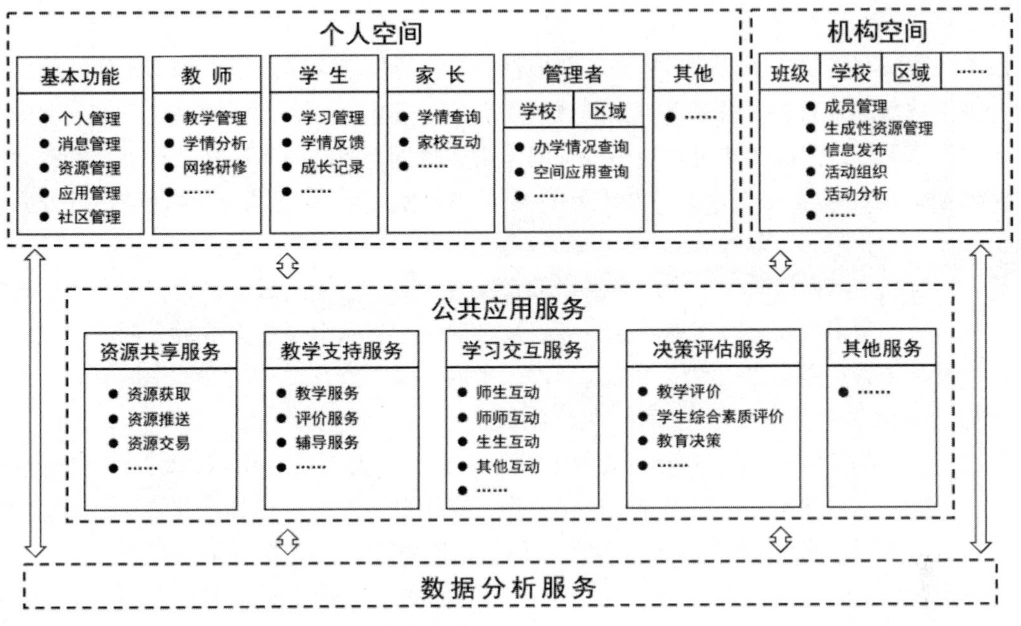

图 2-28　网络学习空间

机构空间包括班级空间、学校空间、区域空间等，能够调用公共应用服务，支持成员管理、生成性资源管理、信息发布、活动组织与活动分析等，可以将机构空间理解为展示各区域、学校、班级风采的窗口，汇聚、共享优质教育资源的入口。

公共应用服务包括资源共享服务、教学支持服务、学习交互服务和决策评估服务等，可不断扩充与升级建设。空间中的公共应用服务并不是最初就全部齐备，而是根据需要和条件逐步建设完善的。

学习空间的数据分析服务是对整个空间的教学行为提供服务的。可以对所有用户的基础数据、行为数据进行动态分析，为个性化资源推送、学习分析与诊断、精细化管理、科学决策等提供支持。具体包括实现教学分析服务、实现学习分析服务、实现学生能力发展服务、实现学生综合素质评价服务、实现空间应用分析服务、满足多样化数据分析需求。例如，分析某个学生学习成绩、学习水平、知识结构、认知风格、问题解决能力、语言能力、写作能力等，为他推送个性化资源、为他提供差异性和个性化教学等。

在教学中怎样利用网络学习空间来开展教学活动呢？师生通过个人空间或机构空间，调用公共应用服务，支持教育教学活动。空间应用中形成的生成性资源，根据用户意愿，存放于个人空间或机构空间。同时网络学习空间要支持不同角色用户（教师、学生、家长、管理者等）在同一空间中的身份切换，实现“一人一空间”；支持不同角色用户的互联互通，实现信息沟通与数据交换；支持各类公共应用服务的汇聚与调用，实现服务贯通。实质上通过网络学习空间构建了一个人人皆学、处处能学、时时可学的泛在学习环境，从而适应信息化条件下的教与学需求，推动正式学习与非正式学习融合，实现有效支持个性化、适应性学习的智能化学习支持环境。

2.3.2 在线教学平台

现阶段我国网络学习（教学）空间一般依赖各类在线教学平台或系统来为主体搭建。充分利用互联网技术进行数字化内容学习和开展教学活动，是具有全新沟通机制与丰富资源的学习环境，这种学习方式将改变传统教学中教师的作用和师生之间的关系，从而根本改变教学结构和教育本质。在线教学平台的发展也经历了不同的阶段，得到较多认同的观点，可分为三个阶段。

第一个阶段为点播式教学平台。在网络教育发展初期，点播式教学平台主要实现了教学资源的快速传递，学生可以随时随地点播音频、视频课件，查阅电子教案等教学内容，完成在线作业等。其主要特点是学习资源极大丰富，以教师的教学思路来设计网络教学内容并组织网络学习活动，学生的参与性不够，主体性得不到体现。

第二个阶段为交互式教学平台，集成了教学资源、聊天工具、BBS论坛、内部电子邮件等，给学生提供学习导航、答疑辅导、讨论协作、在线自测等服务。其主要特点是围绕学生开展学习活动为中心，加强了教学平台的交互功能，强调为学生提供及时有效的服务。

第三个阶段为社会化教学平台。随着Web 3.0、云教育、传感网络等技术的发展，学习者可以通过统一的门户网站来访问不同的社区网络、信息网站等，利用社会化教学平台，通过智能化搜索引擎、RSS标签、Blog以及其他社会性软件等，建立起属于自己的学习网络，包括资源网络和伙伴网络，并处于不断的增进和优化状态，是一种开放的、分布式的教学环境。

在线教学平台可对信息化教学过程中所有环节给予支持，教师可通过简单的操作对教学活动进行设计和管理。可为学习者整个学习过程给予支持，概括起来就是为学生提供极大丰富的学习资源、提供学习活动记录和管理功能、提供功能全面的交流工具、提供学习者评估自身学习效能的评价工具、提供形式多样的学习工具，如多种媒体形式的学习资源呈现、适应性学习过程管理、测评系统、自动答疑系统、师生交互工具等。在线教学平台的教务管理系统主要完成对教师、学生、平台维护人员的身份信息管理，对他们分配相应的平台使用权限，对教学任务的分配和管理，对教学设备的监控管理，对学生的学习行为的记录和统计分析，对学业成绩的记录分析，同时还可对专业、课程、教研等业务进行管理。平台也提供丰富的教学支持工具。表2-1给出了一些常见的信息化教学支持工具。

表 2-1　一些常见的信息化教学支持工具

类　别	功　能	工具实例
认知工具	提供认知支持，提高效率，促进知识建构，提高自主学习能力	专家系统、概念图等
交互工具	提供个体与资源之间、个体与个体之间、个体与群体之间交流对话	e-mail、QQ、论坛、微博等
资源聚合工具	提供信息搜索、信息获取、个性化信息汇聚、知识管理等功能	RSS、博客、搜索引擎、360个人图书馆、GoogleGroup、网盘、Tag标签等
学习计划工具	学习计划设置和安排，监控学习进度	Google Calender、igoogle、Mee Timer等
评价工具	记录个体学习轨迹，评测学习成效，监控学习进程	电子学档、EPSS、考试系统等

近几年，随着我国教育信息化核心工作“三通工程”（宽带网络校校通、优质资源班班通、网络学习空间人人通）的加快实施，各省市相继构建了信息化综合学习平台，通过人人拥有的

实名制网络学习空间，实现信息化教学和个性化学习的空间环境。在空间中教师可进行集体备课、网上教研、讨论交流、在线答疑、共建共享优质资源，学生可以进行在线学习、讨论交流、在线测评等教学与学习活动。例如，“长沙市中小学人人通平台”（见图2-29）提供支持多种终端以学生成长为核心的学习、管理、交流、分享空间，全市学校、教师、学生空间开通率较高。学校信息发布、网络教学、知识共享、管理服务和文化生活服务等基本实现数字化、智能化。该市中小学以“长沙市中小学人人通平台”为基础，整合家校联系、在线学习、综合素质评价、社会实践活动、体质健康管理、教育质量综合评价等功能，构建集教育、教学、管理、服务于一体，市、县（区）、校广泛连接的数据平台，形成覆盖全市、互联互通、分级管理的数据体系，打破信息孤岛，采用过程性数据分析开展学生综合素质评价，为教育精细管理提供了有力保障。

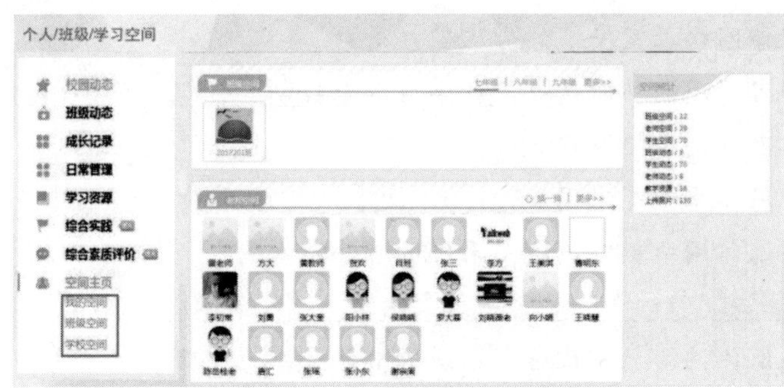

图 2-29　长沙市中小学人人通平台

实 践 活 动

活动一：走近校园网

1. 参观学校网络中心，了解校园网的网络拓扑结构、观察了解组成校园网的主要硬件设备并记录、填写表2-2。

表 2-2　校园网硬件系统组成

设 备 名 称	设 备 型 号	功能和作用

2. 向网络中心管理人员了解校园网相关情况，并填写如下调查问卷。

- 你所在学校的校园网是：□有线校园网　□无线校园网
- 网络主干传输介质是：□双绞线　□同轴电缆　□光纤
- 校园网接入Internet的方式是：□DDN专线　□ADSL　□ISDN　□无线接入　□其他
- 学校网络课程教学平台是采用：________________系统。
- 登录进入校园门户网站，浏览网站并记录网络提供了哪些与教学有关的支持系统？可完成什么业务？

例如：××教务管理系统可以实现学生学籍管理、教学计划管理、网上选课、教学管理、成绩管理、考务管理、教学考评、教材管理等，实现教务信息管理的一体化，促进教务管理工作智能化。

活动二：使用多媒体教室

观察所在学校的多媒体网络教室，了解各种设备及其之间的连接方式，并做好如下记录。

1. 了解设备及连接，填写表2-3。

表 2-3　多媒体网络教室硬件组成

设备名称	台套数	功能和作用

2. 开机进入多媒体教室软件系统，观察并填写如下问卷。

- 你了解的多媒体网络教室安装的管理软件是：________________系统。
- 上述管理软件可实现的功能是：例：学生屏幕控制、分组讨论……。
- 该多媒体网络教室是否接入Internet：□ 是　□ 否
- 学校网络课程教学平台是采用：________________系统。
- 请写出打开多媒体网络教室设备与系统的顺序：

①________________②________________③________________

- 请写出关闭多媒体网络教室设备与系统的顺序：

①________________②________________③________________

本章小结

本章系统地论述了信息化教学环境的概念、特点及组成要素，并给出了当前学校教育环境下信息化教学环境的典型应用模式和构成，如中小学数字校园、多媒体教室、智慧教室、网络学习空间、创课空间等。同时对信息化教学环境下教学资源的组织和管理进行了系统的阐述。通过本章的学习，可掌握信息化教学环境的概念、中小学数字校园的构成以及常见校园信息化应用系统，理解网络教育资源的概念、分类和建设标准。

思考与练习

1. 数字校园主要由哪些部分组成？能够在信息化教学中实现哪些功能？

2. 选择一个网络学习空间人人通平台，看看该学习平台能完成哪些教学过程的支持？学习中师生交互活动是怎样完成的？有哪些学习支持工具？

3. 通过实际调查研究，你认为一个典型的在线学习平台应具备哪些基本功能？

4. 你所在大学是否建设有智慧教室？你使用过智慧教室吗？如果使用过，你觉得其相比传统教室，它的优势体现在哪些地方？

第3章 信息化教学设计与评价

【学习目标】

- 理解信息化设计的概念、特点；
- 了解信息化环境下新型教学模式；
- 能准确复述信息化教学设计的流程；
- 能简要画出基于问题的学习、混合式教学设计等模式图；
- 准确理解信息化评价机制，能进行信息化教学评价；
- 逐步形成运用信息化手段解决教学难题的意识。

信息化教学设计、实施和评价是教学创新的核心，教学设计的最终目的是通过优化教学过程来提高教学的效率、效果和吸引力，以利于学习者的学习。工业时代到信息时代的转变给教学设计带来了很多冲击，其中一个明显的改变就是从标准化转为个性化的设计。设计者逐渐尝试为每个学习者创设独一无二的学习经历，而不是努力为所有学习者制造一个简单的、定义明确的学习模式。信息化教学设计可用于设计不同的教学系统，大至一门学科的教学框架或教学资源的设计，小至某种数字学习资源的设计。除了学校教育领域，还可以在军队、企业或公司的人才培训中发挥着重要的作用。

3.1 信息化教学设计概述

3.1.1 信息化教学设计的定义

从教学设计的发展历史来看，各种教学与学习理论和媒体技术的发展都对教学设计的发展产生了深远的影响。目前，学术界对于教学设计的界定还不统一，学者们基于不同的分析视角对教学设计进行了多样化的解读。通过分析国内外比较有影响的几种教学设计的界定，可以归纳为以下观点：

祝智庭教授认为：信息化教学设计是充分利用现代信息技术和信息资源，科学安排教学过程的各个环节和要素，为学生提供良好的信息化学习条件，实现教学过程全优化系统方法。其目的在于培养学生的信息素养/创新精神和综合能力从而增强学生的学习能力，提高他们的学业成就。

黎加厚教授认为：所谓信息化环境下的教学设计（信息化教学设计），是指运用系统方法，以学为中心，充分利用现代信息技术和信息资源，科学安排教学过程的各个环节和要素，以实现教学过程的优化。

钟志贤认为：信息化教学设计是在综合把握现代教育教学理念的基础上，充分利用现代信息技术和信息资源，科学安排教学过程的各个环节和要素，为学习者提供良好的信息化学习条件，实现教学过程最优化的系统方法。

这些学者对于信息化教学设计的理解基本一致，其阐释都包含了下列四个方面的涵义：强调充分利用现代信息技术和信息资源；以“学”为中心；用系统方法作为教学设计的指导思想；强调科学安排教学过程的各个环节和要素。在对上述三种定义进行分析的基础之上，北京师范大学何克抗教授阐述了自己对于信息化教学设计的理解：信息技术环境下的教学是在先进的教育理论（尤其是建构主义学与教理论）的指导下，通过将信息技术有效地融合于各学科的教学过程来营造一种新型教学环境，学生在教师引导和帮助下，以自主、合作、探究的方式实现学习目标的过程。而信息化教学设计则是一个系统化规划信息化教学系统的过程。这里所强调的“以学为主”、学生主要通过自主建构获取知识意义的教育思想和教学观念。

总之，信息化教学设计是与信息化时代紧密联系在一起的，它以信息化时代的教育教学理念为指导，以学生为中心，充分利用现代信息技术和信息资源，科学安排教学过程的各个环节和要素，从而不断优化学习效果的理论与实践。

3.1.2 信息化教学设计要素

1. 目标：培养学生的创新精神和实践能力

信息化教学设计明确“以学生为主体”“以学为中心”，其最终目标不单单是知识的传授，而是在此过程中，培养学生发现问题、探究问题和解决问题的习惯、思维方式和意志品质。传统的教学设计以学科体系为中心对教学过程进行设计，忽视了学生作为学习主体的主观能动性的培养，情感、价值观方面尤其缺乏。而信息化教学设计就是要改变传统教学中学生被动接受知识、死记硬背、机械训练的学习方式，引导学生参与教学目标的拟定、学习过程的设计、学习过程和学习结果的评价，强调学生的情感表达和学习自主性。信息化教学设计的整个过程是以学生为中心的，强调教育情境化的重要性，注重在真实环境中培养学生的各项能力。

2. 策略：以“问题驱动”“问题解决”作为学习与研究活动的主线

信息化教学不限于课堂教学形式和学科知识系统，而是将教学目标组合成新的教学活动单元，以学为中心，倡导三种新型学习模式（探究式学习、资源型学习和协作化学习），注重培养学生的三种能力（信息能力、批判性思考能力、问题解决与创新能力），把学生对知识的意义建构作为整个学习过程的评价标准。在有具体意义的情境中讲授相关的学习策略和技能。在信息化教学设计中，还强调要针对学习过程和学习资源进行评价。

3. 主体：教师成为导学和助学的角色

教师要基于学生学习的水平，对教学目标、课程标准、教学资源、活动过程、评价量规、个别指导等进行设计和组织实施，而不是进行知识的广播，教师还要不断更新、拓展自己的知识和见识。教师是学生学习活动的促进者、帮助者和支持者，要积极发挥观察、引导、组织与评价学生学习行为的作用。

4．资源：资源和技术是为教学服务

资源和技术的设计是信息化教学设计重要环节。信息化环境本身就包含了多种媒体及其优化组合，随着科技的发展，人工智能技术也逐渐成为信息化教学环境不可缺少的一部分，教学设计最初萌芽于企业和军事的训练，目的就是追求更高的投入与产出。教学设计应用于教育领域后，目的是追求更优化的教学效率。当信息技术成为学生进行学习活动的认知工具后，它能够帮助学生借助于某种技术工具来表征自己的思维，使学生的思维推理过程得以可视化呈现，从而得到理解和验证。因此，信息化教学设计强调要充分利用各种信息资源来支持学生的学习活动。

3.2　信息化教学设计方法

信息化教学是现代教学的一种表现形态，以信息技术的支持为其外在显著特征，在更深层面上，它还涉及现代教学理念的指导和现代教学方法的应用。本节内容对信息化教学设计的基本过程进行学习后，通过基于项目、基于问题、混合式教学等典型信息化教学设计，学习信息化教学如何组织和实施，及如何对信息化教学效果进行评价。

3.2.1　信息化教学设计的基本过程

1．信息化教学设计过程概述

祝智庭教授认为：信息化教学设计的过程基本上可以分为单元教学目标分析、教学任务与问题设计、信息资源查找与设计、教学过程设计、学生作品范例设计、评价量规设计、单元实施方案设计、评价修改八个步骤。在整个教学设计过程中，对于各步骤的分析和操作通常是按照这样一个顺序进行的，但必要时也可以跳过某些步骤或重新排序。

就整个教学过程而言，首先要经过分析确定单元的教学目标，即确定通过教学以后学生应该达到的水平和获得的能力。目标的实现需要有效而适合的教学方法或策略，方法和策略的选择在每个学习单元中都应各有侧重。这种选择需要相应的技术工具和资源的准备，要查找和设计信息资源。在信息化教学中比较注重任务驱动或是基于问题的教学，这样的教学需要根据教学目标，精心设计和准备真实任务和针对性强的问题。之后根据任务和问题、学生的学习水平确定资源的提供方式，例如，是让学生自主探索，还是教师事先收集和整理等。在教学过程中，由于信息技术的介入，学生的学习成果也要求通过一定的电子作品来体现，这样，教师还要事先提供电子作品的范例及相应的评价标准。另外，在教学设计和整个教学实施的过程中，评价与修改必须始终贯穿于其中，作用于教学设计和教学实施的各个环节。不断地评价与修改能够保证整个信息化教学设计的开放性和动态性。

2．信息化教学设计过程的特点

信息化教学设计很大程度上因循教学设计的一般过程模式，包括确定目标、过程设计、评价等。但是在过程设计上，信息化教学设计又体现出以下的特点。

（1）更注重教学方法的选择

信息技术应用于教学，为教师应用更多样的教学方法创造了可能，包括问题学习、探究学习等。因此，信息化教学设计更突显了教学方法选择的重要性。

（2）更重视课程教学资源的支持

在信息化教学设计的过程中，教师对于支持性的学习资源更为关注。教师要注意通过评估来选择和收集信息化学习资源，并根据学习者的学习需求，对这些信息化学习资源作进一步的整理加工。学习资源的设计也成为信息化教学设计过程中不可或缺的环节。

（3）凸显了评价与教学过程的整合

在信息化教学设计的过程中，评价、修改是随时进行的，伴随整个教学设计过程的始终。在信息化教学活动进行前要提出评价标准，选择和收集学习资源时，要通过评价来进行。另外还要认真设计针对学生的电子作品的结构化的评价工具（如量规），以提高评价的可操作性和准确性。

3. 信息化教学设计流程

（1）教学目标分析

分析教学目标是确定学生学习的主题，即与基本概念、基本原理、基本方法或基本过程有关的知识内容，对教学活动展开后需要达到的目标作出一个整体描述，可以包括学生通过这节课的学习将学会什么知识和能力、会完成哪些创造性产品以及潜在的学习结果，包括知识目标、能力目标、情感目标、思政目标。

（2）学习问题与学习情景设计

学习问题（包括疑问、项目、分歧等），这是整个信息化教学设计的关键，学习者的目标是要阐明和解决问题（或是回答提问、完成项目、解决分歧），信息化学习就是要通过解决具体情景中的真实问题来达到学习的目标。

（3）学习环境与学习资源的设计

从设计的角度看，学习环境是学习资源和学习工具的组合，这种组合实际上是旨在实现某种目标的有机整合。在学习活动发生时，学习环境又被称为学习情境（learning context），其中必然包含人际关系要素。学习环境的设计主要表现为学习资源和学习工具的整合活动。在设计时也应考虑人际支持的实施方案，但人际支持通常表现为一种观念而不是具有严格操作步骤的实施法则。由于学习环境对学习活动是一种支撑作用，学习环境的设计必须在学习活动设计的基础上进行。不同的学习活动可能需要不同的学习资源和学习工具。学习环境的设计者必须清醒地认识到所设计的学习环境能支持哪些学习活动以及支持的程度如何。

（4）教学活动/学习活动过程的设计

按照建构主义思想，学习者学习和发展的动力来源于学习者与环境的相互作用。学习者认知机能的发展、情感态度的变化都应归因于这种相互作用。站在学习者的角度看，这种相互作用便是学习活动。因此，学习活动的设计必须作为教学设计的核心设计内容来看待。学习活动可以是个体的，也可以是群体协作的。群体协作的学习活动表现为协作个体之间的学习活动的相互作用。学习活动的设计最终表现为学习任务的设计，通过规定学习者所要完成的任务目标、成果形式、活动内容、活动策略和方法来引发学习者内部的认知加工和思维，从而达到发展学习者心理机能的目的。

（5）信息化教学设计成果的形式

信息化教学设计的具体成果形式不仅仅是一篇传统意义上的教案，而是包括多项内容的教学设计单元包（instructional unit design package），主要由教学情景问题定义、教学活动设计规划、教学课件以及可以链接与嵌入的多媒体网络资源组成。

3.2.2 基于项目的教学设计

1. 基于项目的学习的概念

基于项目的学习（project based learning, PBL）。项目学习的概念，最早是由哲学家杜威的学生克伯屈（William Heard Kilpatrick）提出的。他于1918年在《项目（设计）教学法：在教育过程中有目的活动的应用》一文中，明确了项目学习的思想是让学生通过实际活动去学习，认为知识只有通过行动才能获得。克伯屈的文章涵盖了杜威的“问题解决法”和“做中学”两种观点，是先创设问题情境再由学生去解决问题，要在教师的具体指导下师生共同完成项目。

国内学者黎加厚提出“基于项目的学习是以学习研究学科的概念和原理为中心，通过学生参与一个活动项目的调查和研究来解决问题，以建构起他们自己的知识体系，并能运用到现实社会当中去”。

刘延申提出“项目学习是学生通过亲自调研，查阅文献，收集资料，分析研究，撰写论文等，将学到的理论知识和现实生活中的实际问题紧密结合，得到综合训练和提高。最后，学生还要在课堂上介绍自己的研究情况，互相交流，并训练表达能力等。这种教学方法称为项目教学法，或称为基于项目的学习”。

徐锦生等人认为“项目学习指的是一套能促使教师指导学生对真实世界主题进行深入探究的课程活动，以学习研究学科的概念和原理为中心，以制作作品并将作品展示给他人为目的，在真实世界中能让学生借助多种资源开展探究活动，并在一定时间内解决一系列相互关联着的问题的一种新型的探究性的学习。”

需要说明的是，基于项目的学习中的“项目”与管理学中的“项目”，既有联系也有区别。共性在于都指向真实的实践活动且都有时效性。区别在于其目的不同，管理学中的项目是为了完成某项任务，比如建一栋大楼，设计一款手机等，而基于项目的学习中的项目则是学习的媒介或桥梁，其主要目的在于学习。

2. 基于项目的学习的特征

（1）自主性

在学习的过程中，学习者团队自己设计和制定项目方案，并根据项目方案自主实施。学习团队对项目实施的过程进行自主监控和自我评价。教师只是在有必要的时候给予指导。

（2）真实性

基于项目的学习选择的项目都是真实生活中的任务，比如报道一场纪念活动，测量水源地水质，制作一个校园宣传片，编制一个实用小软件等。在真实的生活场景中运用和检验所学知识和方法。

（3）综合性

基于项目的学习过程中不仅仅运用某一个学科的知识，通常是多学科的知识和方法的综合运用。这是因为，真实生活中的项目本身就具有复杂性，受多种条件约束，在解决问题的过程中必然要做多方面考虑，也需要多学科知识。

3. 基于项目的学习操作步骤

（1）设定学习目标

项目学习的目标规定了学习的内容范围和项目选题的范围，更明确了要训练学生运用哪些方法。由于真实项目在完成过程中有许多不确定性，所以在目标中也无法罗列所有要用到的知识和方法。一般来说，基于项目的学习还是以训练学生运用知识的能力，熟悉探究的流程，激发解决问题和科学探索的兴趣为主要目的。

（2）确定项目主题

项目的主题是项目学习的主要内容范围，依据具体情况，可以让学生在主题范围内自主选题，比如项目主题设定为“宣传保”“测量河水的成分”。主题如果具有一定的选择空间，可以插入学生选题和开题的环节。

（3）制定项目实施计划

学生在确定项目选题后，应查找资料，制定比较详细的有操作性的项目实施方案。方案中至少应包含项目简介、项目目标、项目所需材料工具和设备、项目实施步骤、项目周期、项目成果和项目验收等条款。

对学生制定的项目实施方案可组织一次方案论证会，请其他小组一起来提意见。使学生在完善项目方案的过程中，熟悉项目步骤，养成严谨、认真的科学探究习惯和意识。

（4）项目实施

学生按照项目方案开展项目活动。在学生学习的过程中，教师应密切关注各小组项目完成的进程，及时为有困难的小组提供帮助和指导。

（5）项目验收与展示

对完成的项目成果进行测试和验收，是项目活动中的基本流程。每个学生都必须搞清楚其项目的成果是否存在缺陷。

在完成项目验收后，教师还要组织各组进行项目成果展示。这实际上也是在激发各组的竞争意识。

（6）项目反思

组织学生对已经完成的项目进行总结和反思。帮助学生形成反思性学习的习惯。

4. 注意问题

① 基于项目的学习要求项目指导教师在设定项目主题范围要有一定的弹性空间，不能太宽泛，但是也不能太狭窄。要在真实生活中选择有趣的主题。

② 对项目方案的制定，教师要注意给学生提供适当的案例。对方案的研讨和修改不能走过场。

③ 教师要能控制和主导整个项目学习过程，而不能撒手放任自流。对设备的使用要及时指导。对验收和评价给予帮助和指导。

④ 反思环节是整个项目学习的升华部分。教师要注意不能包办整个反思过程，要注意运用信息技术手段为每个学生提供反思的机会。

3.2.3　基于问题的教学设计

1. 基于问题的学习

基于问题的学习（problem based learning, PBL）是一种促进学生“学会学习”的教育方法。学生在小组中协作探寻解决真实世界问题的方法，更重要的是，发展自主学习的技能。在此，基于问题的学习更多的是学习一种能力，而非仅仅以获得知识为目的。基于问题的学习既强调核心内容也强调问题解决，在这一点是很独特的。基于问题的学习是由教师精心设计问题或者师生合作提出问题，以问题为焦点组织学生进行调查和探究，从而让学生了解问题解决的思路与过程，灵活掌握相关概念和知识，进一步培养学生理解问题、分析问题和解决问题的能力，从中获得解决现实问题的经验，最终形成自主学习的意识和能力。由此可见，在基于问题的学习中，“问题”具有特别的意义和地位。对问题的理解不同，将直接导致教学后果产生较大差异。因此这里涉及的“问题”不是常规问题，它具有以下特点：问题都镶嵌在一定的情境当中，学生首先行辨别；问题中含有许多未知的、模糊的成分；问题没有现成的解决办法，因此必须进行调查、探究，才能发现问题的症结；问题的解决涉及观察、推理、收集信息、整理信息、分析信息等一系列理解问题、分析问题、解决问题的知识和技能。

2. 基于问题的学习模式

基于问题的学习模式（problem-based learning, PBL）是指把学习置于复杂的，有意义的问题情境中，通过让学生以小组合作的形式共同解决问题，学习隐含于问题背后的知识，形成解决问题的能力，发展自主学习和终身学习的能力。它是以学生为中心、以问题解决为中心的教学方法。整个教学过程围绕问题的解决进行，学生在学习过程中进行分组和协作，在教师的帮助下，组织多种形式的学习活动，通过多种形式获取信息，形成问题解决的方案，并以作品展示等方式对问题解决和学习成果进行表达。随着不断的研究和实践，基于问题的学习也受到基础教育界的重视，并逐渐在中小学教学中得到应用。基于问题的学习模式的环节是：①创设情境，提出问题；②界定问题、分析问题、组织分工；③探究、解决问题；④展示结果、成果汇总；⑤评价、总结与反思。

3.2.4　混合式教学设计

1. 定义

“混合式教学”的定义是由斯密斯•J与艾勒特•马西埃将传统学习理念与E-Learning纯技术学习理念相结合提出的。混合式教学的理论基础包括建构主义学习理论、结构主义理论、人本主义学习理论等。其中混合式教学受建构主义学习理论的影响很大。建构主义学习理论主张调动学习者自主学习的积极主动性，学习者能够主动对所学知识进行探索和发现。

混合式教学是对在线教学和传统课堂教学两种教学方式的混合，以克服传统教学方式的不足。混合式教学模式引起教育领域的广泛关注，国内首次正式倡导混合式教学概念的是北京师范大学何克抗教授，他的观点是：“混合式教学模式把传统教学方式的优势和网络化教学的优势结合起来，既发挥教师引导、启发、监控教学过程的主导作用，又充分体现学生作为学习过程主体的主动性、积极性与创造性”。

2. 混合式教学模式的网络资源建设

混合式教学模式是利用网络在线教学的优势来增强学生的学习效果。因此，网络资源建设是面授教学必不可少的补充和延伸。

① 构建网络平台，如MOOC、SPOC、BackBoard、EDX、Coursera等平台，网络学习平台的搭建应与教学内容深度融合，将教学内容碎片化，以知识单元为单位，以知识点微视频为主要载体，构建起网络学习平台。

② 设计网络学习平台的结构框架。将整个教学过程设计成:教学目标、教学过程、课后跟踪服务等几个环节。每个环节设计为一个模板，每个模板要实现课程平台上教学互动与学员互动。最后，完善软硬件基础设施建设，给予资源服务网络的技术支持，使学生可在任意场所都可以随时登录资源服务平台开展自主学习。

③ 建立学习内容技术支持。网络学习的一大弊端是师生之间缺乏交互与沟通，学生面对枯燥的课本内容，会产生焦躁、乏味、孤独的心理。针对不容忽视的现实问题，必须对学生的学习形式进行创新。例如，可以在印刷教材和电子教材中采用内置的支持设计来解决这些问题。可采取纸质教材内置二维码的形式。将每个章节的内容设计成一个二维码，对应网络资源平台上相应的视频、题库等。另外，还可以附加与课程内容相关的扩展、补充的学习资源。

④ 提供个性化服务。为了学生可以在学台中迅速定位，可以通过跟踪学习者平时网上学习行为，掌握他们的学习情况、思想状况等，结合个人的年龄、兴趣、职业等个性化特点，对其进行数据挖掘和分析，制定个性化的“学习包”，并且设计“点餐式”的学习推荐服务，使学生可以有针对性、多方面、多角度地进行学习。

3. 混合式教学模式的教学过程设计

混合式教学模式的教学过程分三步。第一步是教学准备，包括课堂教学与网络学习的教学设计，分别为课程平台资源建设、课堂教学设计、实践活动设计，为之后的教学提供有效支持。第二步包括在线学习、课堂教学和实践活动。在线学习是教师将课程内容、教学资源或教学活动呈现在课程平台上。课堂教学侧重于对课程重难点知识的讲解和师生之间的沟通互动。实践活动是让学生可以运用创新理论解决实际的创新问题。第三步是考核评价，是形成性评价成绩与总结性评价成绩之和。

4. 混合式教学模式

混合式教学模式示意图如图3-1所示。

（1）混合式教学的准备环节

网络资源建设为混合式教学提供了有效的支持，将教师的教学行为由课堂扩展到了课堂外，大大提高了学生的学习效率，优化了学习效果，即可以发挥教师的主导作用，同时又发挥学生的主体性作用。课堂教学以教学活动设计为主，是教学准备环节的重要部分。在课堂教学活动中，不再以教师为中心，而是调动学生的主动性，积极参与到教学活动中，促进学生对创新内容的熟练掌握，完成课堂中的创新任务。创新教育的实践活动设计通过让学生根据学习到的创新知识完成创新成果，达到突破常规思维，提高创新能力的目的。

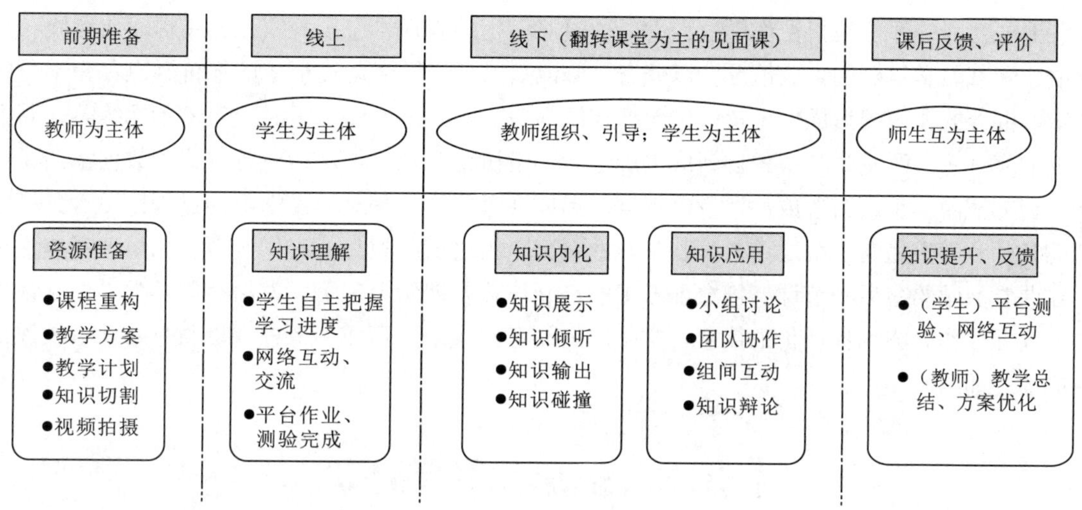

图 3-1　混合式教学模式示意图

（2）在线学习

学生在课前环节，通过网络学习平台上完成自主学习。网络学习内容或活动主要包括课程视频库、PPT 课件、测试题库、网上教学辅导、在线评价等。课程视频是将教学内容以小节为单位，每一节内容录制一个视频资源，紧扣教材的教学内容，学生可根据自己的实际情况点播视频学习。教师将教学活动设计为教学目标、步骤、任务三个模块内容，学生可以参照模块内容进行自主学习。平台还将设置讨论和答疑区，学生之间结成学习小组在线学习和交流，师生在平台上进行即时的互动和指导。教师布置作业和任务，学生要及时完成作业并提交到平台上，教师应对学生上传提交的作业进行评价与反馈。此外，可将与创新有关的视频、时事动态、学术研究做成专栏，学生可随时随地了解学科创新动向。

（3）课堂面授教学

混合式教学模式的课堂教学环节要以学生为中心，充分发挥学生的主体地位，在课堂面授环节，学生自由组成小组进行讨论、做创新游戏、展示创新成果等调动学生积极参与到培养创新思维的活动中。与传统的课堂教学给学生灌输课本知识不同，在混合式课堂教学中，教师应根据教学重难点、学生在线测评反馈等安排课堂教学内容，而不是教师一味地对课本知识的全部讲解，对学生在创新实践中遇到的问题进行答疑解惑，除此之外，还要对学生的学习方法进行点拨。

（4）实践活动

创新课程是以培养创新精神、提高创造力、增强创新实践能力为目的，所以，在教学过程中一定要重视实践活动的环节，要以创新理论的实践为主。在线学习和面授课堂教学中都要设计创新实践的内容，培养学生创新的思维定式，能够熟练掌握创新的方法。此外，还要关注创新与企业、社会实际需求相结合，运用创新理论解决社会的实际问题，真正达到提高创新能力的目的。

（5）总结性考核评价

根据混合式教学模式的设计，混合式教学的考核评价分为形成性考核评价和总结性考核评价。形成性考核评价是指在教学过程中，通过对学生的表现，态度观察，利用提问或测验获得反馈，考查教学目标的完成情况，以修正、修改后来的教学活动而形成的评价，也称为学习中评定。混合式课程的形成性考核评价包括在线学习中的测试题库、平时上交的单元练习、网上讨论的表现等，课堂教学中的创新成果展示、小组讨论表现、创新游戏等。这些数据都会在网络平台上记录，是成为形成性评价的依据。形成性考核评价是对学生学习的过程性评价，可以帮助教师和学生随时了解之前教学和学习的情况，为之后的教与学提供参考。总结性考核评价是在课堂教学的最后一节课，把之前布置的创新作业在课堂上展示，发给每位学生一份互评表进行互评，作为终结性评价的依据。学生的最终考核成绩是形成性考核评价与总结性考核评价的成绩之和。

3.3 信息化教学评价

3.3.1 教学评价概述

所谓教学评价，是指运用一系列可行的评价技术和手段评量教学过程和效果的活动，以期确定教学状况与教学期望之间的差距，从而确定教学问题解决对策。

其根本目的是确保改善教与学的效果，它是根据具体学科的教育目的及原则，对教学过程和教学成果进行测量，进而做出价值判断，并为学生的发展程度和教学的改进提供依据。教学评价既不同于传统的考试，也有别于科学实验。它综合着社会学、教育学、心理学、数理统计学等多门学科的知识内容。具体来讲，教学评价是指依据教学目的，运用教育学和心理学理论，对教学工作质量所作的科学判定。它以参与教学活动的教师、学生、教学目标、内容、方法、教学设施、场地和时间等因素的有机结合的过程和结果为评价对象，是对教学活动的整体功能所作的评价。也就是说，教学评价的对象可以分为“教学参与者”和“教学系统要素”两大类，具体包括课程与教学设计、教师教的行为与质量、学生学的行为与成就、教学运行系统以及教学评价等五个方面。其中学生学的行为与成就是核心，教师教的行为与质量是重点，教学运行系统是前提。

1. 学生学的行为与成就

对学生学的行为与成就进行评价，这是教学评价的最核心，也是最基本的内容。通过对学生学的行为进行评价，能够更全面、准确地获得关于学生学习的信息，进而能够科学、客观地评价学生的学习，并为更好地制订改进计划，改进和完善教师的教和学生的学提供真实可靠的信息。而对于学生学业成就，它同样是教学评价的主要对象之一，因为课程设计是否有效、教师教学的水准是否较高、教学效果是否达标，最终反映在学生的学业成就上。对学生学业成就的评价，通常包括平时学业成就和最终学业成就的评价。评价的领域包括知识与技能、过程与方法、情感态度与价值观等，特别是创新意识和实践能力。

2. 教师教的行为与质量

教师教的行为包括许多方面，主要有教学设计行为、组织实施行为、课堂管理行为、人际交往行为等。对教学设计行为的评价主要看教师是否深入钻研课程标准和教材，是否深入了解学生实际；所定的教学目标是否确切、全面、具体；教材处理是否具有科学性、思想性，学生易于理解，是否突出重点，抓住关键，注意新旧知识的内在联系，讲究系统性、整体性；是否理论联系实际，并使教学密度和教材处理深度恰当；对教学方法的设计是否重视启发、引导，灵活多样地选择各种教学方法，重视学法指导和因材施教。对组织实施行为的评价主要看结构是否科学合理、富有新意，能否注重组织学生的思考、探索、练习活动，是否有严密的计划性、组织性，还有言语表达、提问和板书的技巧，教学方法和现代教育技术手段的使用等。对课堂管理行为的评价主要看课堂教学的气氛，学生是否有高涨的学习热情，能否主动投入或参与学习活动，思维活跃，教学过程生动活泼。对人际交往行为的评价主要看师生间是否形成了民主、平等的关系，具有开放和接纳的心态，达到配合默契，情感交融。

3. 教学运行系统

教学运行系统是指教学活动或教学过程中各组成要素及其相互间的关系而构成的教学整个体系。对教学运行系统的评价，主要是考查系统的各个有机组成部分，诸如教师、学生、教学内容、手段、方法、环境、反馈信息等，及其相互间的关系和运行流程的整体效应。在这里还涉及教学时间、教学工作量、课业负担、教学成本、教学条件、生源质量、学生学业成绩等可变因素，如何实现这些因素的最优化控制，即达到用最短的时间、较少的工作量、较低的成本、适当的条件等让学生获得最好的学业成效，则是进行此项评价主要关注的问题。其关键也就是要对这些要素进行充分了解和调查，准确把握各要素与教学成就和学业成效的关系，实现教学系统的最优化。

科学的评价体系是实现教学目标的重要保障。但我国传统的评价理论比较落后，评价方式比较单一，失去了教学评价应有的意义，严重制约着课程改革和发展，对学生的学习没有指导作用。比如：教学评价忽视人文性，评价目标过度强调学科知识体系，以考试作为教学评价的唯一形式。教学评价引领学习行为，教学评价与学生学习具有正相关性，因此，评价是教学的重要组成部分。教学评价是为了收集学生所掌握的知识和技能的数据，监测学生的学习行为，并不断地改进教与学的实效性。教学评价可以让教师了解教学设计目标是否达到，并为修正教学系统提供实际依据。教学评价应着眼于促进学生素质的全面发展，改变以往只注重终结性评价的方式，要体现评价主体的多元化和评价形式的多样化，坚持形成性评价和终结性评价并重的原则，既关注结果，又关注过程，使教学评价成为学生认识自我、激励自我的教育方式和教师改进教学的反馈方式。

3.3.2　信息化教学评价的特点

随着信息化时代的到来，教育领域正在发生着深刻的变革，如以教师为主导、学生为主体的“双主”教学模式日益推广，将取代传统的讲授教学模式，教育观念的变化必然会引起教学评价的相应变化。教学评价的内涵得到了很大的补充，不再认为考试是唯一的评价手段，认为教学评价既包括对学生的阶段成绩和发展状态的评价，也包括对教师的教学行为、自身素质等方面的评价，还包括对学校教育、教学项目等方面的评价与评估。信息化教学评价随之诞生。所谓信息化教学评价，是指根据信息化的教学理念，运用一系列评价技术、手段等对信息化教学效果进行评量的活动。信息化教学评价符合素质教育的要求，它侧重于评价学生的表现和过程，确定了作为参与者、合作者的学生在各类评价活动中的主体地位，关注学生应用知识的能力，理顺了教学与评价的关系，认为两者应该是在共同的教育目标下协调一致、互为促进的教学行为，强调学生的个性化学习，使得学生在教师的引导下对怎么学、怎样评价等方面也有一定的控制权。信息化教学评价的特点主要是通过区别于传统教学评价来体现的。

1. 确定学生的评价主体地位

学生既是学习的主体，也是评价的主体。传统教学评价侧重于评价学习结果，其关注的重点是学生有没有学到规定的知识。而信息化教学评价侧重于评价学生的表现和过程，关注评价学生应用知识的能力。在信息化教学中，学生拥有较大的自主权和控制权，为避免学生在学习过程中迷途，教师应在教学前通过提供范例、制定量规等方式，使学生自觉地把教师提出的期望当作指导自身学习的参照标准。在评价时，要重视学生在实际任务中所表现出来的能力，注重对学生综合素质的考查，促进学生的全面发展。评价过程中要突出发展、变化的过程，面向学生的未来发展、注重学生的长远需要，鼓励学生积极、主动地对自己的学习情况进行评价和反思。传统教学评价的标准是根据教学大纲、课程编制者等的意图制定的，对学生的评价标准是相对固定和统一的；而信息化教学强调学生的个性化学习，学生在如何学、学什么、如何评价等方面有一定的控制权，教师则起到督促和引导的作用。要发展学生的自我评价能力，就必须给他们制定和使用评价标准的机会，使他们在思考中认识自我、发展自我。因此，在信息化教学中，评价标准往往是由教师和学生根据实际问题和学生先前的知识、兴趣和经验共同制定的。教师应鼓励学生进行自评或互评，让学生负责评价的进程和质量。

2. 重视评价内容的广泛性

由于各种社会因素的影响造成人才标准的单一、选拔机制的僵化，应试教育倾向在基础教育领域仍占据很大的比重，考试分数成为评价的唯一标准。随着信息化时代的到来，教学评价充分体现了教育、教学目标，对学生评价的内容是多方面的，包括学业成绩、创新能力、实践能力、情感体验、合作意识等，克服了以前仅凭考试成绩来评定学生的弊端。比如在教学过程中，评价内容主要包括学生是否有浓厚的学习兴趣；在进行任务型学习时是否有主动学习态度和合作学习的能力；是否能根据不同的学习任务调整自己的学习策略；以及通过测验的形式来判断学生掌握教学内容的情况。除此之外，信息化教学评价还重视对学习资源的评价。在传统教学中，学习资源常常局限于相对固定的教材和辅导资料；对学习资源的评价往往是在大批量的生产与使用之前，由特定的教学试验来进行。在实际的教学过程中，很少有针对学习资源进行评价的活动。而在信息化教学中，由于网络学习资源的介入，学习资源已不再局限于先前固定的教材，学习资源的来源和覆盖面非常广。这就出现了如何评价、选择和利用适合学习目标的资源问题。所以，在信息化教学评价中，对学习资源的评价就显得极为重要。评价内容的广泛性还体现在认同个体差异，注重对个体发展相异性的认可，充满人文关怀。这些都体现了信息化教学评价的多元性、多样性和可选择性。

3. 强调评价手段、方法的多元化

在传统教学中，评价往往是在教学结束之后进行的一种孤立的、终结性的活动，目的在于对学习结果进行判断。而在信息化教学中，评价是贯穿在教学过程的每一个环节之中的。评价本身是一个不断生成、嵌入的过程，是基于教学过程并指向学习结果的，是整个教学过程中不可分割的一部分。而且，评价内容的广泛性也直接决定了评价手段、方法的多元化。

首先有形成性评价，它是指评价学生在学习过程中使用所学知识进行学习活动的情况，通过多种评价手段和方法对学生在学习过程中表现出的兴趣、态度、参与活动程度，以及对他们的学习发展状态作出判断，对他们的学习尝试作出肯定，以促进学生的学习积极性，从而帮助教师改进教学效果。形成性评价能够有效地检测学生的发展状态和趋势，揭示学生在学习过程中的情感状态和策略应用，促使其不断提高自身素质，有利于学生的可持续发展。当然，还有定性评价与定量评价相结合、他人评价、绩效评估等多种方法。总之，不管采用哪种手段、方法，都要体现发展性观点、多元化原则，要使教学评价能够起到反馈调节的作用。在具体的评价过程中，还要重视合作的原则，提倡教师与学生的合作，以及学生与学生之间的合作；要坚持鼓励性原则，以利于加强和保持学生的学习兴趣，从而提高学生的学习积极性；要坚持发展性原则，教学评价的结果既能反映学生的学习现状又能反映学生的发展潜能。

实践活动

自主选择所学课程中的一个章节的内容，选择一个课时和一种信息化教学模式，设计一个学时的教案，分组模拟授课，然后进行听课评课。

本章小结

本章系统论述了信息化教学设计的概念、特点及组成要素，并列举了当前学校教育环境下信息化教学设计的典型模式和操作流程，如基于项目的学习模式、基于问题的教学模式、混合式教学设计等。通过本章的学习，可系统掌握信息化教学设计的概念以及常见的信息化教学模式和操作流程。其中教学质量的保障核心是对教学活动的设计和实施，对学生学情的精准掌握，以及对教学全过程的监控，并能够根据教学的需要综合应用各种评价方法。学习过程中应与中小学数字化教育教学的实际紧密联系，根据当前中小学教学实际强化课堂教学活动的设计，同时要因地制宜地选择信息化学习工具，善于在信息化环境下将课堂教学与课外科技活动、第二课堂联系起来。

思考与练习

1. 谈谈你对信息化教学设计概念的理解。

2. 试着列举你所熟知的某种信息化教学设计的基本过程。

3. 你在大学专业学习过程中，是否有教师采用了混合式教学模式？如果有，你觉得学习效果是否比传统教学模式效果要好，好在哪里？

4. 你在大学专业学习过程中，是否有通过手机，平板等移动设备进行移动学习？你认为移动学习能完全取代传统课堂学习模式吗，为什么？

第4章 信息化教学资源

【学习目标】

- 理解信息化教学资源的概念；
- 掌握信息化教学资源的分类；
- 能够检索和收集优秀教学资源网站，为教学选择合适的素材资源；
- 初步学会对收集到的文本、图片、动画、音频和视频等资源素材进行简单的加工与处理。
- 能够使用 PowerPoint（简称 PPT）制作一份综合教学课件。

随着我国《教育管理信息化标准》的实施和学校现代教育技术的深入发展，教学资源无论是其数量、媒体种类还是其存储、传递和提取的方式都发生了很大的变化，尤其是学习资源的可获得性和交互性的快速发展，对教育模式、教学手段产生了震撼性的影响。因此，在信息化教育中进行科学而富有创造性的教学资源建设已成为学校教育信息化发展必不可少的重要内容。那么到底什么是信息化教学资源？信息化教学资源可分为哪些类型？本章将带着大家一起来探索有关信息化教学资源的概念、类型及其处理方法与工具。

4.1 信息化教学资源概述

4.1.1 信息化教学资源的概念

资源，是一切可被人类开发和利用的物质、能量和信息的总和。教学资源，是指在学校教学过程中，支持教与学的所有资源，即一切可以被师生开发和利用的在教与学中使用的物质、能量和信息，包括各种学习材料、媒体设备、教学环境以及人力资源等，具体表现为教科书、练习册、活动手册和作业本，也包括实验和课堂演示时所使用的实物，还包括录像、软件、CD-ROM、网站、电子邮件、在线学习管理系统、计算机模拟软件、网上讨论BBS、网络教室、图书馆、电教室、教师、辅导员等大量可利用的资源。

信息化教学资源是指以信息技术为支撑的教学资源，属于信息资源的范畴。信息资源是反映客观事物的各种信息和知识的总称，它不仅包括人类经济社会活动中积累的信息，也包括信息生产者、信息技术、信息设施等信息活动要素。因此，广义的信息化教学资源应当包括支持、促进信息化教学的物质、信息、人力等所有因素和条件。除了人员、资料、设备、物化环境外，还包括教学平台、教学系统等工具资源。在这里我们将设备、环境等物化资源统称为教学设施资源，将承载知识信息的视频、课件、网络课程等信息化教学资料统称为教学信息资源。故信息化教学资源可分为人力资源、信息资源、工具资源与设施资源四大类。而狭义的信息化教学资源是指在教与学的过程中使用的各种硬件媒体以及承载信息的各种软件媒体，是信息技术环境下的各种数字化素材、多媒体课件、数字化教学材料、网络课程以及各种认知、情感和交流工具，即上述信息资源与工具资源。

4.1.2　信息化教学资源的分类

根据《教育资源建设技术规范（征求意见稿）》，我国目前主要建设的信息化教学资源有以下几种：

（1）教学素材

教学素材是指教学过程中传播教学信息的基本组成元素，包括文本类素材、图形/图像类素材、音频类素材、视频类素材和动画类素材。

（2）教学课件

教学课件是指根据教学需要，在一定的教学理论和学习理论指导下，经过教学设计，以多种媒体表现、具有良好结构、能够满足某一单元或知识点教学需要的一种软件。

（3）网络课程

网络课程是通过计算机网络表现的某门学科教学内容及实施教学活动的总和，它包括两个组成部分：一是按照一定的教学目标、教学策略组织起来的教学内容；二是网络教学支撑环境，包括教学资源（如电子教案、媒体素材、课件、试题库、案例、文献资料、常见问题解答库、资料目录/索引等）、教学平台（支持网络课程教学活动的软件工具，如网络课件写作工具、多媒体素材集成软件、网上答疑、网上讨论、在线测试系统软件、工具软件、应用软件等）以及在网络教学平台上实施的教学活动（如实时讲座、实时答疑、分组讨论、布置作业、讲评作业、协作解决问题、探索式解决问题、练习测试、考试阅卷、教学分析等）。

（4）教学案例

教学案例是指由各种媒体元素组合表现的有现实指导意义和教学意义的代表性事件或现象。完整的教学案例通常包括教学设计方案、教学课件、课堂视频实录和教学反思四个部分。

（5）教育游戏

教育游戏是指根据教学需要，在一定的学习理论和游戏理论指导下开发的具有教育和娱乐效果的计算机软件。

（6）网络课件

网络课件是指对一个或几个知识点实施相对完整教学的软件，根据运行平台的不同，可分为网络版的课件和单机运行的课件。网络版的课件需要能在标准浏览器中运行，并且能通过网络教学环境被大家共享；单机运行的课件可通过网络下载后在本地计算机上运行。

（7）文献资料

文献资料是指有关教育方面的政策、法规、条例、规章制度，对重大事件的记录、重要文章、数字教材、数字图书等。

(8) 常见问题解答

常见问题解答是针对某一具体领域最常出现的问题给出的全面解答。

(9) 资源目录索引

资源目录索引列出某一领域中相关网络资源的地址链接和非网络资源的索引。

(10) 试题库

试题库是按照一定的教育测量理论，在计算机系统中实现的某个学科题目的集合，是在数学模型基础上建立起来的教育测量工具。

(11) 试卷

试卷是用于进行多种类型测试的典型成套试题。

(12) 学习网站

学习网站是围绕学科教学，通过Web技术整合多样化的数字学习资源，并提供网络教学功能与支持服务的网站。

以上信息化教学资源可以概括成三大类型：一是素材类教学资源，即前面所说的教学素材；二是集成型教学资源，即根据特定的教学目的和应用目的，将多媒体素材和资源进行有效组织形成的复合型资源，常见的形式有试卷、试题库、文献资料、课件与网络课件、专题学习网站、教学软件等；三是网络课程。

4.2 信息化教学资源的管理

4.2.1 信息化教学资源的标准化

教育资源建设是教育信息化的基础，由于教育资源的复杂性和多样性，会出现大量不同层次、不同属性的网络教育资源。不同系统使用不同的文档格式，各自开发独立的课件管理系统。系统之间无法进行交流，即便在系统内部内容及课件的更新也不容易。学习资源如果缺乏统一的格式和结构，将不能被有效地管理和利用。因此，网络教育资源的建设首先要制定共同遵守的规则和标准，使分布于网络上巨量的学习资源具有开放性与可扩展性，在不同的教学系统间互操作变得简单易行，可重复利用，易于共享。网络教育资源建设的标准化带来的好处在于：支持资源共享，使得一个网上学习资源对象可被多个学习系统利用；实现系统互操作，使得多个系统及组件之间能够交换与使用彼此的信息；保障网络教育服务质量，使得网络教育系统的各项要素协同作用，能够满足学习用户的多种需求。

目前，国内外众多机构致力于网络教育资源的标准化研究，并颁布了一些相应的规范，其中影响较大的是以下几种标准：

(1) LOM学习对象元数据标准

IEEE学习技术标准委员会（learning technology standards committee, LTSC）的学习对象元数据标准（learning object metadata, LOM）旨在为学习者或教育者等对学习对象的查找、评估、获取和使用提供支持，同时也支持学习对象的共享和互换。LOM是当前最重要的关于网络教育资源的数据模型，它将描述学习对象各方面特征的元素分为九个基本类别（即通用类、生命周期类、宏元数据类、技术类、教育类、权利类、注解类、关系类、分类类）。每个类别包括若干元素。LOM 对每个元素定义了名称、解释、值域、数据类型、附注和示例等。

（2）IMS的学习资源元数据规范

全球学习联合公司的学习资源元数据规范（learning resource metadata, LRM）、内容包装规范（content packaging specification, CP）是由IMS（instructional management system, http://www.imsglobal.org）研究开发的。该规范旨在为学习内容定义了一个标准的数据结构，并且绑定足够的描述信息，便于学习资源的快速检索和有效的共享、交换。只要符合内容包装规范，不同种类的课件可以作为独立的单元在不同的平台进行传输、交换和执行，可以被不同的制作工具所重用。内容包装规范使学习内容成为可以在多个应用与学习环境之间进行交换和重用的学习单元，有利于不同的网络教育机构之间进行充分的教育资源共享，减少学习内容制作的时间开销。

（3）SCORM可共享内容对象参考模型

1997年，为利用学习和信息技术使教育现代化，并促使国家、学院和商界共同合作开发数字化学习（E-Learning）的标准，于是建立高级分布式学习（advanced distributed learning, ADL）的方案被提出。ADL组织的长远目标是使学习者随时随地可以得到他们想得到的高质量的教育、培训或帮助，而且还要适应不同学习者的不同需要、知识背景、兴趣爱好和认知体系，使学习更可靠更有效，还要能减少教育培训的成本，做到“物美价廉”。可共享对象参考模型的研究（sharable content object reference model, SCORM）内容集合模型描述了教学设计者为设计预定的学习体验而集合学习资源的教学方法，其中学习资源可以是任何信息表现形式，学习体验包括由电子/非电子学习资源所支撑的教学活动。

（4）CELTS中国网络教育技术标准体系

我国从2000年11月开始启动标准化项目，参照国际标准LOM标准体系制定符合我国国情的中国网络教育技术标准体系（China E-Learning technology standard system, CELTS）。该体系分为总标准、教学资源规范、学习者规范、教学环境规范、教育服务质量规范五大类。其中有一些教育资源建设方面的标准：《CELTS-3学习对象元数据规范》《CELTS-41教育资源建设技术规范》《CELTS-42基础教育资源元数据应用规范》《CELTS-9内容包装规范》《CELTS-10练习测试互操作规范》等。

《CELTS-3学习对象元数据规范》规定了描述学习对象的基本方法与准则，它属于CELTS体系中的基础标准。

《CELTS-41教育资源建设技术规范》面向教育资源建设领域，包括基础教育、高等教育、职业教育和培训领域，从媒体素材、题库、课件、网络课程、案例、常见问题解答等各方面对资源的特性做了规定。

《CELTS-42基础教育资源元数据应用规范》的应用领域则更为具体，面向基础教育建设资源，紧密围绕基础教育和课程。

《CELTS-9内容包装规范》参照IMS内容包装规范和SCORM定义了基于网络的学习内容之间进行互操作所需的数据结构以及对学习内容的包装。

《CELTS-10练习测试互操作规范》主要解决目前练习/测试数据的独享性和缺乏开放性等问题。为用于现代远程学习的不同系统和用户提供具有互操作性的标准格式的练习/测试数据。

以上所列的教育资源信息规范是众多技术标准体系中较有代表性的。这些标准的制定为网络学习环境的建设起到了基础支撑的重要作用，为教育机构开发数字化学习资源提供了数据绑定的基础，提高了学习资源的封装性、可重用性和可继承性，从而使学习资源可以在不同的创作工具、学习管理系统和运行环境之间互操作，为分布式学习、联通学习提供了强有力的支持。

4.2.2 资源的建设和应用

自2012年全国教育信息化工作电视电话会议上提出要大力推进“三通两平台”建设以来，我们已全面实现宽带网络校校通、优质教学资源班班通、网络学习空间人人通，构建教育资源公共服务平台和教育管理公共服务平台，实现了四个突破，即教育信息化基础设施建设新突破、优质数字教育资源共建共享新突破、信息技术与教育教学深度融合新突破、教育信息化科学发展机制新突破。

（1）宽带网络校校通

完成学校宽带网络建设，优化各级各类学校网络条件下的教学与学习环境，重点加强农村义务教育薄弱学校的网络建设，完善包括网络设备、教师电子备课室等在内的基础设施。加强学校数字化终端和应用平台建设，全面提升各级各类教育在学校管理、教学应用、学生实训等方面的信息化水平。

（2）优质教学资源班班通

形成丰富的各级各类优质教学资源，逐步将优质教学资源送到每一个班级，努力建好专递课堂、名师课堂、名校网络课堂三个课堂。专递课堂，主要针对特殊需要的课堂，集中力量做好一批音乐、美术、英语、信息技术、职业教育新课程等课程资源建设，引导学生利用智能工具在教师组织下进行探究性学习；名师课堂，组织具有一定教育技术能力的特级教师和学科骨干教师，利用公共服务平台提供的个人空间和相应工具，开设学科重点难点讲座，帮助学生更好地完成学习任务；名校网络课堂，汇聚若干基础教育名校和职业教育示范校的优质资源，开设网络学校，为学校集体组织学生选修高中网络课程和职业学校新开专业提供服务。

（3）网络学习空间人人通

逐步为学生和教师建立实名网上学习空间环境，大力开展跨区域网络协作教研，促进技术与教学实践的融合落实到每个教师和学生的日常教学、学习活动之中。加快研发推广与现行中小学课程标准相配套、适合学校课堂网络化教学需要的数字互动教材、教辅材料资源和学生自我评价检测及信息管理系统。完善基于网络的教研平台和城乡校际结对帮扶平台，通过网络听课、互动评课、远程协作等教学活动，积极促进城乡学校同步应用信息技术。加强现代信息技术培训，认真落实“中小学教师国家级培训计划”中的“远程培训”及其他培训项目。

（4）教育资源公共服务平台、教育管理公共服务平台

加强优质教育资源的开发与应用，着力打造各类教育的优质教育资源系列品牌。大力服务基础教育质量提升工程，加快数字化基础教育网络资源的开发，在学科资源全覆盖的基础上，将优质资源率提高到30%。同时对职业教育优质资源共享、高等教育优质资源建设、终身教育教学资源建设都提出了具体建设目标，以社会实际需求为推动，逐步建立广覆盖、多类型、多层次、开放便捷的终身教育资源体系。

国家教育资源公共服务平台如图 4-1 所示。

图 4-1　国家教育资源公共服务平台

党的十八大以来，以习近平同志为核心的党中央高度重视教育工作，推动我国教育信息化实现跨越式发展。随着国家教育数字化战略行动的实施，我国教育数字化取得显著成效，国家智慧教育公共服务平台（https://auth.smartedu.cn/，见图 4-2）得到加快建设，大数据赋能教育教学得到强化，教育的公共服务能力得到增强。目前，各级各类学校互联网接入率达到 100%，超过 3/4 的学校实现无线网络覆盖，99.5% 的学校拥有多媒体教室。教育新基建正逐步推进，积极布局教育专网建设，推动 5G、IPv6 等网络技术落地应用，加强物理空间与虚拟空间的衔接融合，推动教育基础设施实现迭代升级。教育数字化通过数字技术全面赋能教育，推动“大规模的标准化教育”转向“大规模的个性化学习”。这意味着个人发展与社会发展将高度统一，因材施教的千年梦想将变成普遍现实，大教育、终身化等教育理念也将得到真正确立。

优质教育资源实现普惠共享。国家智慧教育公共服务平台不断丰富优质教育资源供给，积极拓展功能应用，加强教育领域重要公共服务产品供给。目前，平台已汇聚了超 4.4 万条中小学资源、1 300 多个职教专业教学资源库、2.7 万门优质大学慕课，上线“树人课堂”等专题资源，为广大师生和社会学习者提供“一站式”服务，已基本建成世界第一大教育教学资源库。同时国际影响力得到了有效提升。我们加强教育数字化的国际交流合作，成功举办世界数字教育大会，通过发布《中国智慧教育发展指数报告》《世界高等教育数字化发展报告》等研究成果，分享中国经验、提供中国方案、贡献中国智慧。

图 4-2　国家智慧教育公共服务平台

4.3　信息化教学资源的获取与处理

4.3.1　互联网教学资源搜索技巧

1. 搜索引擎概述

随着计算机网络和无线技术的发展，人们对搜索引擎的使用也越发频繁。在我们的教学生活中，通过互联网搜索教育教学资源已成为大家扩展知识面和事业的主要方式。基于互联网的搜索引擎已经成了学习和教学过程中不可或缺的工具，许多以前借助于字典、词典等工具来完成的工作都被搜索引擎替代了。搜索引擎是根据一定的策略、运用特定的计算机程序收集互联网上的信息，在对信息进行组织和处理后，为用户提供检索服务的系统。另外，针对某一特定领域、某一特定人群或某一特定需求提供的有一定价值的信息和相关服务的系统则是垂直搜索引擎。垂直搜索引擎相对于通用搜索引擎而言，是针对信息量大、查询不准确、深度不够等提出的新的搜索引擎服务模式。

（1）常用中文搜索引擎

① 百度（http://www.baidu.com）：拥有目前世界上最大的中文搜索引擎，不断保持快速增长。百度搜索引擎具有高准确性、高查全率、更新快以及服务稳定的特点，深受网民的喜爱。

② 360搜索引擎（https://www.so.com/）：是具有自主知识产权的搜索引擎，包含网页、新闻、影视等搜索产品，为用户带来更安全、更真实的搜索服务体验。目前已建立由来自新加坡国立大学、清华、中科院等工程师组成的核心搜索技术团队，拥有上万台服务器，庞大的蜘蛛爬虫系统每日抓取网页数量高达十亿，引擎索引的优质网页数量数百亿，网页搜索速度和质量都已领先业界。

③ 搜狗搜索（http://www.sogou.com/）：搜狐推出的独立域名专业搜索网站，是全球首家第三代中文互动式搜索引擎服务提供商，提供全球网页、新闻、商品、分类网站等搜索服务，支持微信公众号、文章搜索，通过独有的SogouRank技术及人工智能算法提供最快、最准、最全的搜索服务。

④ 中国搜索（http://www.zhongsou.com/）：是“搜索国家队”重新整合后新推出的产品，和普通商业搜索相比，增加了国情、理论等垂直搜索内容。中国搜索由盘古搜索和即刻搜索合并而成。

⑤ 网易有道搜索引擎（http://so.163.com/）：在国内首创“网易开放式目录管理系统”。围绕学习场景打造了一系列深受用户喜欢的学习产品和服务，包括有道词典、大学课程在线平台，提供网页、分类网站、图片、时尚搜索，目前活跃用户超1亿次。

⑥ 常用英文搜索引擎。

* http://www.yahoo.com

* https://www.yandex.ru/

* https://www.bing.com/

2. 基于搜索引擎搜索教学资源的技巧与方法

在使用搜索引擎搜索资料过程中，通常是在搜索框中输入待查询的词、词组或多个搜集词组的组合，搜索引擎便会反馈相应的搜集结果。为增加搜索结果的准确率或覆盖面，需要使用一些搜索技巧与方法。因为搜索的技巧有共同性，不同的搜索引擎工具之间都大同小异。下面以百度为例，来讲解常用搜索引擎使用技巧。

（1）以空格表示逻辑“与”

在百度查询时不需要使用符号“AND”或“×”，百度会在多个以空格隔开的词语之间自动添加“×”。例如：“云南 旱灾 图片”。

（2）以“-”表示逻辑“非”

百度支持“-”功能，用于有目的地删除某些无关网页，但减号之前必须留一空格。例如：图书馆 -公共图书馆。

（3）以“|”表示逻辑“或”

百度使用“A|B”来搜索“或者包含词语A，或者包含词语B”的网页。例如：毛泽东|毛主席。

（4）intitle：在网页标题中搜索

在一个或几个关键词前加“intitle:”，可以限制搜索网页标题中含有这些关键词的网页。例如：关键词B intitle:关键词A。

利用intitle查找论文，直接找特定论文，除了找论文网站，我们也可以直接搜索某个专题的论文。一般的论文都有一定的格式，除了标题、正文、附录，还需要有论文关键词、论文摘要等。其中，“关键词”和“摘要”是论文的特征词汇。而论文主题通常会出现在网页标题中。例如：关键词 摘要 intitle:物流。

（5）inurl:

url是uniform resource locator（统一资源定位符）的缩写，简单地说，就是地址栏里显示的文字。其格式为：关键词A inurl:关键词B（关键词A与inurl之间要用空格隔开）。意思是在url中含有关键词B的网页中寻找关于关键词A的信息。例ru，找关于photoshop的使用技巧，可以这样查询：photoshop inurl：jiqiao。这个查询串中的“photoshop”可以出现在网页的任何位置，而“jiqiao”必须出现在网页url中。注意，“inurl:”语法和后面所跟的关键词间不要有空格。

（6）site的用法

有时候，如果知道某个站点中有自己需要找的东西，就可以把搜索范围限定在这个站点中，提高查询效率。注意，“site:”后面跟的站点域名，不要带“http://”；另外，“site:”和站点名之间不要带空格。在软件下载网站找软件，由于网站质量参差不齐，下载速度快慢不一。如果我们积累了一些好用的下载网站（如天空网、华军网、计算机之家等），就可以用site语法把搜索范围局限在这些网站内，以提高搜索效率。例如：网际快车 site:skycn.com。

（7）专业文档搜索

百度支持对Office文档（包括Word、Excel、Powerpoint）、Adobe PDF文档、RTF文档进行全文搜索。要搜索这类文档，在普通的查询词后面加一个“filetype:”。“filetype:”后可以跟DOC、XLS、PPT、PDF、RTF、ALL等文件格式。其中，ALL表示搜索所有这些文件类型。例如，查找关于教育技术学的Word文档，格式为：教育技术学 filetype:doc，如图4-3所示。搜索结果中就会出现包含“教育技术学”的Word文档，我们就可以直接下载。

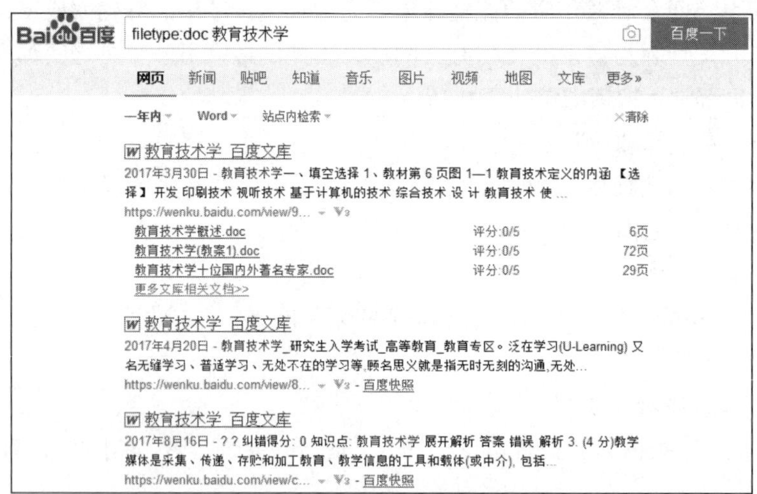

图4-3 专业文档搜索结果界面

（8）提高查全率

为了尽可能全面地搜集到相关信息，经常需要根据检索系统提供的功能对检索策略进行适当调整，以提高查全率。常见的措施有以下几种：

- 降低检索词的专指度；
- 调节检索式的罗网度，如删除某个不甚重要的检索词；
- 使用同义词、近义词；
- 使用All-in-one整合型检索。All-in-one是指在统一的标准界面下，用户只需输入一次查询检索式即可委托多个搜索引擎进行查询。NetLocator就是这样一类提供整合型检索的工具，它能在多个搜索引擎（Yahoo!、Lycos、Alta Vista等）上代理用户的检索指令，从而提高查全率。

（9）提高查准率

为了提高所搜集信息的针对性，需要根据检索系统提供的检索功能对检索策略进行适当调整以提高查准率。常见的措施有以下几种：

- 提高检索词的专指度；
- 用逻辑乘（*）连结一些进一步限定主题概念的相关检索项；
- 利用文献的外表特征（如文献的类型、语种、年代、学科等）进行限定；
- 用前一次的检索结果作为后一次检索的范围，逐步缩小检索范围。

4.3.2 教学资源处理方法与工具

1. 文本资源的处理方法与工具

收集的文本类资源需要经过编辑和排版才能作为教学资源提供给学习者进行学习。文字处理软件种类较多，各具特色。下面介绍几款常用的文本制作处理软件。

（1）Microsoft Word

中文Word是基于Windows平台的中文字处理软件，是Microsoft Office的重要组件，它提供了良好的图形用户操作界面，具有强大的编辑排版功能和图文混排功能，可以方便地编辑文档，生成表格，插入图片、动画和声音，可以生成Web文档。其操作实现了“所见即所得”的编辑效果。Word的向导和模板能快速地创建各种业务文档，提高文档编辑效率。

（2）WPS Office文字处理软件

WPS Office也是深受用户欢迎的中文字处理软件，它是金山公司从中国用户特点出发而开发的类似于Microsoft Office的国产办公软件。经过多年的不断改进，现在的WPS Office已经是一款功能强大、方便实用并且富有中国特色的文字处理软件。它包含WPS文字、WPS表格、WPS演示三大功能模块，与Microsoft 的Word、Excel、PowerPoint一一对应，应用XML数据交换技术，无障碍兼容.doc、.xls、.ppt等文件格式，你可以使用WPS Office直接保存和打开Microsoft Word、Excel和 PowerPoint 文件，也可以用 Microsoft Office轻松编辑WPS系列文档。

文字素材的处理是通过文字处理软件提供的编辑环境，进行文字的输入和编辑。文字录入后，在其编辑窗口中可按字体、字号、颜色、形状（如加粗、斜体、底纹、下划线、方框、上标、下标等）、中文版式以及设置字符间距等来对文字进行格式编排，以满足特定的外观需要。前面介绍的Word及WPS都可方便地完成以上操作。文字处理软件对于文字的一般格式化处理请参看办公自动化软件的有关书籍，在此主要介绍针对文字艺术化的处理操作，通过实例了解多媒体作品中应用文字素材的魅力。

【实例4-1】利用艺术字功能，处理文字标题。实例效果如图4-4所示。

图 4-4 艺术字效果

具体操作如下：

① 插入艺术字。启动Microsoft Word 2016，在默认的新建文档窗口中，单击“插入”选项卡“文本”组中的“艺术字”按钮，在弹出的下拉列表中选择一种预置的艺术字样式，在艺术字范本文本框中输入新内容替换原有的范本内容，并调整大小，即可插入需要的艺术字，如图4-5所示。

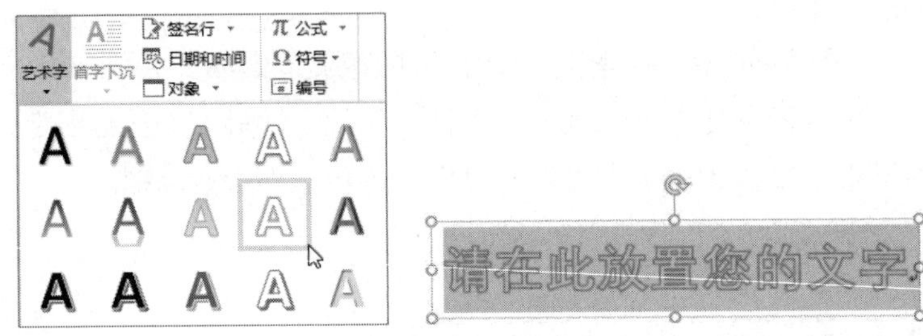

图 4-5　插入艺术字

② 编辑艺术字。插入艺术字后，若对艺术字的效果不满意，可以随时更改艺术字样式，如字体的填充颜色、阴影、映像、发光、柔化边缘、棱台和旋转等效果。选择要更改的艺术字文字或字母，在“格式”选项卡上单击“文本填充”或“文本轮廓”按钮，如图4-6所示。选择满意的填充颜色或线型。这里选择了蓝色渐变填充，设置阴影效果，如图4-7所示。

③ 添加其他文字效果。选择要更改的艺术字文字或字母，单击“格式”选项卡，在“绘图工具格式”选项卡上单击“文本效果”→“转换”选项，在打开的列表中选择所需选项。这里选择“槽形：下”特效，如图4-8所示。至此，实例操作已完成。

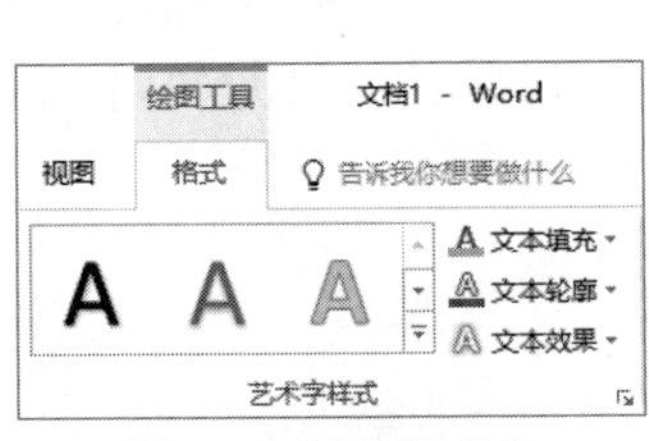

图 4-6　编辑艺术字

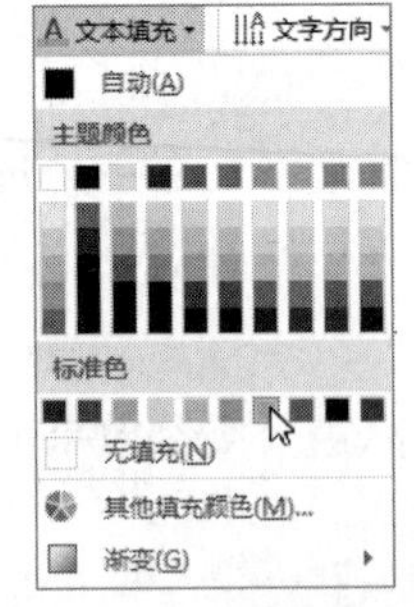

图 4-7　文本颜色设置

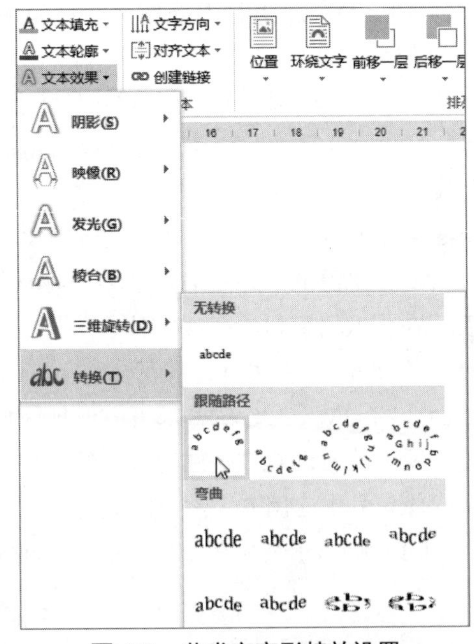

图 4-8　艺术字变形特效设置

2. 图像资源的处理方法与工具

针对搜索获取的图像资源，如不满足需求，需要使用相应的图像编辑处理软件进行加工处理。目前，用来编辑加工图像的软件有很多，如照片编辑器、画图、光影魔术师、美图秀秀以及Fotocanvas Lite、Photoshop等。下面通过几个实例介绍如何在Photoshop软件中处理图片。

【实例4-2】用Photoshop软件改变图像大小。

① 启动Photoshop软件，进入软件主页，在工具栏上方单击“文件”选项，单击“打开”选项，如图4-9所示。

图 4-9　Photoshop CC 软件界面

② 在弹出的“打开”对话框中选择要编辑的图片，然后单击下方的“打开”按钮，如图4-10所示。

图 4-10　“打开”对话框

③ 单击工具栏上方“图像”选项，在出现的下拉菜单中选择“图像大小”选项，弹出“图片大小”对话框，如图4-11所示。通过设置“图像大小”中的“宽度”与“高度”调整图像的大小。

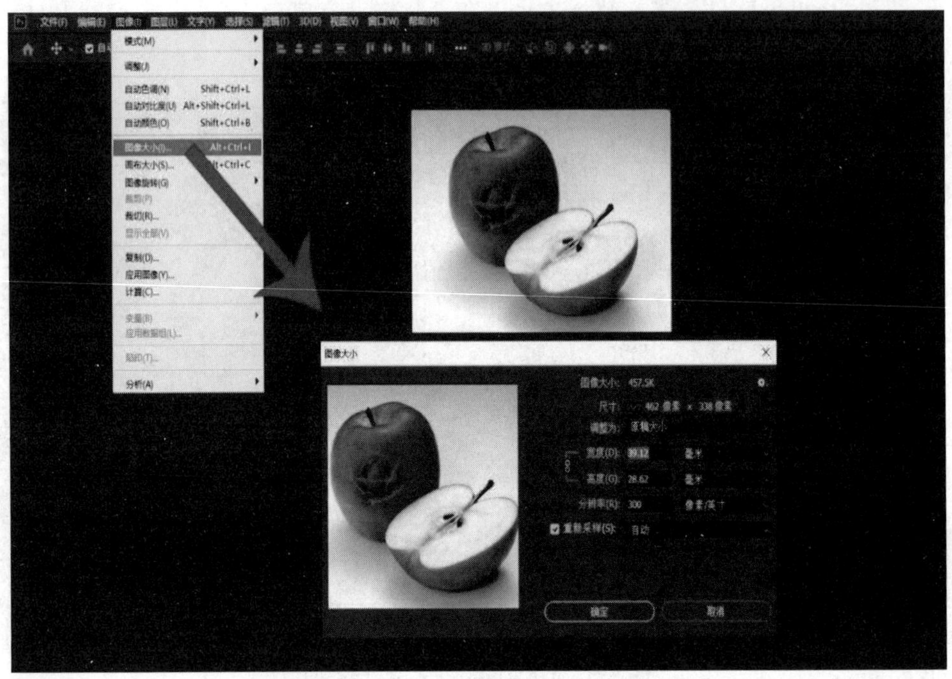

图 4-11　打开“图片大小”对话框

④ 在“宽度”“高度”栏输入要更改的图片尺寸，例如这里设置图片宽度为9厘米，高度为6厘米，然后单击“确定”按钮，得到图4-12所示图片。

图 4-12　调整图像大小

⑤ 单击上方“文件”选项，选择“存储”选项，在弹出的对话框中选择适当的图片格式和保存位置即可将已调整好大小的图片进行保存。

【实例4-3】通过Photoshop软件进行抠图处理。

（1）魔棒工具法

适用范围：图像和背景色差明显，背景色单一，图像边界清晰。魔棒工具可以通过删除单色背景色来获取图像。

方法缺陷：对散乱的毛发没有用；抠图不精细。

操作步骤如下：

① 在Photoshop软件打开需要进行抠图操作的图片后，在左侧工具栏中选择“魔棒工具”，如图4-13所示。

图 4-13　选择“魔棒工具”

② 在打开的“魔棒”工具条中，勾选“连续”复选框，并将“容差值”设置为“20”（具体数值可结合之后的效果好坏进行调节）。容差值越小，则选择的颜色与单击处的颜色越相似，选择的范围也就越小；反之，容差值越大，则选择的颜色与单击处的颜色差别越大，选择的范围也就越大。

③ 用魔术棒单击背景色，会出现虚线框（又称蚂蚁线）围住背景色，具体如图4-14所示。

④ 如果对虚框的范围不满意，可以先按【Ctrl+D】组合键取消虚框，再对上一步的“容差”进行调节；如果对虚框范围满意，按【Delete】键删除背景色，就得到单一的图像，具体如图4-15所示。

⑤ 单击上方“文件”选项，选择“存储为Web和设备所用格式”选项，最后在弹出的对话框中选择“png”格式及保存位置，即可将已删除背景的图片进行保存。

图 4-14　使用魔棒工具选中背景色

图 4-15　删除背景色的图片

（2）磁性索套法

适用范围：图像边界清晰。磁性套索会自动识别图像边界，并自动黏附在图像边界上。

方法缺陷：边界模糊处需仔细放置边界点。

操作步骤如下：

① 右击左侧工具栏中的“索套”工具，选中“磁性索套”工具。

② 用“磁性套索”工具沿着图像边界放置边界点，两点之间会自动产生一条线，并黏附在图像边界上，边界模糊处须仔细放置边界点（即手动在图像边界添加点），具体如图4-16所示。

③ 索套闭合后，抠图就完成了，具体如图4-17所示。最后，单击上方“文件”选项，选择“存储为Web和设备所用格式”选项，最后在弹出的对话框中选择“png”格式和保存位置，即可将已删除背景的图片进行保存。

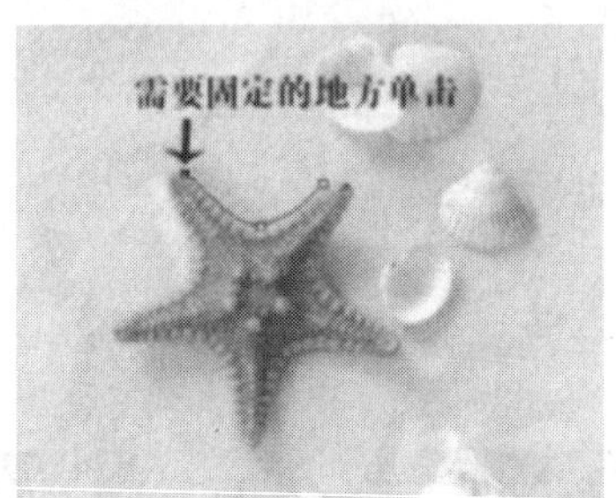

图 4-16　磁性套索工具使用过程

图 4-17　磁性套索闭合标志

3. 音频资源的处理方法与工具

对获取到的数字音频素材，可以进行数字音频处理的软件有很多，有可供专业人士使用的音频工作站软件系统，也有简单易学音频编辑软件。有一些音视频播放器中也增加了简易的音频编辑插件。在选择软件时，可以从实用角度入手，选择能够满足处理要求的软件。表4-1列举了一些常见的音频处理任务对应可选择的处理软件。

表 4-1　常见的音频处理任务对应可选择的处理软件

音频编辑任务	可选择软件
录制声音	Windows录音机、录音能手、CoolEdit等
音频格式转换	千千静听、SoftE音频转换器、全能音频转换通等
音频截取、拼合	Cool Edit、GoldWave等
多音轨混音、声音特效	Cool Edit、Audition等

这里，我们主要介绍CoolEdit软件进行音频素材的处理，其界面如图4-18所示。它是一款

功能强大、效果出色的多轨录音和音频处理软件。它可以在普通声卡上同时处理多达 64 轨的音频信号，具有极其丰富的音频处理效果，并能进行实时预览和多轨音频的混缩合成，是个人音乐工作室的音频处理首选软件。

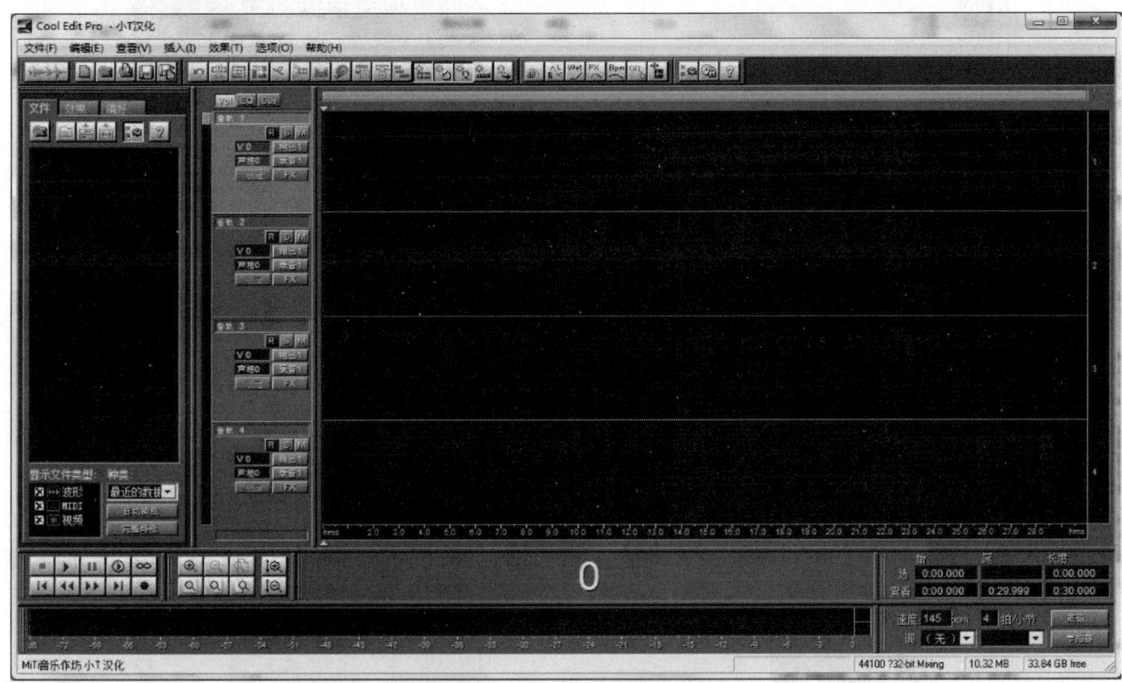

图 4-18　CoolEdit 软件界面

（1）录音

操作步骤如下：

① 单击左上角的波形图案按钮，即可切换到“波形编辑”页面，如图4-19所示。

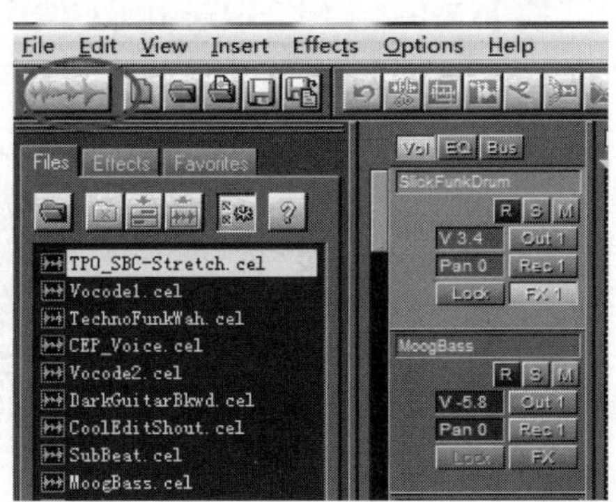

图 4-19　单击波形图案按钮切换到“波形编辑”界面

② 新建一个波形。单击“文件”→“新建”选项，打开新建对话框，其中参数按照默认设置，然后单击“确定”按钮，如图4-20所示。

③ 单击左下角的红色录音按钮，开始录音。结束录音时单击“暂停”“停止”“录音”按钮都可以，如图4-21所示。

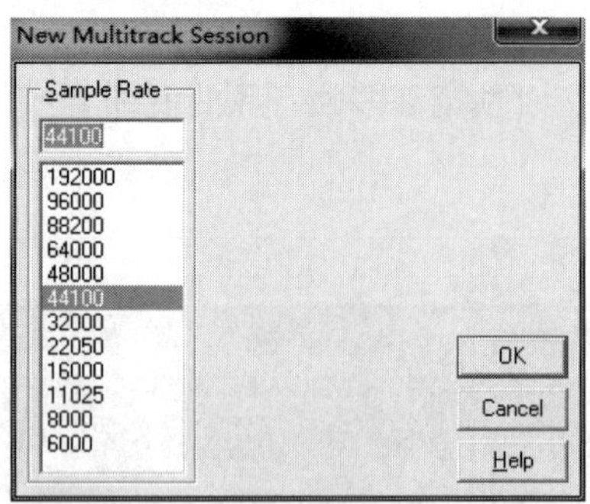

图 4-20 新建波形参数设置界面

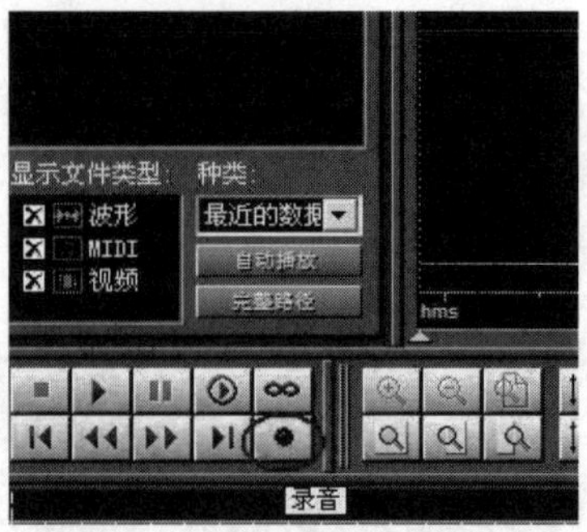

图 4-21 录音界面及按钮

（2）降噪

操作步骤如下：

① 录音前空录几秒，作为环境噪声，如图4-22所示。

② 选中这段环境噪声，单击左侧效果中的“降噪器”选型，如图4-23所示。

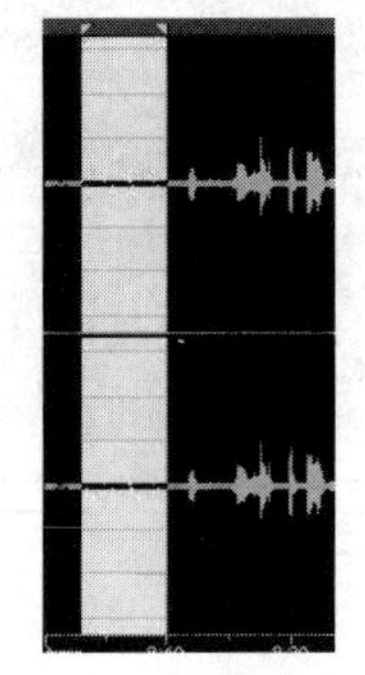

图 4-22 录音前空录几秒

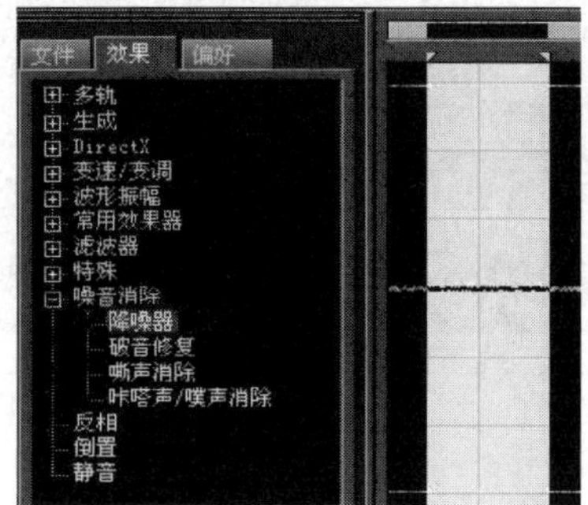

图 4-23 单击“降噪器”选项

③ 打开“降噪器”对话框，单击“噪声采样”按钮，然后单击“关闭”按钮。

④ 关闭“降噪器”对话框后按【Ctrl+A】组合键选中所有波形，如图4-24所示。

⑤ 再次打开“降噪器”对话框，进行设置后单击“确定”按钮，如图4-25所示。

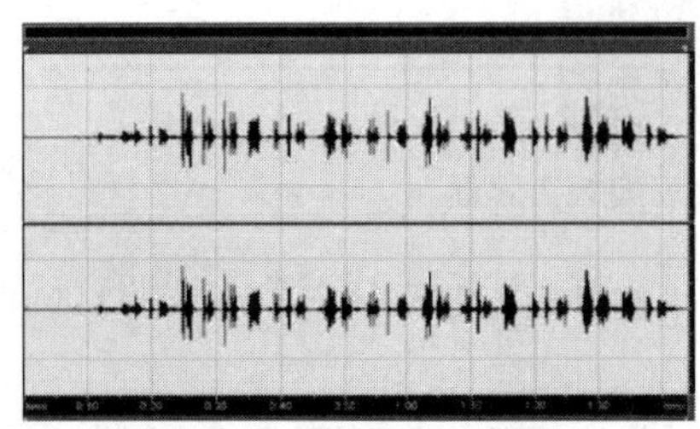

图 4-24 选中所有波形界面

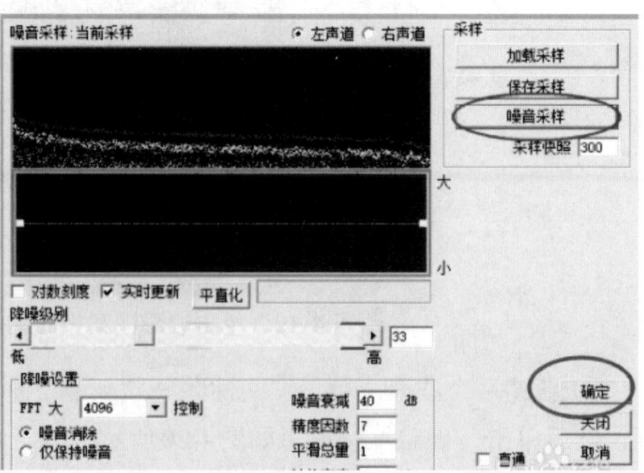

图 4-25 单击“噪音采样”按钮

（3）保存

操作步骤如下：

① 单击上角“波形”按钮进入“波形编辑”页面，单击“文件”→“另存为”选项，如图4-26所示。

② 在打开的对话框中选择文件夹，输入作品名称，选择.mp3或其他保存格式。

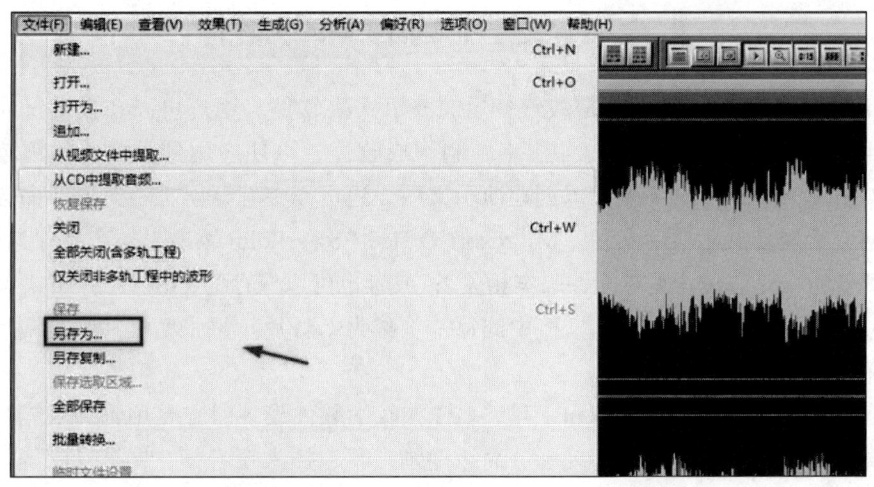

图 4-26　单击“文件”→“另存为”选项

4. 视频资源的处理方法与工具

视频素材的类型非常丰富，主流的视频播放设备和播放软件也很多，而它们支持的视频格式也有所差别，因此常需要对获取到的视频素材进行格式转换。同时，如何将录制好的视频素材进行截取、拼合、添加字幕、特效、转场等，将其制作成符合需求的视频文件，也是视频编辑过程中经常遇到的实际问题。相关的视频处理软件有很多，可以结合实际任务需要进行合理选择。例如，表4-2中列举了一些常见视频处理任务所用的处理软件。

表 4-2　常见视频处理任务所用的处理软件

视频处理任务	可选择软件
录制屏幕操作步骤	屏幕录像专家、QQ视频录像机、ViewletCam等
视频截取	QQ影音、超级解霸、视频截取专家等
视频格式转换	超级解霸、视频转换大师、格式工厂等
视频拼合、特效	Movie Maker、会声会影、Premiere Pro等

5. 动画资源的处理方法与工具

目前最为普及的二维动画制作软件是Flash，它的功能强大，制作出的动画可以发布成GIF动画、Flash动画或是HTML网页等形式。但其软件界面复杂、使用技巧多、学习时间长，熟练使用难度较大。如果只是制作简单的动态图片，从实用的角度考虑，可以选择一些操作简便、容易学习的软件来完成。表4-3中列举了一些常见动画制作任务所用的处理软件。

表 4-3　常见动画制作任务所用的处理软件

动画制作任务	可选择软件
动态图标制作	ImageReady、GIF Animation、GIF MOVIE GEAR等

续表

动画制作任务	可选择软件
视频片段转GIF	QQ影音、Video Avatar、超级解霸等
制作演示动画	Flash、RETAS PRO等
制作交互动画	Flash、Sparkle、AuthorWare等

4.4 PPT综合课件制作

Microsoft Office PowerPoint是微软公司的演示文稿软件。用户可以在投影仪或者计算机上进行演示，也可以将演示文稿打印出来，制作成胶片，以便应用到更广泛的领域中。利用Microsoft Office PowerPoint不仅可以创建演示文稿，还可以在互联网上召开面对面会议、远程会议或在网上给观众展示演示文稿。Microsoft Office PowerPoint做出来的产品称为演示文稿，其格式后缀名为.ppt或.pptx（与软件版本相关）；或者也可以保存为.pdf、图片格式等。2010及以上版本可保存为视频格式。演示文稿中的每一页称为幻灯片。每张幻灯片都是演示文稿中既相互独立又相互联系的内容。

作为演示型教学课件的主要制作工具，PPT在教学软件设计时主要用到的功能有：使用文本框输入文字、绘图工具、幻灯片动画、高级动画工具、插入视音频、屏幕录制等。这些功能足够应对一个演示型的教学课件的制作。下面将具体介绍基于PPT的综合课件制作。

4.4.1 页面设计与美化

随着教育技术在各领域应用的推广，PPT课件已经成为教师教学、各行业业内交流过程中一种常见的辅助手段。如何制作出高质量的PPT课件越来越为人们所关注。课件不是知识点的简单堆砌和罗列，需要进行设计，而优秀的界面设计是高质量PPT课件必须具备的条件。

好的界面设计不仅能使课件更加赏心悦目，增加观看者的注意时间，还能提高文字可读性，强化讲演重点。那么，如何才能设计、制作出美观实用的界面呢？主要可以从以下几个方面着手去做。

1. 利用现成的模板

如果制作者本身的设计能力、美学素养不是非常过硬或者制作时间有限，那么可以考虑使用PPT或者WPS自带的设计模板。特别是WPS中有许多模板可直接使用，新版本的WPS里模板更多样，而且和PPT相互兼容。

2. 自制模板

自制模板有两个阶段，一个是模仿阶段，一个是完全创作阶段。当然这需要根据自己个人能力进行选择，还需要考虑课件需求的实际情况。无论是模仿还是创作，PPT课件的界面设计都离不开图形、图片、文字这三个元素。页面设计过程中需要注意这三要素的设计。

（1）图形

图形在PPT课件中可以作为教学内容，也可以缩小后放在页面某处作为美化元素。可以利用“插入”面板里的形状或者SmartArt插入需要的简单图形。例如，在幻灯片中插入图片，如果画面中只有图片，画面会很单调，如果加上一些图形，哪怕只是两根简单的线条，也会为画面增色不少。在课件制作过程中，作为简单图形插入的应用比较常见，而复杂图形创作因为比较费事，很少人选择使用它。但是通过多个图形叠加或者利用任意多边形也可绘制出的复杂图形，如图4-27所示。

（2）图片

图片在课件中可以作为教学内容，也可以仅用于美化，如图4-28所示。

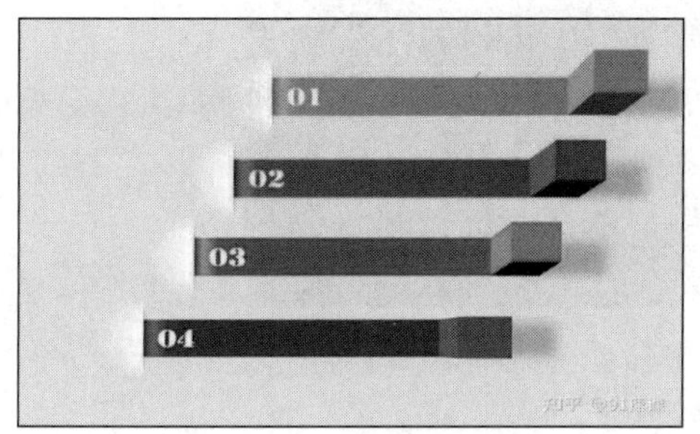

图 4-27　图形的使用

图 4-28　图片的使用

图片素材的选择需注意以下几个方面：首先，尽量选择分辨率较高的图片，否则放大后图片会模糊不清，影响观看效果；其次，要注意图片构图本身的纵横比，否则拉伸后会变形，影响画面美观；再者，作为背景的图片不能选择色彩、层次丰富的图片，否则会造成喧宾夺主、文字内容无法醒目表现的情况出现。另外，课件中图片不是越多越好，要考虑到实际需要，要权衡利弊后慎重选择，更不能选择与教学内容毫不相关的图片，否则可能会给观看者造成理解上的干扰。

PPT自带的图片工具可以对图片进行裁剪、背景删除、图片边框、图片效果、图片颜色、对齐、旋转等操作，使图片更加符合演讲需要，经过图片工具处理的图片外在形式更加多样、生动。

（3）文字

文字是一种传达语言的符号。无论在何种视觉设计中，文字和图片都是其两大构成要素。其中文字效果的好坏直接影响其版面的视觉传达效果。因此，在PPT设计的过程中，想要让你的PPT脱颖而出，只是对文字的字体和字号、字体间距等进行设置，是远远不够的。还可以对某些重要文字进行设计美化，提高PPT的诉求力，是赋予PPT版面审美价值的一种重要方式，同时也是抓住观众注意力的利器。

接下来通过实例讲解两种特殊效果文字的制作方法。

【实例4-4】制作撞色字。

操作步骤如下：

① 首先在页面中输入文字，然后单击“插入”→“形状”按钮，在弹出的列表中选择“矩形”形状，在页面中通过单击、拖动即可绘制一个矩形。

② 先选择文字，按住【Ctrl】键的同时再选择矩形，然后单击“格式”→“合并形状”按钮，在弹出的菜单中选择“组合”命令。

③ 这样操作后即得到撞色字效果，如图4-29所示。

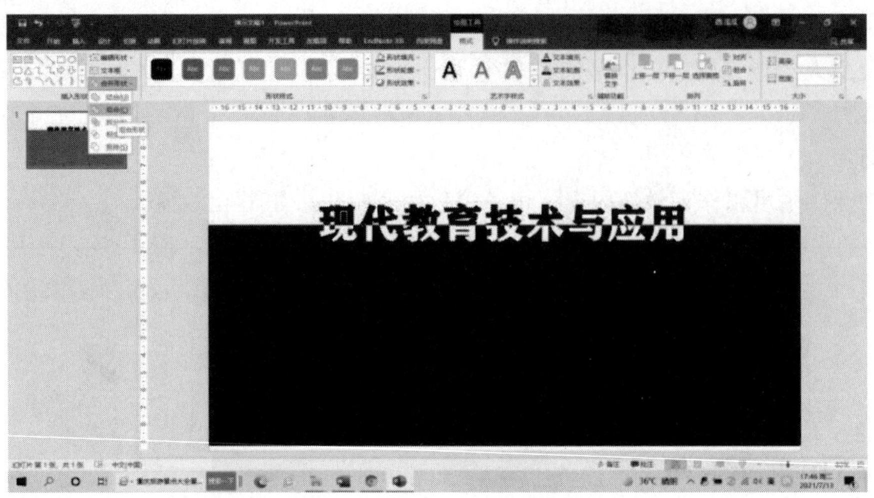

图 4-29　撞色字效果图

【实例4-5】制作3D立体字。

操作步骤如下：

① 在页面中输入文字，然后在文字上右击，在弹出的快捷菜单中选择“设置形状格式”命令。

② 打开“设置形状格式”任务窗口，选择“文本”选项卡，选中“无填充”单选按钮，将“轮廓”设置为“实线”，即得到一个空心文字。

③ 选择文字，按【Ctrl+D】组合键复制文字，然后调整复制文字的位置，然后多次按【Ctrl+D】组合键复制多层文字。

④ 选择最上层的文字，为其填充一种颜色，这样就实现3D立体字效果了，如图4-30所示。

图 4-30　3D 文字效果图

文字是界面设计的“点睛之笔”，通常在使用过程中作为讲演者语言的重复强调或者辅助说明。制作课件时最容易犯的错误就是一张幻灯片上文字太多，信息量太大，导致重点不明、字体不清。同时由于界面上内容太多，也会让人感觉界面缺乏设计。解决方法有两种：方法一，删减原有文字，提炼出关键词或关键语句，可分层次、分条列出，注意分层最好不多于三层；方法二，分成多张幻灯片。

为了配合界面设计的风格，有时做课件时会选择比较个性的字体，这些个性的字体在一般计算机上都没有安装，所以一旦做好的课件换了计算机打开后，这些个性化的字体就会变成默认字体，失去了本身的风格。这个问题的解决有两种方法：一是把这些个性化的字体文字保存成图片插入在幻灯片中，这种方法比较适用于文字比较少而且一般不需要进行修改的内容，因为一旦存成图片后文字就不能编辑了，如果有错误，只能重新制作存为图片插入；另一种方法是将需要的字体文件保存在课件包里，提示使用者为了达到最佳观看效果，使用课件前需安装必要的字体，这种方法不存在修改文字麻烦的问题，但是字体需要手动安装。

4.4.2　交互与动画的实现

PPT中其实也能做出交互动画的效果，虽然没有Flash那么强大，不过对于做课件来说也足够了。PPT要实现交互动画的效果，需要用到“触发器”这一功能。那么何为触发器？

触发器是PowerPoint的一项功能，它可以是一个图片、文字、段落、文本框等，相当于一个按钮。在PPT中设置好触发器功能后，单击触发器会触发一个操作，该操作可以是多媒体音乐、影片、动画等。简单概括，PPT触发器就是通过单击按钮控制PPT页面中已设定动画的执行。接下来将通过几个具体的实例来呈现PPT触发器的作用。

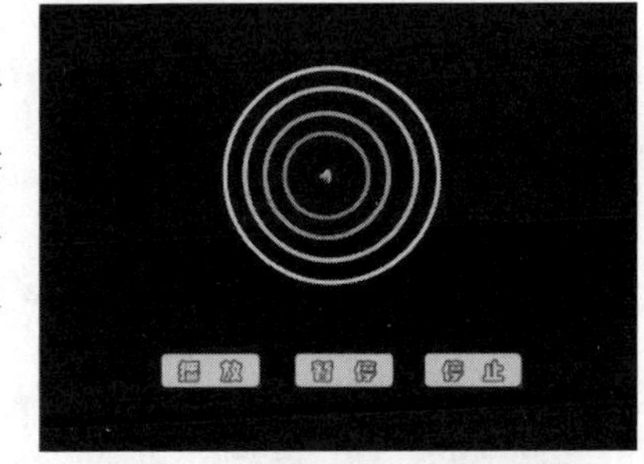

图 4-31　触发器控制音频播放

【实例4-6】音频的播放控制（效果见图4-31）。

操作步骤如下：

① 插入声音文件。在PowerPoint演示文稿幻灯片中，通过“插入”菜单下的“影片和声音\文件中的影片（文件的声音）”命令，找到目标音频文件素材后，选中并打开或直接双击插入目标音频文件，在弹出的“你希望在幻灯片放映时如何播放影片（声音）？”询问对话框中选择“在单击时”选项。

② 制作交互按钮。单击“绘图”工具栏中的“自选图形”按钮，在弹出的选项列表中的“基本图形”或“箭头总汇”下单击一种合适的图形，并在幻灯片中的适当位置中拖画出一个图形。随后，在形状中输入“播放”二字，并设置好图形填充色和线条颜色、文字颜色，将其作为播放按钮；同样的方法再制作一个“暂停”按钮和一个“停止”按钮。

③ 利用触发器制作播放效果按钮。首先，单击幻灯片中插入的音频文件，选择菜单栏中的“动画”功能，为音频文件添加“播放”效果。随后，单击“动画窗格”中对应音频文件的动画，在弹出的菜单栏中单击“计时”选项卡，具体如图4-32所示。在弹出的对话框中，单击“触发器”，然后单击选中“单击下列对象时启动效果”单选项，并在右侧下拉框中选择触发对象为所画的播放按钮“播放”，具体如图4-33所示。最后，右击页面中的声音图标，在弹出的快捷菜单中选择“样式”，选择“在后台播放”，如图4-34所示。同理，制作出“暂停”与“停止”的效果。

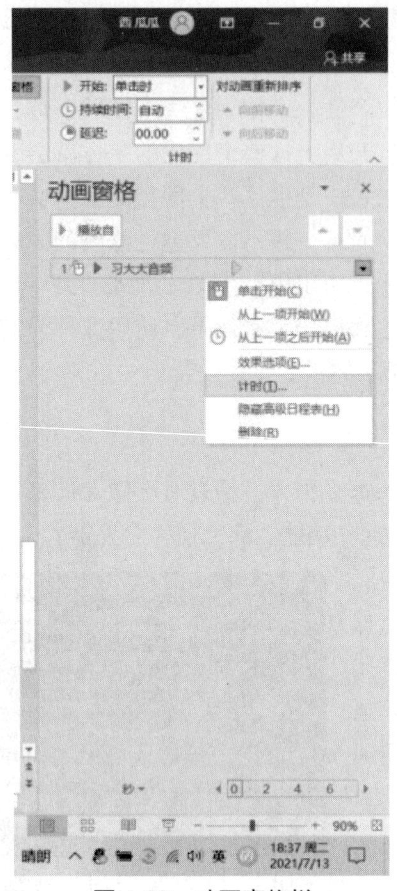

图 4-32　动画窗格栏

图 4-33　触发器设置

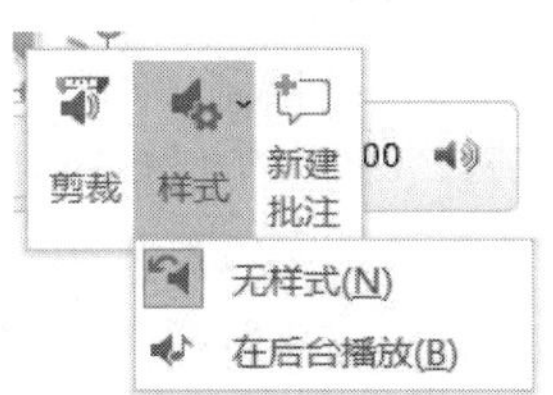

图 4-34　播放方式设置

【例4-7】单项选择题的即时反馈。

操作步骤如下：

① 界面绘制。执行“插入”→“形状”→“矩形”命令，分别绘制好图4-35中的五个题目和选项的矩形框，另外执行“插入”→“形状”→“圆角矩形”命令，绘制一个按钮。随后在对应矩形框中编辑题目及选项的具体内容，并在对应选项矩形框前方添加“√”“×”图标。最后，对正确选项框执行“复制”“粘贴”操作，修改其填充颜色后将其与原选项进行重叠放置。

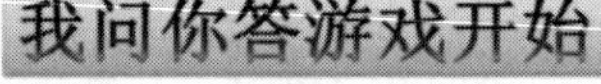

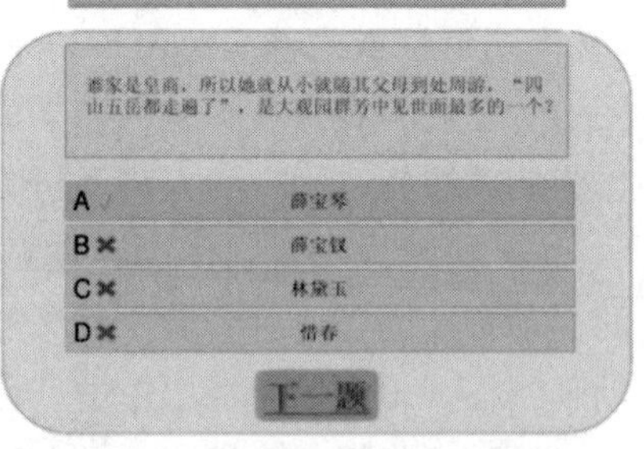

图 4-35　单项选择题反馈

② 动画效果添加。单击选中修改填充颜色后的选项A矩形框，并执行“动画”→“添加动画”→“进入”操作，在列表中为其预先设置出现的动画效果，如图4-36所示。

③ 触发器设置。打开动画窗格，单击设置好动画的下拉菜单，在弹出的对话框中选择“计时”选项卡，单击“触发器”选项，单击选中“单击下列对象时启动效果”单选按钮，然后选择修改填充颜色前的选项A矩形框，如图4-37所示，单击“确定”按钮，完成设置。使用同样的方法制作其他三个选项的设置。

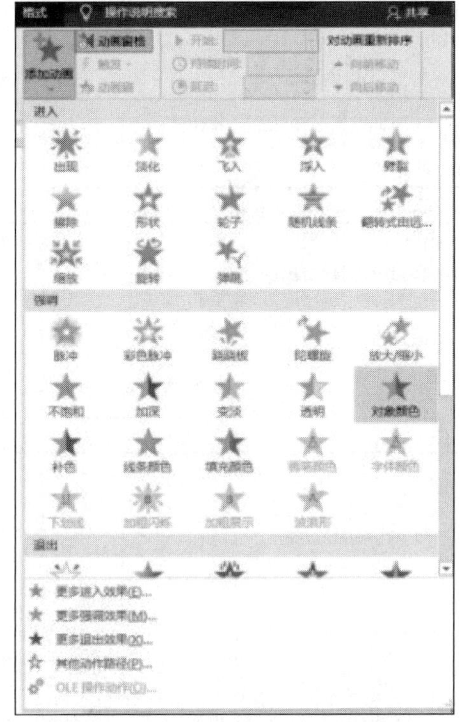
图 4-36　设置选项 A 出现动画效果

图 4-37　设置选项 A 的触发器

④ 页面跳转设置。为让“下一题”按钮控制页面之间的切换，首先执行“切换”→“换片方式”操作，取消勾选“单击鼠标时”复选框，如图4-38所示。随后，给按钮“下一题”“上一题”“结束”添加超链接效果，分别连接到“下一张幻灯片”“上一张幻灯片”“下一张灯片”。具体操作为：右击“下一题”按钮，在弹出的快捷菜单中选择“超链接”选项，在弹出的对话框中单击“本文档中的位置”，并分别按需求链接到“下一张幻灯片”“上一张幻灯片”“下一张灯片”，如图4-39所示，最后单击“确定”按钮完成设置。

图 4-38　换片方式设置

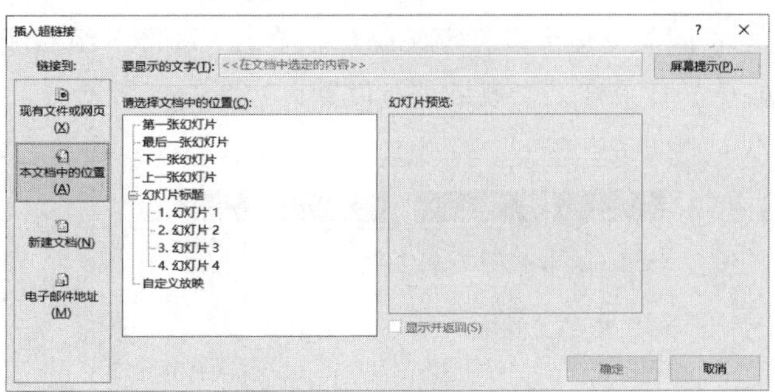

图 4-39　超链接设置

4.4.3 课件综合设计

1. 脚本设计

脚本设计见表4-4。

表4-4 脚本设计

课件题目	温度与物态变化（温度与温度计）
教学目标	① 理解气态、液态和固态是物质存在的三种状态； ② 知道在一定条件下，物质存在的状态可以发生变化； ③ 理解温度的物理意义； ④ 了解一些生活环境中常见的温度值； ⑤ 理解温度计的工作原理； ⑥ 会用温度计测量温度
创作平台	PowerPoint 2016

2. 课件的整体结构图

根据本实例课件的具体情况设计课件整体结构图，如图4-40所示。

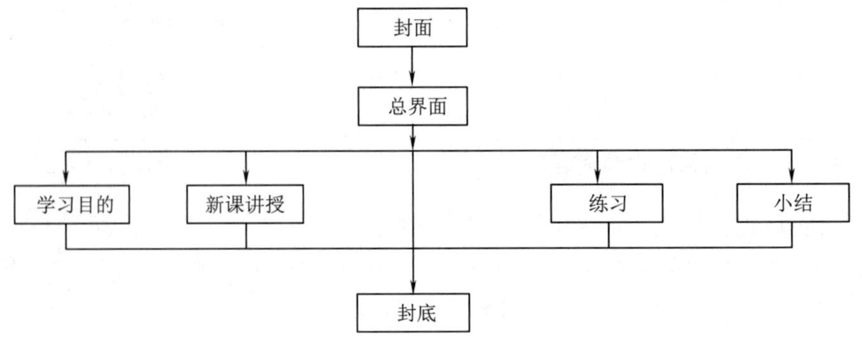

图4-40 课件整体结构图

3. 课件制作工程

（1）新建文档

操作步骤如下：

① 运行Microsoft PowerPoint 2016软件，新建一个演示文稿。

② 单击“设计”选项卡，在“主题”组中选择“红利”主题；再单击选择“变体”组中的“颜色”下拉按钮，在弹出的列表中选择自己喜欢的主题颜色，这里选择深灰色主题，然后单击“保存”按钮，将演示文稿以“温度与温度计.pptx”为文件名保存。

③ 如果对系统主题不满意，也可以自定义调整。单击“变体”组右侧下拉箭头，在打开的下拉列表中可选择对颜色、背景样式、效果进行设置，如图4-41所示。

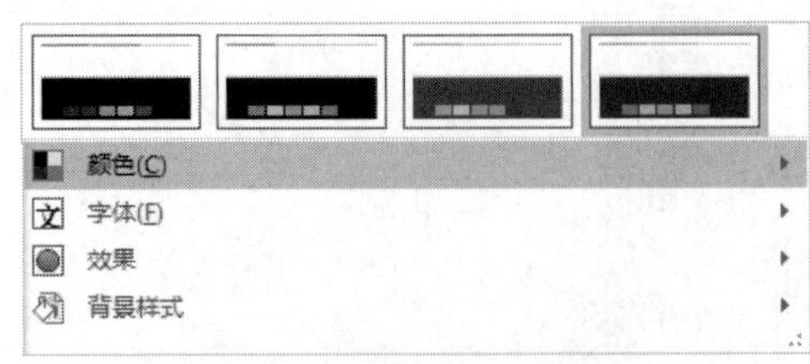

图4-41 “变体”下拉列表

（2）制作课件封面幻灯片

操作步骤如下：

① 设置封面背景。在制作封面时，一般可以设计个性化的背景。具体操作为：单击“设计”选项卡，选择“红利”主题。单击“开始”选项卡中“版式”对话框，调整第一张页面为标题幻灯片。再单击插入—图片，弹出“插入图片”对话框，找到事先准备好的两张温度计图片（事先下载并保存在文件夹中），单击“确定”按钮，调整两张图片的大小与位置，如图4-42所示。

② 制作课件标题。单击“插入”选项卡，在“文本”组中单击“艺术字”下拉按钮，在弹出的下拉列表中选择一种艺术字样式。在出现的艺术字占位符文本框中输入“温度与温度计”。然后，在“格式”选项卡中根据需要设置艺术字样式、阴影效果和转换效果，同时调整艺术字大小并拖放在恰当位置。

（3）制作导航页幻灯片

在封面幻灯片后插入一个空白版式的幻灯片。在工作区中插入一个横排文本框，输入“教学环节”，设置字体为“微软雅黑”，字号为30磅，颜色为深绿色。复制四个相同的文本框，文本框内的文字分别改为“学习目标”“引入新课”“课堂练习”“课堂小节”，将文字颜色设置为深绿色，摆放在适当位置；在“引入新课”输入相关内容。随后，插入温度计图标图片（事先下载保存），然后复制三个副本，分别放在四个导航项前。最后，将文本与图片对齐，最后效果如图4-43所示。

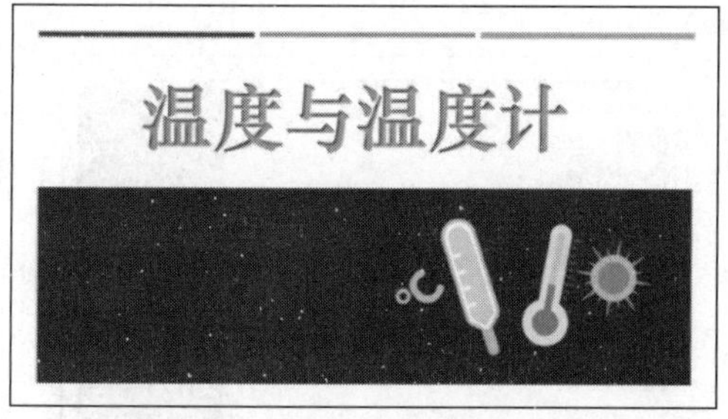

图 4-42　课件封面的最终效果

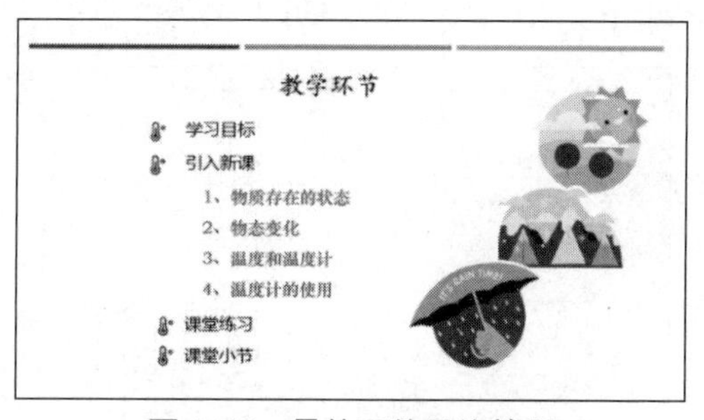

图 4-43　导航页的最终效果

（4）制作课件内容幻灯片

我们以“物质存在的状态”小节内容为例，其他内容页的制作大致相同。正文页一般应包含文字、图标、图片等，要将这些页面元素合理地进行排版，标题进行艺术字处理，吸引学生的视觉焦点。内容所涉及图标图片都要提前准备，一般来源为网上下载保存、自己绘制、拍摄保存等。注意选择高清图片并将图片大小调整一致，使整个页面更加和谐统一，动画和视频的处理与图片的插入方法一致，此处不再赘述。最终效果如图4-44所示。

操作步骤如下：

① 新建一张空白版式的新幻灯片，插入一个艺术字文本框，设置40号、宋体，放置在页面左上角。

② 插入一个圆形形状，单击形状格式菜单，设置填充浅灰色，边框线为深灰色。然后复制两个同样的圆形，摆放在页面右侧，呈三角形位置。

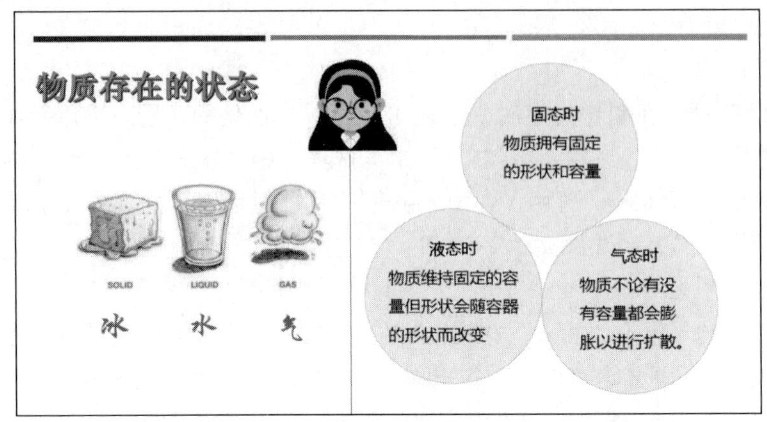

图 4-44　内容页幻灯片的最终效果

③ 插入提前准备好的卡通头像图片、水的三种状态图片，调整位置。在卡通头像下方再插入一个形状直线，设置颜色为深灰色。

④ 插入三个文本框，内容分别是对固态、液态、气态的表述文字，设置为20号、微软雅黑字体，调整文本框的长宽比例，使其大小能放入三个圆形中间。制作完毕。

（5）制作“课堂小结”与封底幻灯片

课堂小结页的制作与导航页类似，我们可以把导航页复制过来修改其内容来提高课件制作效率，如图4-45所示。封底幻灯片的制作，首先新增一张新幻灯片，将版式设置为“竖排标题与文本”，按图4-46所示效果来制作封底幻灯片。

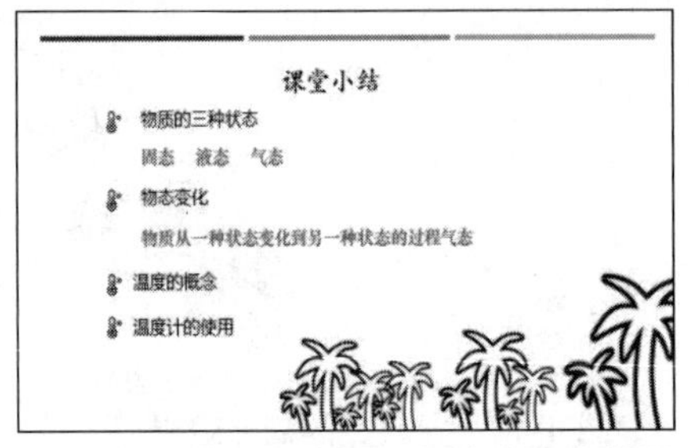

图 4-45　课堂小结页幻灯片的最终效果

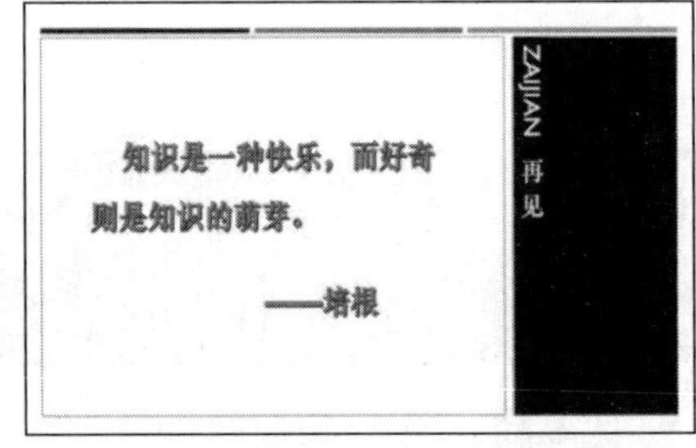

图 4-46　封底幻灯片的最终效果

（6）设置页面导航

页面导航可利用“超链接”或“动作按钮”来实现幻灯片之间的跳转功能，具体操作步骤如下：

① 利用“超链接”实现页面跳转。选择导航页幻灯片，在工作区选中文字“课堂小节”，单击“插入”选项卡下“链接”组中的“超链接”按钮，打开“插入超链接”对话框，在“链接到”列表框中选择“本文档中的位置（A）”选项，在“请选择文档中的位置”列表框中选择“4.幻灯片4”，单击“确定”按钮，即可链接到第四张课堂小结页幻灯片上，如图4-47所示。我们在课堂讲课中播放幻灯片时，可以直接从目录页跳转到课堂小结页上，增加了课件播放的交互性。

② 利用“动作按钮”实现页面跳转。

利用动作按钮链接可以实现幻灯片的上一页、下一页、回目录页等功能。选择内容页幻灯片，单击“插入”→“形状”，分别选择下拉列表中最下方“动作按钮”组中前进和后退的动作按钮，在幻灯片底部绘制“上一页”“下一页”动作按钮，如图4-48所示。

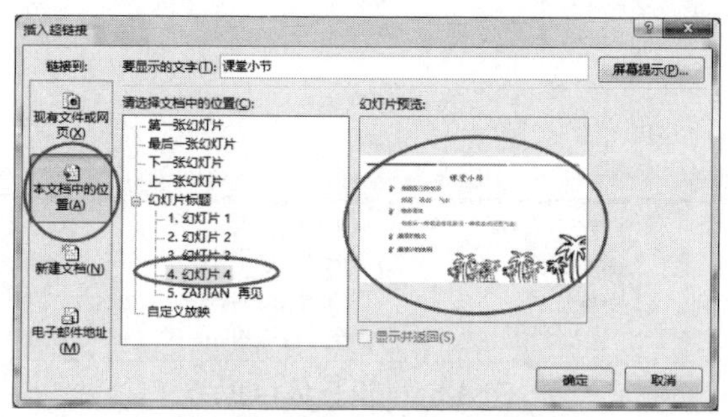

图 4-47 插入超链接对话框

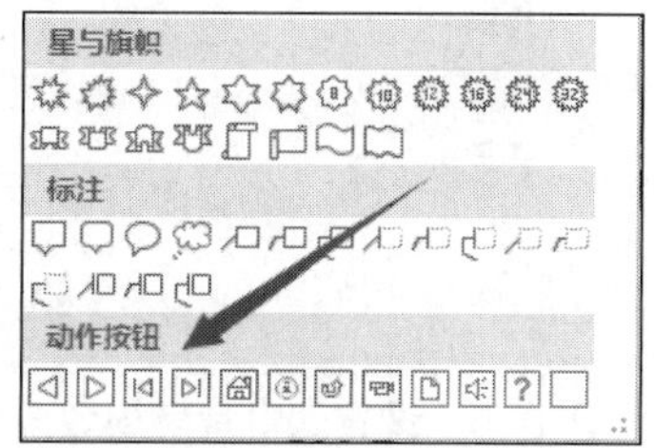

图 4-48 添加“动作按钮”

③ 为动作按钮设置“超链接”。选择“◁”动作按钮对象，单击“插入”选项卡下“链接”组中的“动作”按钮，弹出“操作设置”对话框，如图4-49所示。在“单击鼠标”选项卡下选中“超链接到（H）：”单选按钮，选择其下拉列表中选择“上一张幻灯片”，单击“确定”按钮，完成幻灯片后退到前一页的功能。

图 4-49 “操作设置”对话框

④ 其他动作按钮的设置方式与此相同。如我们绘制回到主页动作按钮可以链接到目录页，在播放幻灯片时从任意幻灯片回到目录页。“结束”动作按钮选择“结束放映”。

（7）设置幻灯片的切换方式

操作步骤如下：

① 设置幻灯片的切换样式。在幻灯片浏览窗格中单击选择第一张幻灯片，单击“切换”选项卡，在“切换到此幻灯片”组中选择切换样式列表中“细微型”下的“随机线条”，第一张幻灯片的切换样式就设置成功了。用同样的方法设置其他幻灯片的切换样式。

② 设置切换属性。幻灯片切换属性包括效果选项、换片方式、持续时间和声音效果。我们以淡入淡出切换效果为例设置切换效果。单击“切换”选项卡下“切换到此幻灯片”组中的

“效果选项”下拉按钮，在打开的下拉列表中选择切换效果（如平滑），如图4-50所示。

③ 设置换片方式。换片方式在“切换”选项卡下“计时”组中设置。换片方式主要有两种方式：一是单击鼠标时，表示单击鼠标才切换幻灯片；二是设置自动换片时间，表示经过该时间段后自动切换到下一张幻灯片，如图4-51所示。

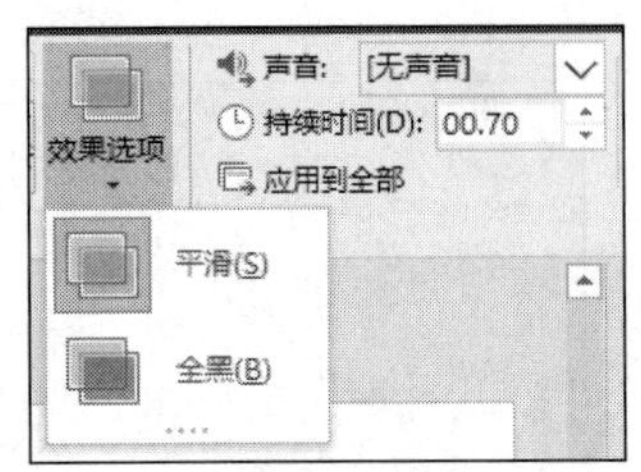

图4-50　设置幻灯片切换效果选项

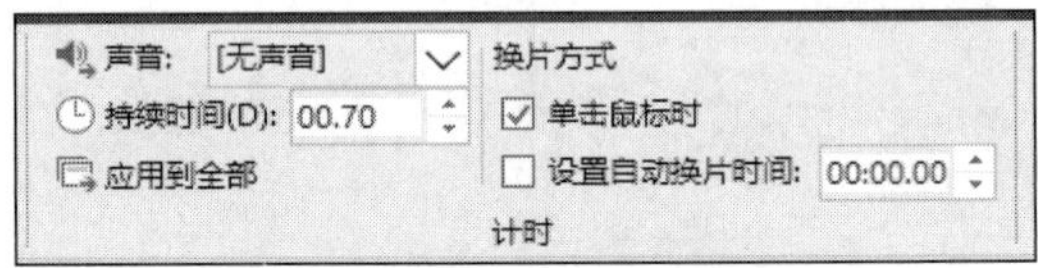

图4-51　设置换片方式

④ 设置切换声音。在“切换”选项卡下“计时”组中设置切换声音，在“声音”下拉列表中选择切换声音（如鼓掌），在“持续时间”栏中输入切换持续时间。

至此，本实例课件制作完成，单击“保存”按钮保存制作好的课件。

4.5　微课设计与开发实践

4.5.1　微课特征和分类

1．微课的特征

（1）教学时间较短

教学视频是微课的核心组成内容。根据学生的认知特点和学习规律，“微课”的时长一般为5~8分钟左右，最长不宜超过10分钟。因此，相对于传统的40或45分钟的一节课的教学课例来说，“微课”可以称之为“课例片段”或“微课例”。

（2）教学内容较少

相对于较宽泛的传统课堂，“微课”的问题聚集、主题突出，更适合教师的需要。“微课”主要是为了突出课堂教学中某个学科知识点（如教学中重点、难点、疑点内容）的教学，或是反映课堂中某个教学环节、教学主题的教与学活动，相对于传统一节课要完成的众多的教学内容，“微课”的内容更加精简。

（3）资源组成结构“情景化”

“微课”选取的教学内容一般要求主题突出、指向明确、相对完整。它以教学视频片段为主线“统领”教学设计、课堂教学时使用到的多媒体素材和课件、教师课后的教学反思、学生的反馈意见及学科专家的文字点评等相关教学资源，构成了一个主题鲜明、类型多样、结构紧凑的“主题单元资源包”，营造了一个真实的微教学资源环境。

（4）资源容量较小

从大小上来说，“微课”视频及配套辅助资源的总容量一般在几十MB左右，视频格式须是支持网络在线播放的流媒体格式（如.rm、.wmv、.flv等），师生可流畅地在线观摩课例，查看教案、课件等辅助资源；也可灵活方便地将其下载保存到终端设备（如笔记本计算机、手机、MP4等）上实现移动学习、泛在学习，非常适合于教师的观摩、评课、反思和研究。

（5）主题突出、内容具体

一个课程就是一个主题，或者说一个课程一个事；研究的问题来源于教育教学具体实践中的具体问题：生活思考、教学反思、难点突破、重点强调、学习策略、教学方法、教育教学观点等具体的、真实的、自己或与同伴可以解决的问题。

（6）草根研究、趣味创作

正因为课程内容的微小，所以人人都可以成为课程的研发者；正因为课程的使用对象是教师和学生，课程研发的目的是将教学内容、教学目标、教学手段紧密地联系起来，是“为了教学、在教学中、通过教学”，而不是去验证理论、推演理论，所以，决定了研发内容定是教师自己熟悉的、感兴趣的、有能力解决的问题。

2. 微课的分类

（1）讲授类

讲授类适用于教师运用口头语言向学生传授知识（如描绘情境、叙述事实、解释概念、论证原理和阐明规律），是中小学最常见、最主要的一种微课类型。

（2）问答类

问答类适用于教师按一定的教学要求向学生提出问题，要求学生回答，并通过问答的形式来引导学生获取或巩固检查知识。

（3）启发类

启发类适用于教师在教学过程中根据教学任务和学习的客观规律，从学生的实际出发，采用多种方式，以启发学生的思维为核心，调动学生的学习主动性和积极性，促使他们生动活泼地学习。

（4）讨论类

讨论类适用于在教师指导下，由全班或小组围绕某一种中心问题通过发表各自意见和看法，共同研讨，相互启发，集思广益地进行学习。

（5）演示类

演示类适用于教师在课堂教学时把实物或直观教具展示给学生看，或者作示范性的实验，或通过现代教学手段，通过实际观察获得感性知识以说明和印证所传授知识。

（6）练习类

练习类适用于学生在教师的指导下，依靠自觉的控制和校正，反复地完成一定动作或活动方式，借以形成技能、技巧或行为习惯。练习类尤其适合工具性学科（如语文、外语、数学等）和技能性学科（如体育、音乐、美术等）。

（7）实验类

实验类适用于学生在教师的指导下使用一定的设备和材料，通过控制条件的操作过程，引起实验对象的某些变化，从观察这些现象的变化中获取新知识或验证知识。在物理、化学、生物、地理和自然常识等学科的教学中，实验类微课较为常见。

（8）表演类

表演类适用于在教师的引导下，组织学生对教学内容进行戏剧化的模仿表演和再现，以达到学习交流和娱乐的目的，促进审美感受和提高学习兴趣。表演类一般分为教师的示范表演和学生的自我表演两种。

（9）自主学习类

自主学习类适用于以学生作为学习的主体，通过学生独立的分析、探索、实践、质疑、创造等方法来实现学习目标。

（10）合作学习类

合作学习（collaborative learning）是一种通过小组或团队的形式组织学生进行学习的一种策略。

（11）探究学习类

探究学习类适用于学生在主动参与的前提下，根据自己的猜想或假设，运用科学的方法对问题进行研究，在研究过程中获得创新实践能力、获得思维发展，自主构建知识体系的一种学习方式。

4.5.2　微课结构及制作流程

1. 微课的结构

（1）微课导入

① 微课导入要新颖、迅速；

② 微课导入要内容紧凑；

③ 要选择合适的导入方法。

（2）知识讲解

① 知识讲解要目标明确、突出重点、解决难点；

② 讲授内容、短小精悍；

③ 巧妙激发、积极引导。

（3）应用提升

可以结合案例对本节知识内容进行分析。

（4）知识小结

结尾要有力，强调重点和难点。

2. 微课的制作流程

微课的开发流程包括选题设计、脚本编写、教学准备、录制视频、后期加工和反思修改等六个步骤。微课设计师遵循时间简短、内容聚焦、图文并茂、生动有趣这几个关键原则。时间应控制在10分钟左右。一个微课只讲解一个知识点，所有的内容都要为讲述这个知识点服务。发挥图片和Flash的作用，使微课有趣味性，只有课程内容对学生有吸引力的情况下，学生才会主动学习课程。视频背景干净简洁，无关信息不出现在画面上，以免分散学习者的注意力。所有微课均可采用图4-52所示设计及制作方法。设计及制作方法可根据课程制作过程中的实际情况进行调整和结合。

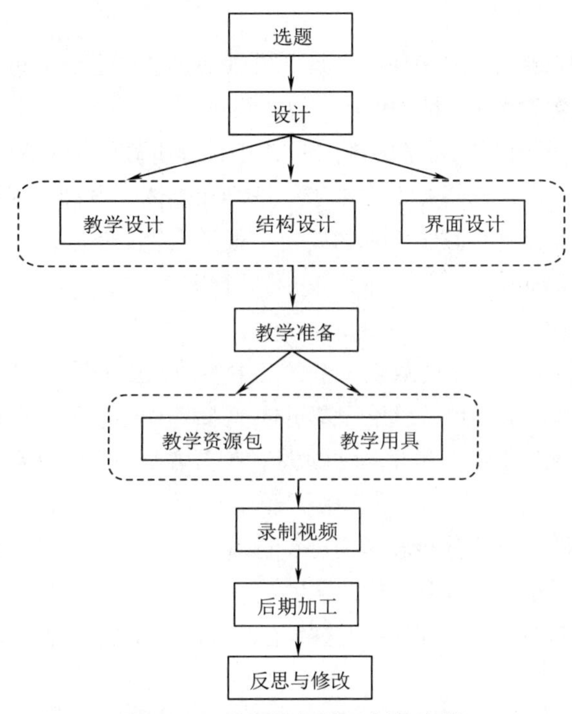

图 4-52　微课的设计及制作流程

（1）微课选题

合理选题是微课程开发的第一步，也是关键的一步。它反映了微课程是关于什么内容的，关系到微课程的核心价值。选题的形成本身也是一个研究的过程，既需要丰富教学经验的积累，也需要较强科学研究的洞察力和预见性。微课程的选题一般分为以下两大类：

① 需用活动图像呈现的教学环节。视频的特点之一是动作性，擅长表现运动变化的事物、现象和过程，而这些也是其他教学手段所不易表达的。因此，微课程在这些领域选取课题能够充分显示它的优势。用活动图像呈现的教学环节可以分为两大类。一类是直接通过事物的运动状态和过程揭示事物的本质和特性的课题。例如，在幼儿教育的微课上，通过播放实际幼儿教学中如何训练儿童注意力的视频，来生动直观地概括出该知识点的教学方法。另一类是通过具体的活动图像论证、解释，从而间接验证科学原理的理论性较强的课题。我们可以制作此类微课程讲解较大的论证题，清晰呈现解题思路和知识要点，克服黑板重现力差的缺点，大大提高学习效率。我们还可以制作此类微课程来总结一个知识板块，结合知识概念图，清晰呈现该板块的学习要点，方便学生查找不足。

② 教学的重点、难点。教学大纲中明确规定的教学重点是达到课程教学目标的重要教学内容，是一些基础知识与基本技能，是基本概念、基本规律及由内容所反映的思想方法，也称为学科教学的核心知识。教学难点是大多数学生不易理解的知识，或不易掌握的技能技巧。通常意义上所说的教学难点，即是新内容与学生已有的认知水平之间存在较大的落差。难点不一定是重点，也有些内容既是难点又是重点。我们可以选取此类课题，深入教材，认真准备，抓住教学重点，突破教学难点，使学生更容易地理解和掌握教材的基本知识。

（2）微课设计

设计是微课程过程中最关键的一环，它是形成微课程总体思路的过程，是微课程开发的具体蓝图。总体设计包括教学设计、结构设计、界面设计。

① 教学设计：就是运用系统科学的观点和方法，分析教学内容和教学对象，确定教学目标，建立教学内容结构知识，选择和设计恰当的策略和媒体，设计形成性练习和学习评价的过程。通常包括学习者特征分析、教学目标的确定、教学内容分析、教学媒体的选择四个主要环节。下面主要介绍后三个环节。

首先，教学目标的确定。

知识与技能理解：具体问题中的数量关系，会用多种方法解答类似问题。

过程与方法：经历和体验用抽象思维和逻辑推理来解决实际问题的过程。

情感态度价值观：通过趣味性和互动性的教学方式培养学生的好奇心和求知欲，增强学习数学的自信心。

其次，教学内容分析。充分分析教学内容，选取其中的一道典型案例作为内容开发个微课程，当做授课内容的一个补充，希望能帮助学生进一步理解此内容。

最后，教学媒体的选择。教学媒体的选择是教学设计中的一个重要环节，其选择的基本原则：

目标控制原则：教学目标是贯穿教学活动全过程的指导思想，不仅规定教学活动的内容和方式，指导学生对知识内容的选择和吸收，而且还控制媒体类型和媒体内容的选择。

内容符合原则：学科内容不同，适用的教学媒体也不同；即使同一学科，各章节的内容不一样，对教学媒体的要求也不一样。

对象适应原则：不同专业的学生其培养方向也有一定差别，在进行教学媒体的选择与设计时，必须充分考虑不同专业学生的特点，绝不能套用某种固定的僵化的模式。

② 结构设计。微课程的结构设计是教学设计的延续和具体反映。根据教学内容和教学目标，依照特定的教学思想、学习理论组织教学内容顺序以及教学控制策略，就是微课程的结构设计，最终以表格的形式呈现。微课程结构体现着特定的教学思想、学习理论、教学内容。不同的教学内容，依据教学思想、学习理论的不同，往往微课程的结构也不同。从总体结构、教学内容结构以及内容控制结构三个角度进行微课程的结构设计总体。

总体结构设计：一般而言，微课程的基本构成包括片头、主要内容、片尾三个部分。片头的呈现是在微课程最开始的几秒，通常用来告知使用者关于微课程的基本信息，例如，主题、设计者与开发者及联系信息、版权信息等；主要内容就是进行知识点的讲解或者教学环节的呈现；片尾主要说明制作单位人员、鸣谢、日期等。

教学内容结构设计：微课程的内容结构设计就是向学习者展示的各种教学信息，用于对学习过程进行诊断、评价、处理和引导的各种信息，以及实现学习过程控制策略和学习过程的控制信息。微课程的内容常规结构由引入、讲解、复习、预告四个部分组成。

内容控制结构设计：微课程的内容控制结构常采用的方式有线性结构、树状结构、网状结构以及混合结构四种。

③ 界面设计。界面设计的三个基本原则如下：

第一，趣味化原则，是指微课的制作者应根据知识内容的不同，在每一个环节中综合运用视听手段和剪辑技法，把枯燥复杂的学习内容做艺术化、趣味化的处理。

第二，简明化原则，是指在短短的几分钟之内，要求呈现的界面内容简洁，不要有过多的无关修饰。

第三，统一风格原则，要求界面设计应该让人看了之后有整体上的一致性感觉，如所有正文文字、标题文字要力求一致，等等。

（3）教学准备

教学准备主要是准备教学所用的资源包，包括导学案、测验题、课件。在讲课需要的情况下，还包括教学用具的准备，主要是模型、道具、实验器材等。微课程是一节完整课程的浓缩，因此，这些准备工作是十分必要的。

（4）录制视频

微课程视频的录制主要有两种方法：一种是录屏，一种是拍摄。录屏就是用录屏软件对教学过程进行录制。它的软硬件要求非常简单，只要一部装有录屏软件的计算机。录制时教师只需要将精心准备的课件在屏幕上演示出来，选择好录制的视音频格式，软件就会全程录制教师的屏幕操作和讲解，整个过程操作简单，方便易行。拍摄就是用摄像机对教学过程进行录制。它的硬件要求主要包括摄像机、灯光等设备。教师应该提前试讲，摄像师应注意调整摄像机的机位和高度，多采用中景、近景和特写等小景画面，多使用固定镜头，以保证视频质量。另外，由于教师的形象要出现在屏幕上，因此教师要仪表端庄，衣着整洁得体、教态自然、举止得当。

（5）后期加工

后期加工主要包括片头、片尾、提示性画面或音频的插入。片头主要是显示标题、作者、使用对象、所属学科、教材、单元等信息。片尾主要是制作单位、人员、鸣谢、日期等。提示性画面或音频的插入主要是为了提高学生的注意力。使用计算机或移动设备进行微型学习的学习者，由于外界环境的干扰和学习时的随意心理，往往参与度不是很高。所以在后期加工时，要加入督导环节，借用鲜明的提示性画面或警示性音频素材，回笼学生的注意力强调学习的重要内容。

（6）反思与修改

反思应贯穿于微课程设计与制作的整个过程中，既有设计过程中的反思，又有实践过程中的反思，还应包括实践后的反思，需要教师不断地思考，不断地总结，为以后制作微课程积累经验，也有助于提高微课程的质量。此外，通过重新审视回顾教学的过程，增加新的想法或修改自己认为不满意的部分，以达到精益求精的效果。

4.5.3　Camtasia使用简介

1. Camtasia的界面

Camtasia的基本界面如图4-53所示，包含菜单栏、媒体箱、工具栏、时间轴、属性栏、画布六大块。

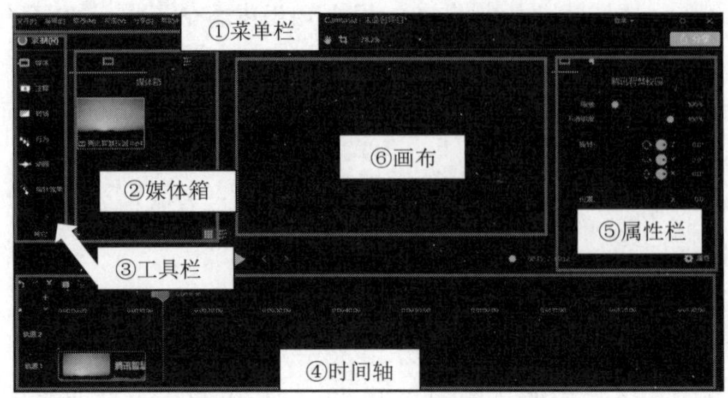

图 4-53　Camtasia 的基本界面

① 菜单栏：和文件操作相关的命令，常用的新建项目就从这里开始。其中画布预览上方分别是编辑、平移、裁剪画布功能。

② 媒体箱：其中是屏幕录制和导入的媒体文件，单击右下角“+”号可将媒体导入媒体箱中，只有导入媒体箱中的素材才可以进入时间轴的轨道进行剪辑。媒体箱中还有Camtasia自带的媒体，如片头片尾、音乐、图标等，可以直接使用。

③ 工具栏：所有视频效果、音效处理、旁白和字幕等的添加都来自工具箱。单击工具箱上的某个工具，即可打开该工具，选择里面的资源或效果。

④ 时间轴：把正在剪辑的视频以时间序列表达出来。轨道表达媒体素材的图层关系，被剪辑的视频都将导入时间轴内进行编辑。左上角是剪切、复制、分割媒体的工具。圆框内的“帧”可以拖动来预览不同的时间点。

⑤ 属性栏：将工具栏中的效果添加到被编辑素材后，效果的数值调整都在右侧的属性栏呈现，相应的调整都在属性栏内完成。例如通过属性里的设置，改变文本的字体、大小、颜色等。单击右下角的“属性”可以隐藏/展开属性栏。

⑥ 画布：可以预览正在编辑的视频最终的效果，也可以直观地反映画面的编辑情况，如对画面进行平移、放大缩小、剪裁后的效果。

2. 使用Camtasia制作微课

（1）使用Camtasia录制计算机屏幕

操作步骤如下：

① 打开Camtasia软件，单击“录制”按钮开始屏幕，如图4-54所示。

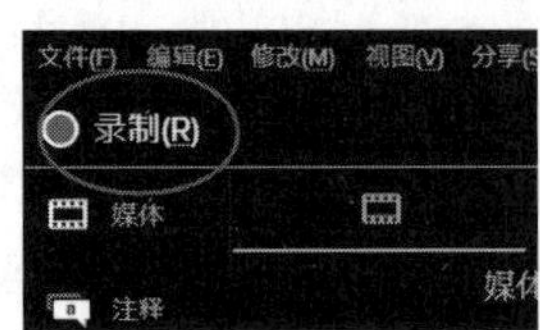

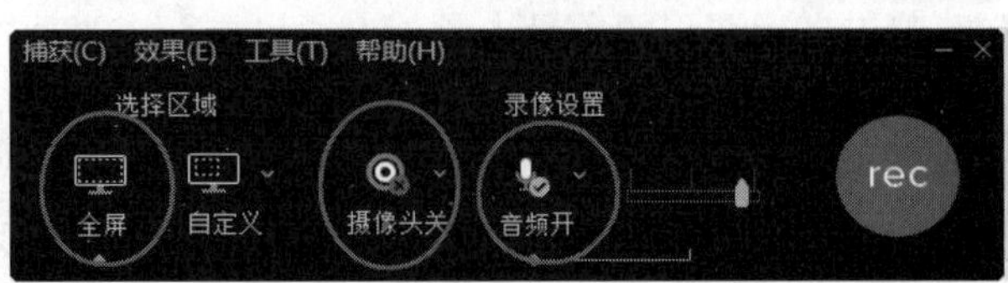

图 4-54　Camtasia 录屏

② 录屏区域，既可以是全屏录制，也可以自己进行区域的定义。只需打开“自定义”下拉按钮，便可对分辨率进行选择，也可以选择要录制的区域。

③ 选择是否打开摄像头将想要录制的外部内容进行录制，如将动作录制进去，再选择是否

录制音频。

④ 单击“录制”按钮即可进行录制。

（2）使用PPT课件中Camtasia加载项录制

操作步骤如下：

① 计算机中需安装Microsoft Office PowerPoint和Camtasia Studio软件。安装成功后打开PPT会在PPT启动界面显示Camtasia加载项，如图4-55所示。

图 4-55　PPT 中 Camtasia 录屏加载项

② 单击“加载项”呈现图4-56所示工具栏。

③ 单击红色开始录制按钮开始录制。此时屏幕右下角出现图4-57所示操作框等待录制开始。将PPT进入放映模式，单击屏幕右下角录制窗口中的开始录制选项。录制完毕按【F10】键结束录制。

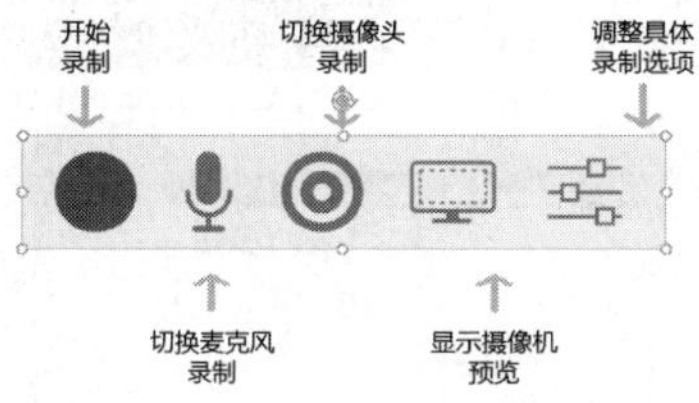

图 4-56　PowerPoint“加载项”录屏工具

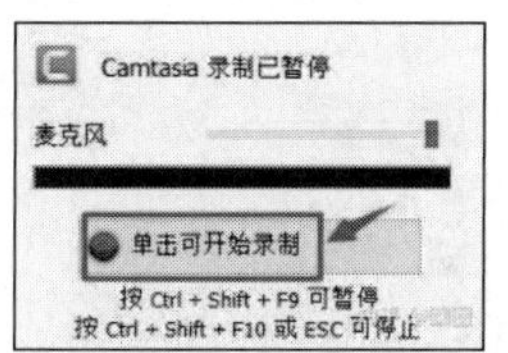

图 4-57　等待录制

④ 录制完成后，可以选择“生成您的录制（P）”，直接生成视频文件。或者选择“编辑您的录制（E）”，则会自动打开Camtasia将刚录制的视频放入时间轴轨道进一步编辑，如图4-58所示。

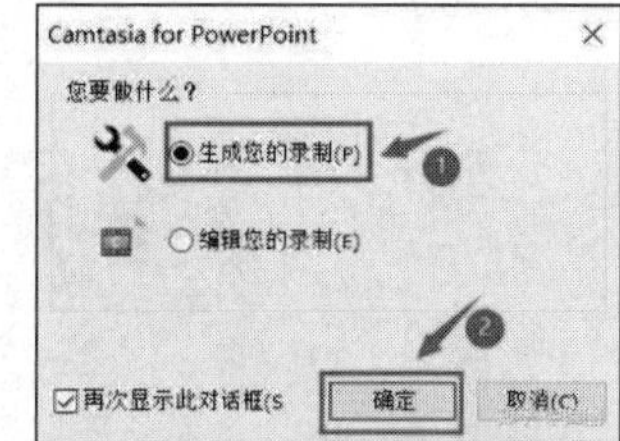

图 4-58　生成录制视频

（3）使用Camtasia对视频进行编辑

操作步骤如下：

① 打开软件，通过文件导入媒体，导入自己要处理的视频。

② 成功导入视频后，接下来先把视频拖到最下面的时间轴上，方法有两种：一种直接使用鼠标把视频文件拖到下面，另一种就是把鼠标放在视频上右击，会出现一个添加到时间轴播放位置的选项，单击它就可以。

③ 剪裁视频。在预览区预览视频，移动红色和蓝色的光标，把需要去掉的片段进行剪裁，如图4-59所示。

④ 为教学重难点添加提示。在时间轴上面定位好需要添加标注的片段起点，单击“标注”，选择图形的样式、颜色并对所添加的文字进行设置，如图4-60所示。

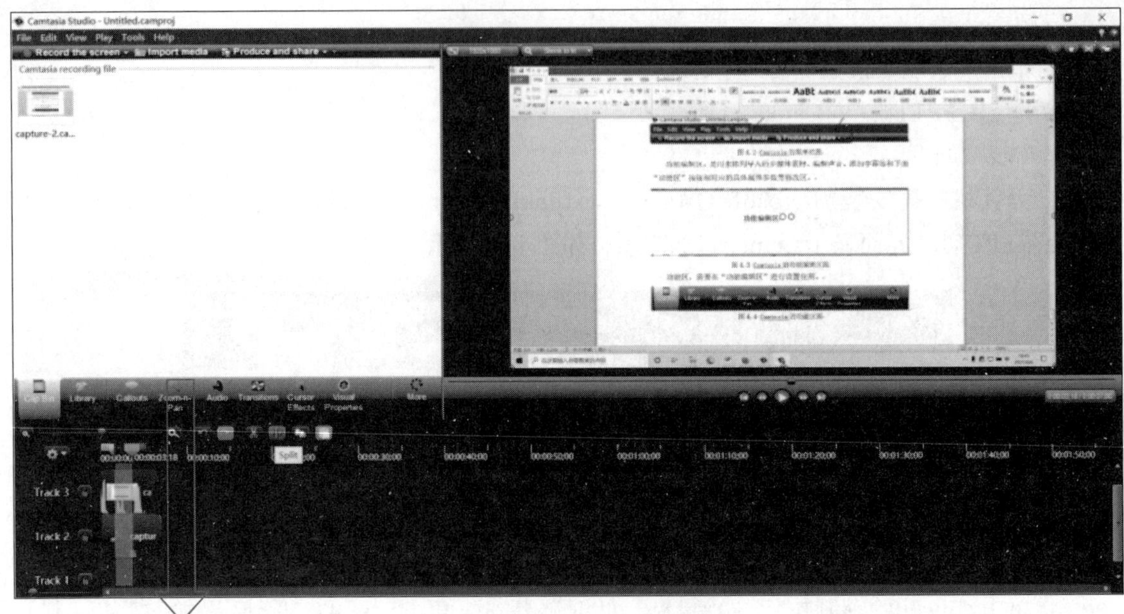

图 4-59　Camtasia 视频剪辑

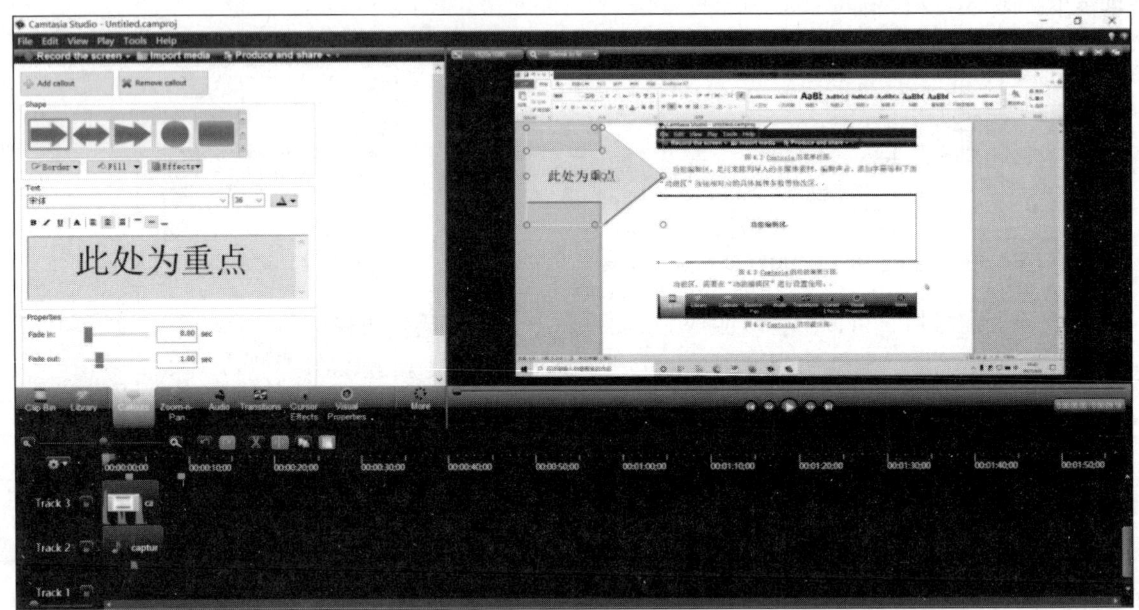

图 4-60　为视频添加标注

⑤ 可以对视频进行缩放。单击“缩放”按钮，在时间轴上面定位好需要缩放的片段的起止点，然后在功能编辑区选择需要缩放的区域，如图 4-61 所示。

⑥导出视频。单击“文件”→“生成和共享”选项，在弹出的窗口中选择导出的视频清晰度，单击“下一步”按钮，选择合适的格式，再次单击“下一步”按钮，直至完成。

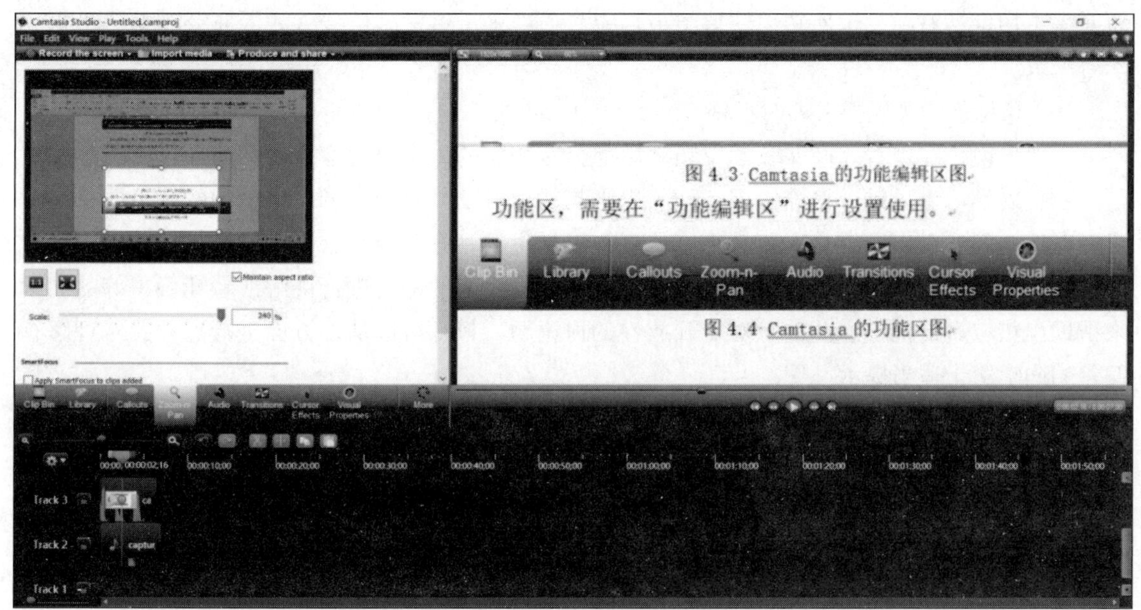

图 4-61　Camtasia 对视频进行缩放图

4.5.4　微课视频录制与后期制作

1. 微课视频的设计

（1）微课教学视频画面内容的组合要协调、美观

微课教学视频的画面要协调、美观，教师不能遮挡知识内容，文字不能遮挡教师演示的内容，画面中的PPT、字幕、教师、文字等的位置都要进行精心的设计，力求画面美观、舒适，能够给学习者带来丰富的视觉体验和审美感受。

（2）微课教学视频的教师要注意自身的形象和语言风格

微课教学视频中的教师要语言规范、衣着得体，应该讲普通话，注意语音、语调的抑扬顿挫与停顿，穿与背景颜色有反差的西装等适宜在正式场合的着装，同时，教师不能太死板，可以根据平常在教室内讲课的习惯，做出一些手势，变化一些表情，但是动作幅度不宜过大，要避免遮挡知识内容，让学生感觉到是一个活生生的老师在讲课。

（3）微课教学视频的种类要丰富

目前微课教学视频的表达方式主要有录制式（包括课堂实录式、演播室录制式）、动画式、PPT演示式、教师出镜加PPT录屏式以及可汗学院式五种。教师应该根据课程和教学内容的特点选择恰当的微课教学视频的表达方式。例如，操作性较强的内容应选择录屏式的表达方式，数理推演的教学内容应选择可汗学院式的表达方式，需要动手操作的教学内容应选择演播室录制式录制老师的手部动作等。选择适当的微课教学视频的表达方式更加有利于知识的生动形象的传递，从而增强学习者对知识的理解与记忆。

（4）微课教学视频的教学内容呈现方式要多样化

教学内容除了可以以PPT为载体的形式呈现，也可以以动画、情景对话、思维导图等形式呈现。多样的呈现方式更能吸引学习者的注意力，也使微课教学脱离了死板、单一的印象，从而变得更加生动有趣，也使知识获得了更加完善、准确、多样的传授方式，充分满足了学生的学习需求。

（5）微课教学视频要有即时反馈

一般来说，在观看完微课教学视频之后都会有相应的供学习者检查自己的学习情况的测试题，和拓展学习者思维、培养学习者创新思维与能力以及激发学习者合作精神的讨论题，在学习者对这些题目做出回答之后，教师应认真查看学生的答案并及时给予反馈。例如：针对测试题，教师可以建立一个班级群，在班级群里对错误率较高的题目进行讲解或者让做得好的同学来帮助出错较多的同学。此外，对于开放性的讨论题，教师可以从多方面进行点评，对理解有偏差的同学给予适当提示。

（6）微课教学视频要注重交互的设计

相比于传统的课堂教学，微课教学缺乏师生间、生生间的交流与互动，所以要更加注重交互的设计，例如在微课教学视频的中间可以穿插弹窗题目，只有答对题目才可以继续进行学习，一方面，可以保证学习者认真观看了教学视频和答题的真实性，另一方面，可以使教师和学习者之间得到有效的交互。教师在讲授过程中要留给学生充足的思考时间，让学习者从心理上感觉到和在传统课堂中上课的感觉是一样的。在测试题和讨论题的部分，教师可以通过班级群、在讨论区中答疑等方式与学生进行交流与互动，还可以开设学生的作品、作业的展示区，让学生将自己的作品或者作业上传到展示区，教师可以进行点评，学习者之间也可以互相评价，既有利于学习者发现自己的不足和与别人的差距，也有利于师生之间、生生之间的交互。

2. 微课视频的制作要求

（1）微课教学视频要短小精炼

微课教学视频要求内容简短、主题明确，一般不超过10分钟，以保证学生的注意力集中。长时间观看教学视频会导致学生注意力不集中，学习效率降低，完成教学视频的兴趣降低。因此，为了确保教学的有效性，教师需要在课程设计中对知识点的内容进行划分，然后根据教学内容的内在相关性进行模块化划分，并根据时间进程分阶段进行重新组织与修改，以保证视频的长度，教与学的效率是教学效果的保证。

（2）微课教学视频的视频剪辑逻辑要与教学设计的逻辑保持一致

视频剪辑的逻辑应该与教学视频的教学设计的逻辑保持一致，也就是说，要符合教学内容的逻辑。在剪辑之前，要对先出现哪些内容、什么时候出现、以何种方式出现等问题进行考虑，要事先与教师进行沟通。教师在进行教学设计时，应该将这些问题设计清楚并详细地告知剪辑人员，以保证学习者在学习过程中保持清晰的逻辑线条，并保证课程可以对学习者起到指导作用。

（3）微课教学视频的构图要合理、准确

微课的教学视频也是需要构图的，可以让主讲教师站在舞台的一侧。教师的旁边可以放一些PPT、辅助教学视频等。字幕应该出现在最下方，符合当下主流审美观，这样呈现出的教学画面协调，美观，有空间感和纵深感，可以提起学习者的学习兴趣。

（4）微课MOOC教学视频的背景布置要合理

教学背景的合理布置有利于营造良好的学习氛围。在微课教学视频中，背景元素不应太少，否则无法营造适当的学习氛围。背景元素也不应过多，否则会分散学习者的注意力，应主要以简洁、色调适宜为主。

（5）微课教学视频要保持高质量的画面制作

在微课教学视频的画面中，PPT、教学内容、字幕、教师等要素都要清晰地呈现出来，这就要求剪辑人员在剪辑过程中注意抠像、画面输出质量以及画面色调等问题。模糊的画面会给学习者造成干扰，导致学习者的学习兴趣降低。清晰的画面则会给学习者带来舒心的学习体验。

3. 微课视频的录制与后期制作

微课视频的录制与后期制作有以下五种方法。

方法一：智能手机拍摄法

① 设备配置：可进行视频摄像的智能手机一台、几只不同颜色的笔、一打白纸、相关主题的教案、多媒体计算机一台、视频编辑软件一套。

② 基本方法：使用可摄像的智能手机对纸笔结合演算、书写的教学过程进行录制。

③ 制作流程：

第一步，选择微课程主题，进行详细的教学设计，形成教案。

第二步，用笔在白纸上展现教学过程，边演算边讲解，尽量保证语音清晰，可以用不同颜色的笔书写、画图、标记等行为，演算过程逻辑性强，教授或解答过程清晰易懂。在他人和辅助器材帮助下，用手机将整个教学过程拍摄下来，要保证画面清晰、准确、稳定。

第三步，进行视频编辑，添加字幕和美化，生成微课程视频。

方法二：录屏软件录制法

① 设备配置：多媒体计算机一台、麦克风一个、录屏软件Screencast-O-Matic、Camtasia Studio、CyberLink YouCam、屏幕录像专家等、PPT课件。

② 基本方法：对PPT演示进行屏幕录制，辅以录音和字幕。

③ 制作流程：

第一步，选定教学主题，搜集教学材料和多媒体素材，制作PPT课件。

第二步，在计算机屏幕上打开录屏软件，带好耳麦，调整好话筒的位置和音量，执教者打开要讲解的PPT课件，并调整好PPT界面和录屏界面的位置后，单击“录制桌面”按钮，开始录制。按照教案，执教者一边演示幻灯片放映或对其进行各种操作，一边讲解。

第三步，对录制的微课程视频用后期视频编辑软件进行适当的编辑和美化。

方法三：手写板或交互白板、专业录屏软件制作法（简称“可汗学院式”）

① 设备配置：多媒体计算机一台、带话筒耳麦一个、手写板或交互白板一块、屏幕录像软件、演示软件（Word、PowerPoint、画图软件、绘图软件、几何画板等）。

② 基本方法：通过手写板或交互白板，用演示软件对教学过程进行讲解演示，并使用屏幕录像软件录制。

③ 制作流程：

第一步，选择微课程主题，进行详细的教学设计，形成教案。

第二步，安装手写板或交互白板及其配套的专用笔等工具，与计算机连接，使用演示软件对教学过程慕课（互联网+）。

方法四：教师出境结合PPT课件讲解法

① 设备配置：麦克风、照相机、三脚架、绿幕等录像设备、多媒体计算机一台、PPT课件、视频编辑软件一套。

② 基本方法：用照相机录制教师的讲解过程，教师可以辅以手势等，要求画面清晰、声音清楚。

③ 制作流程：

第一步：选择微课程主题，进行详细的教学设计，形成教案。

第二步：在绿幕前用照相机录制教师讲解知识的过程，教师需要佩戴麦克风，要求吐字清晰、手势得当、衣着得体。

第三步：用后期视频编辑软件对教师进行抠像，选择合适的背景，将教师、背景、字幕、PPT课件四者相结合，使之呈现在一个画面当中。

方法五：教师出境结合PPT讲解与录屏相结合的方法

将方法二与方法四灵活结合即可，此处不再赘述。

实践活动

1. 结合自己将来任教的课程，自主选择教学内容，设计制作一份精美PPT课件。

2. 自主选择与自己专业相符的中小学学科课程中一个知识点教学内容，进行微课教学设计，并撰写分镜头脚本。

本章小结

本章系统论述了信息化教学资源的概念及分类，并给出了信息化教学资源的获取方式及处理方法，如文本资源的处理、图像资源的处理、音频资源的处理、视频资源的处理等，同时基于具体的案例对基于PPT的教学课件制作进行了具体讲解。通过本章的学习，可掌握信息化教学资源的概念，能结合现实需求获取并处理信息化教学资源，同时能够使用PPT制作一份综合教学课件。

思考与练习

1. 有些教师在进行网络环境下的教学时，把通过搜索引擎找到的相关网页资源和大量素材类资源，在未经过筛选、整理和过滤的情况下全部提供给学生。请您谈谈这种做法会给学生学习造成怎样的后果？您一般会怎样做？

2. 演示型多媒体课件在教学中的优势有哪些？

3. 如何将一个演示型课件转为一段微课视频？

第5章 信息化教学课堂

【学习目标】

- 掌握使用超星学习通、手机版云班课课堂教学中的投屏方法；
- 了解备课资源类、辅助课堂教学类、布置作业类的辅助工具；
- 掌握翻转课堂的特点、翻转课堂的教学设计、翻转课堂的教学流程、翻转课堂的组织实施；
- 了解智慧课堂的内涵、智慧课堂的设计；
- 了解STEAM教育概念、STEAM教学模式。

信息化教学课堂是信息技术环境下，现代教育理念、先进教学手段和方法与课堂教学深度融合的过程。在教育信息化1.0阶段，信息化教学课堂中强调信息技术在教学过程中的应用和融合。教育信息化2.0阶段，以数字驱动为特征，借助学习分析、人工智能等辅助手段，课堂教学过程中更加精准地刻画师生课堂行为，实现个性化学习和智慧施教。

5.1 开展互动教学的方法和工具

课堂教学互动是指师生互相交流、共同探讨、互相促进的一种教学组织形式。下面将讲解课堂教学中的投屏方法，以及丰富教学的辅助工具，让信息技术参与教学的课堂教学新模式成为现实。

5.1.1 课堂教学中的投屏方法

手机投屏技术是指通过无线网络，把手机或平板计算机的内容在桌面计算机、电视等大屏幕上投影出来。简单地说，当它应用在课堂上时，手机或平板计算机上看到和听到的内容，学生也能在大屏幕上同时看到、听到。这里介绍超星学习通、手机版云班课课堂投屏方法。

1. 超星学习通课堂投屏方法

在手机端打开学习通，选择要教学的课程，单击下方“投屏”按钮，根据页面提示，在投屏计算机上输入网址：x.chaoxing.com，在计算机上输入投屏码即可，如图5-1所示。

投屏连接成功后，计算机和手机显示界面如图5-2所示。

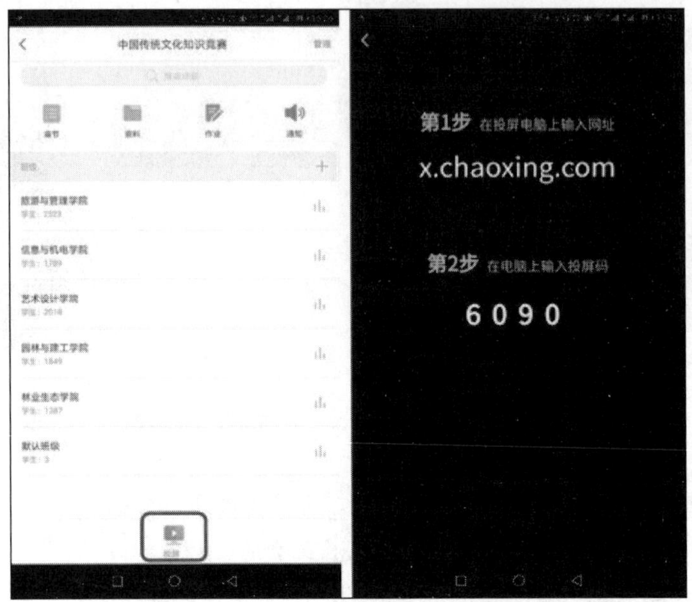

图 5-1　超星学习通课堂投屏方法界面

图 5-2　投屏连接成功的计算机和手机显示界面

2. 手机版云班课课堂投屏方法

手机版云班课提供了便捷的投屏功能，利用这个功能，通过简单的几步操作就可以将手机版云班课与计算机屏幕连接起来，并通过手机版云班课控制计算机屏幕展示签到过程、资源、活动过程及结果等，让你的课堂更精彩。在计算机上打开浏览器并访问网址 tp.mosoteach.cn，可以看到投屏版云班课的登录页面，如图 5-3 所示。可以投屏的内容包括：

签到：一键签到，手势签到，如图 5-4 所示。

资源：已发布及未发布的 PPT、Word、Excel、PDF、图片、视频、音频、图文页面。

头脑风暴：进行中及已结束状态下的头脑风暴列表页、头脑风暴结果详情页、查看图片。

投票问卷：进行中及已结束状态下的投票问卷结果。

测试活动：进行中状态下的排行榜页、查看题目页、个人答题情况页；已结束状态下的排行榜页、分析页、单题分析页、个人答题情况页。

作业活动：进行中及已结束状态下的作业结果列表页、文本作业详情页。

课堂表现：举手，抢答，小组评价，选人。

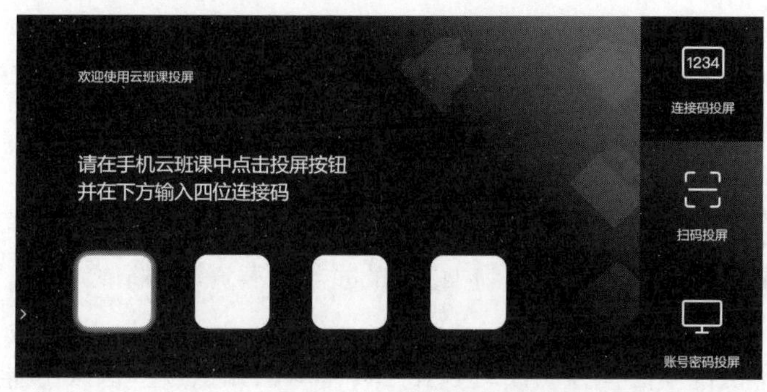

图 5-3　投屏版云班课的登录页面

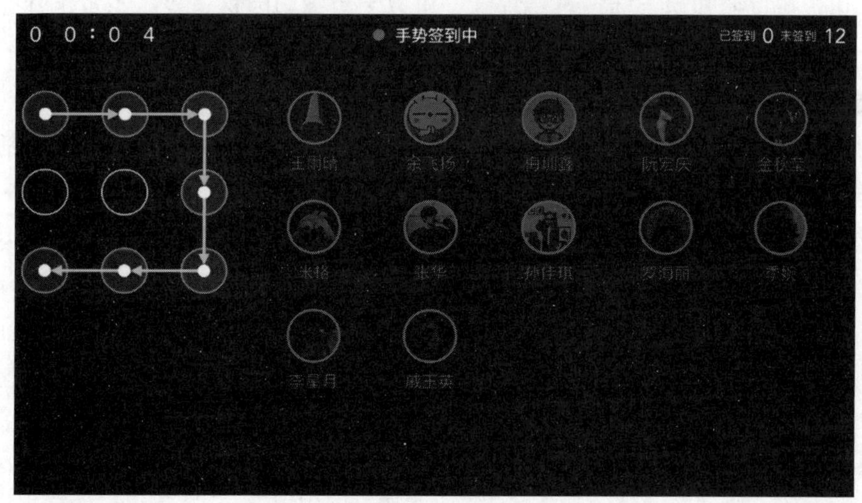

图 5-4　云班课可以投屏的内容界面

5.1.2　丰富教学的辅助工具

上课之前的备课资源、思路整理；上课过程中课堂教学工具、教学辅助工具；课后给学生布置作业、教师与家长的互动，等等，都需要用到相应的工具软件。下面按照备课资源类、辅助课堂教学类、布置作业类来介绍各种工具。

1. 备课资源类

传统教学中，年轻教师常常会因为找不到教辅材料准备教案、导学案而手忙脚乱。互联网时代则为教师提供一个资料汇集的平台，学案、教案、试题、导学案各种学习资料应有尽有。

（1）北极星AI

教学、教研、测评一体的辅助教学系统，在资源方面，提供覆盖K12教育全学科的标准化教育资源，包含课件、题库、微课等，帮助老师轻松备课、磨课。

此外，题库信息拥有同步题、复习题、套卷等多种题目，教师可直接取用也可以进行筛选组卷。在功能上，教师可以在线布置学生作业，甚至可以根据学生的不同学习水平布置不同的作业；布置作业之后，学生在线提交作业，直接进行批改；在线批改之后直接生成作业报告，方便教师的查看。

（2）学科网

学科网主要为教师提供专业的中考、高考教学资源，它拥有大量丰富的试题、试卷、课件、教案、视频等教学资源。

（3）高考资源网

高考资源网拥有试题、试卷、课件、教案、学案、素材、作文等教学资源，53个版本备课资料，每日更新教学资料800多万，是国内最大的教学参考资源网站之一。

（4）备课神器

备课神器的教学资源全面覆盖从幼教到K12各学科的知识点。备课神器的资源形式也十分丰富，包含名师教案、学习单、试题试卷、全景式教学视频、章节及专题微课等。此外，备课神器的数字化资源按照知识点标记难易程度，可以为教师们因材施教、制定个性化学案提供依据。

2. 辅助课堂教学类

教师利用教学软件，可以提高效率，满足精准施教的教学要求，在营造和谐的课堂氛围时，让课堂效率达到事半功倍的效果。常用教学软件如下：

（1）微助教

微助教，是由华中师范大学心理学院教师田媛和华中科技大学专业团队在2016年3月推出的一款课堂互动轻应用工具，基于微信（“微助教服务号”微信公众号），不需要老师和学生下载APP，不必受制于通信网络和手机版本。它强调的是操作简便、方便实用、有趣味性的过程性评价和教学。该应用提供课堂签到、课堂测试、课堂讨论等多种互动功能，以游戏化思维鼓励学生积极参与课堂互动，以便捷操作鼓励教师积极开展教学实践与创新，化繁为简，对症下药，提高教学效率。通过微助教，学生可以用手机在课堂中签到、答题和讨论。出勤率、课堂研讨、虚拟论坛发言、平时作业和小测验等都可以记录下来，便于老师对学生学习全过程进行持续观察，作出最后发展性的评价。

（2）雨课堂

雨课堂由学堂在线与清华大学在线教育办公室共同研发，旨在连接师生的智能终端，将课前-课上-课后的每一个环节都赋予全新的体验，最大限度地释放教与学的能量，推动教学改革。雨课堂将复杂的信息技术手段融入PowerPoint和微信，在课外预习与课堂教学间建立沟通桥梁，让课堂互动永不下线。使用雨课堂，教师可以将带有MOOC视频、习题、语音的课前预习课件推送到学生手机，师生间可沟通并及时反馈；课堂上实时答题、弹幕互动，为传统课堂教学师生互动提供了完美解决方案。雨课堂科学地覆盖了课前－课上－课后的每一个教学环节，为师生提供完整而立体的数据支持、个性化报表、自动任务提醒，让教与学更明了。

3．布置作业类

学生能够在这些软件上做作业、学习课程；家长能接收老师布置的作业，看到孩子的完成情况；老师则能布置作业、口语打分、教学评估、批改作业等。常用软件如下：

（1）一起作业

“一起作业”为中小学英语、语文、数学老师精心准备和教材同步的课后作业、练习题，老师们可以结合课堂学习情况，一键布置课后作业。系统根据学生完成情况进行自动批改，提供学生知识点掌握情况的数据报告反馈给老师，让老师随时了解学生学习情况，实现轻松备课，轻松教学，提分显著。此外，“一起作业”老师端还可以智能组卷，通过强大的学情分析进行学情评估，还可以发送作业通知、班级通知等，促进与家校沟通。

（2）作业盒子

在“作业盒子”中，教师可根据自己的教学情况自行出题，作业提交率、题数等数据一目了然。在高效批改模式里，选择题自动批改，判断题和解答题亦是一键快速批改，实现中小学作业智能一体化，为长期超负荷工作的教师节省时间、提高工作效率。出题模块有众多教材版本可供选择，适用范围广。各教材版本的各学段皆配上同步教学、试卷知识点等主要版块，有学科针对性。基于学生的作业数据，作业盒子能够准确地描绘出学生的知识图谱和能力模型，作业数据同时也能作为题库的反向数据，帮助老师进行翻转课堂教学、个性化教学。

5.2　翻转课堂

国外最早的翻转教学实践出现于2000年，真正引起轰动的是2007年科罗拉多州林地公园高中的两位化学教师Jon Bergmann和Aaron Sams，为了让缺课的学生有机会学习课堂上讲授的教学内容，两人用简单的软件录制课堂教学内容并把这些视频挂在网上，结果收获意想不到的效果，不但缺席的学生很高兴学习到这些错过的内容，其他学生在课后也利用这些教学视频来复习所学知识。简单来讲，翻转课堂（flipped classroom）就是在信息化环境中将以往课内由老师讲解的学习内容以视频、课件等形式上传至互联网上，借助网络媒介及多种智能终端，让学生以自学的方式在课前完成知识学习，课堂的大部分时间是师生之间、生生之间进行答疑、讨论、探究和解决问题的一种教学过程，是在传统课堂基础上对教学序列的一种变革，如图5-5所示。

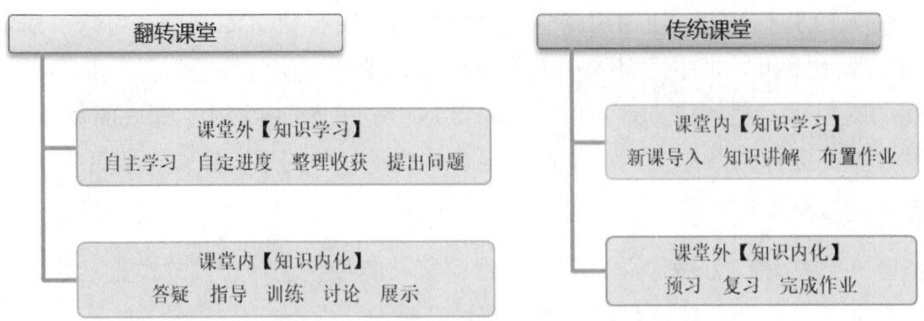

图 5-5 翻转课堂与传统课堂之比较

5.2.1 翻转课堂的特点

传统教学过程中知识传授主要是通过课堂教学来完成，知识内化则需要学生在课后通过作业练习或者实践来完成。在翻转课堂上，这种形式受到了颠覆。知识传授通过信息技术的辅助在课堂外完成，而知识内化则在课堂内经老师和同学的协助完成，从而形成了翻转课堂。翻转课堂通过将知识传授环节提前至教师课堂授课之前，在教师提供的学习框架内，学生自行安排学习进程，自主学习完成学习目标，将传统教学过程中作业、练习、问题解决等知识的深加工阶段放置于课堂，促使学生积极主动参与课堂教学，师生共同协作探究解决问题、交流学习成果。翻转课堂的特点可理解为先学后教、以学定教。

在这种教学模式下，教师不再占用课堂的时间来讲授新课，这些知识需要学生在课前通过自主学习获得。在课前，教师通过网络学习平台上传学习资源，学生利用智能终端观看教学微视频或其他学习资料，与同学、老师进行交流讨论。学生可以根据自己的学习特点设定自己的学习步调。同时，教师通过网络学习平台的数据统计评测学生的学习情况，收集学习中遇到的难点问题，掌握每位学生的学习情况，以学生课前学习问题及学习水平为依据来规划、调整课堂中的教学，真正实现课堂教学的“以学定教、有的放矢”，为学生的个性化学习提供保障。

在师生面对面教学的课堂时间内是以学生解决问题为中心，学生专注于基于问题的学习，尝试如何用所学知识去解决实际问题，进而获得对知识更深层次的理解。因此，翻转课堂教学过程不仅是引导学生掌握知识的过程，更重要的是帮助学生解决现实问题的过程，而学生在基于问题的学习中达到对学习内容的深层次理解，并锻炼自主学习、合作学习、解决问题的能力。

5.2.2 翻转课堂的教学设计

翻转课堂通过对学科知识传授和知识内化的颠倒安排，将传统课堂的教学环节和时间做了重新规划安排，学科知识的获取和传授前移至课前进行，课堂变成师生解决问题、协作探究的场所，学生带着问题带着明确的学习目标而来，教师真正做到了有目标地授业解惑，极具个性化的、有的放矢地教学。翻转课堂的结构较之传统课堂有明显的改变，师生角色关系也发生了根本性变化，这种变革带来的效果主要在于鼓励学习者积极思考，主动重构他们所获得的信息，主动去探究要解决的问题，在问题的讨论、解决过程中，学习者理解知识并把它转化到个人知识体系中。

（1）确定教学目标

教学是促使学习者朝着目标所规定的方向产生变化的过程。教学目标是否明确、具体和规范，直接影响到教学任务能否完成，因此，在教学设计中首先要分析确定教学目标。

（2）分析学习者特征

学习者特征分析主要是了解学生的原有知识水平、原有心理发展水平及学习风格。教学设计的目的是促进学习者的学习，在设计时必须考虑学习者的哪些因素或特征会影响他们的学习过程和结果，这样才能设计出符合学习者特点的个性化课堂方案，使方案具有针对性和实用性。

（3）确定教学内容，设计教学资源

通过对教学目标和学生原有知识水平的分析，确定学生的学习起点能力和终点能力，找到学习需要，设计合理的教学资源供学生自主学习。

（4）自主学习环境及学习支持设计

翻转课堂中学生获取新知识的主要渠道是通过教师事先制作的教学视频，因此自主学习环境的设计非常重要，具体包括：支持自主学习的泛在学习系统，支持师生、学伴随时交流协作的工具，满足个性化学习需求的教学资源等。

（5）课前学习效果评价设计

教师以教学目标为依据，设计一些题目，供学生完成视频后自测，对学生的学习活动过程及结果进行测量，以检测其知识掌握的程度。

（6）课堂教学活动设计

教师根据学生课前知识获得和学习情况，设计有探究意义的问题情景，供学生在课堂上交流、讨论、协作、展示，以促进知识的内化。

（7）成果交流及知识拓展设计

设计成果交流展示活动，促使学生将自己的探究学习成果、心得与全班同学进行交流讨论。

5.2.3　翻转课堂的教学流程

经过多年翻转教学实践，目前大家比较认可的实施翻转课堂的结构模型[①]（见图 5-6）被提出。

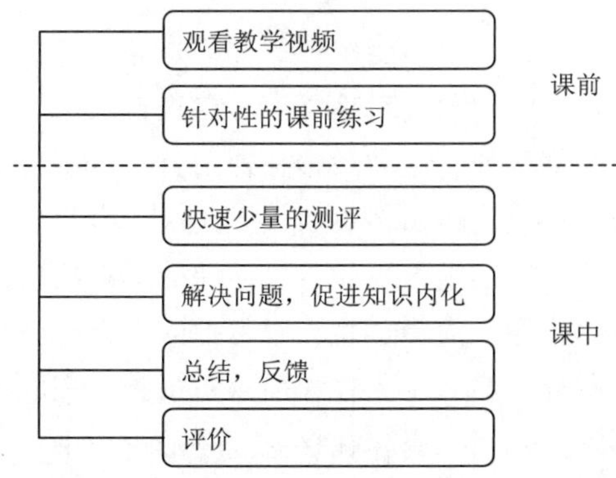

图 5-6　Robert Talbert 的翻转课堂结构模型图

① 张金磊 . 翻转课堂教学模式研究 [J]. 远程教育杂志，2012 (04) :46-51.

图5-6所示模型将翻转课堂明确划分为课前和课中两个阶段。课前包括学生观看教学视频，完成针对性的课前练习；课中包括教师快速少量的测评、学生解决问题、反馈及评价四个步骤。这个翻转课堂教学结构因对教学流程描述简单、清晰，操作性强的特点而被国内外的教师们广泛应用。

翻转课堂教学理念引入我国后，教育工作者也纷纷结合自身实际和我国教学现状构对翻转课堂这种新型教学方法进行了改革，将翻转课堂分为课前、课中、课后环节。同时，基于自学视频的课前自主学习也逐步多元化，有基于微视频的翻转课堂，也有与MOOC相结合，基于MOOC的在线学习式翻转课堂等。在教学实践中典型的翻转课堂流程如图5-7所示。

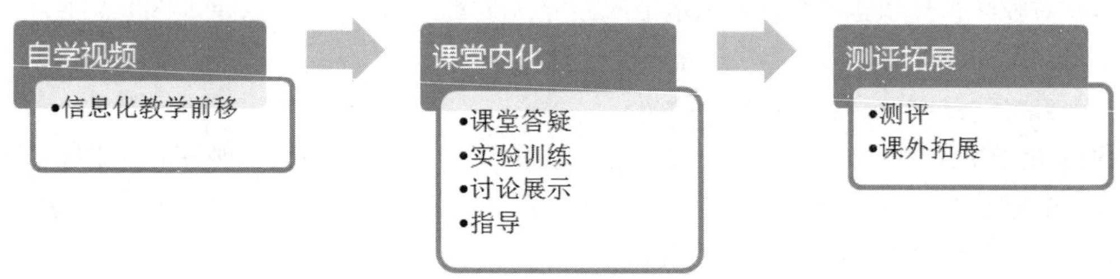

图5-7　翻转课堂的典型流程

信息化教学前移是指信息技术支持下的教学流程再造，即将传统课堂教学中的教师讲授转移到课前，由学生观看教学视频所代替。“信息化前移”的目的是什么？课堂上学生和教师又应该做什么，怎么做？即翻转课堂的协作探究、问题解决和拓展创新是核心，设计和组织翻转课堂中的深层次互动、协作和探究，才是翻转课堂的重点和难点。课上教师不讲或少讲基础知识，留出更多时间给学生进行协作探究学习，因此，课前的个性化自主学习是为课堂中的探究学习服务的。

自学视频的设计开发是翻转课堂教学准备中的重要环节，在充分了解学习者学情的基础上，教师依据教学目标制作一些时间短、信息明确的教学视频，每个视频针对一到两个特定的问题，供学生课前观看学习。由于课前自主学习的内容是初次碰到的新知识，学生对这些知识还没有相应概念也没有建立一系列知识点间的关联，对大部分学生来说靠自我管理较难坚持看完过长的视频。因此，一个教学视频时间最好不超过10分钟，在学习指导中明确给出学生观看视频的次序和知识关联图。

学生完成自学视频的学习后，一个不能忽视的环节是课前自主学习的评测，可以在信息技术支持下的网络平台中完成一定的课前针对性练习，检查自己对于知识的掌握程度并巩固学习内容。同时练习结果也会提交给教师，这样教师在课前就可以了解到每一位学生的学习“盲点区”，以确定课上应创设怎样的问题情境来帮助学生达到对知识的深入理解和灵活运用。

课上的“知识内化”过程是指学生可以就自己在课前知识建构过程中产生的疑惑向教师请教，接受教师的启发和个性化指导。由于学生在学习提问中带有很强的目的性，因此课堂上师生互动效率高。教师则根据课程内容和学生在课前观看视频，完成练习时产生的疑惑，总结出一些有探究价值的问题，供学生选择探究。在探究问题的过程中，学生可以采用自主探究和小组协作相结合的方式：①通过自主探索，培养提高其独立学习的能力；②通过小组协作，在相互学习和借鉴的过程中拓展对知识的理解深度，并提高其协作学习的意识和能力。

5.2.4　翻转课堂的组织实施

在翻转课堂教学实践中，教学流程由课前（知识传递）、课中（知识内化）、课后（知识拓展）三段构成，如图5-8所示。在三段教学序列中怎样组织教学活动才能获得最大的教学成效呢？翻转课堂的优势就是先学后教、以学定教，没有任何一套固定的模式是任何课堂都适用的，但我们可以在翻转课堂的实施中总结出一些规律性的做法。例如，在三段教学活动组织中，教师和学生应该做什么，为什么而做？要解决什么教学问题？理解这些教学手段和方法并融入实际课堂教学中。

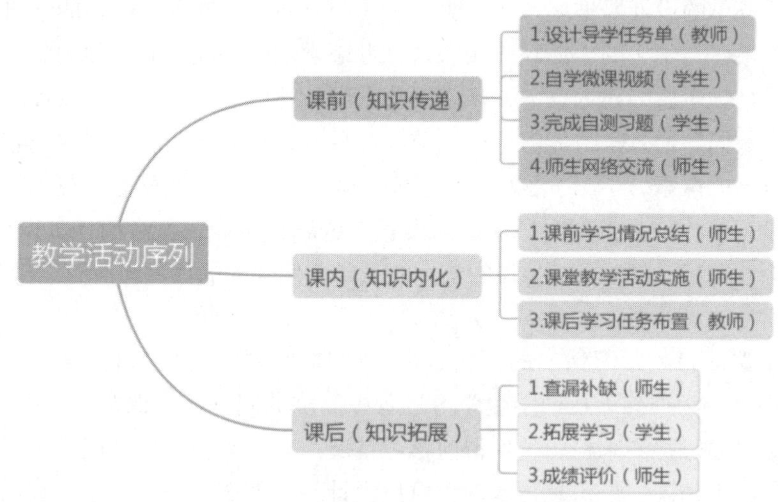

图 5-8　典型的翻转课堂教学活动序列

1．**课前**（知识传递）

课前自主学习是翻转课堂成功的关键，如何保证学生课前的学习真正发生了，即通过自主学习知识真正发生了转移并有初步的知识内化。这个阶段的学习过程中教师要起到两个关键作用。一是搭建学习支架，教师要对学生给出清晰的学习目标要求和学习流程指导，以及课前学习完成之后学生在课堂教学阶段要做什么准备工作和需完成的学习任务。二是要给予学生能够引发学习兴趣的学习资源。组织教学活动时需注意三个关键点。

（1）创建学习环境、提供学习资源

在网络学习支持系统平台上教师提供丰富的学习资源，以微视频资源为主，辅以网页形式的文本资料、案例、视频资料等。根据设计任务的需要，设计学习资源，是利用导学案，还是微视频，根据不同任务的需求选择合适的教学材料，指导、支持学生的学习。在网络学习支持系统中以围绕主题单元的知识地图形式制作导航链接，方便学生单击观看。常见的微视频制作形式有：

- 二维、三维动画制作；
- 手机+手写板（白纸）；

- 录屏软件+PPT；
- 摄像+录屏软件+PPT；
- 三维虚拟课程录制系统。

考虑到在传统课堂里多数学生习惯于当“沉默的大多数”，因此在观看完每段视频后，教师根据以往教学经验和学生在自主学习时与教师交互中提出的疑惑，会列出一些该视频知识点学习中学生常见的问题引导学生积极思考，同时要求学生在课堂授课中就这些问题与师生展开讨论，这些预设问题主要是为了解决传统课堂中学生习惯于听而不愿意积极表达的现象而设置的引导性提纲，要求学生思考讨论的问题不仅限于此。

（2）学习任务单设计

课前学习任务单的设计要把握“任务驱动、问题导向”的原则。设计的学习任务要考虑学生的实际情况，最好与学生的生活经验相联系，考虑学生的兴趣，弄清他们到底想学什么、能学什么。通过设计学生感兴趣的任务，让学生感受到学习的意义和价值。设计的教学任务难度要适中，让大多数同学通过学习能够达成课前学习目标，培养学生学习的自信和满足感，让学生意识到通过自己的探索、学习，也可以掌握新知识，从而产生成就感，更加认同翻转课堂教学的价值，对学习产生兴趣。同时还要适当设置一些思维拓展题，课前任务设计得有层次性，挑战与奖励挂钩，满足一些学习能力强的学生的需要，使课前的任务对所有学生都有吸引力。

（3）自主学习效果评测

教师对学生课前自主学习情况的评估是进行课堂教学的重要基础，通过一定的定量、定性、过程评价可以较为准确地反馈学生学习过程中面临的问题，在课堂教学中做到有的放矢。通常，知识类可以通过检测来检验学生课前学习情况。态度类或操作技能类可以通过设计初级活动来检测学生学习情况，如信息技术课，可以设计一个初试任务，让学生利用课外掌握的知识制作一个简单的作品。这个测试难度不能超过课前学习任务，旨在调查学生学情，让学生再次体验成功的乐趣，激发学生的成就感，进一步激励学生学习自信，让学生愿意继续学习甚至遇到困难愿意克服。

2．课内（知识内化）

翻转课堂的课内学习相较于传统课堂，其最大的优势是学生解决问题的目标明确，学习动机强烈，通过师生的针对性交互加快了知识内化的进程。教师为了解决问题而讲授的目的也很明确，真正在课堂中做到个性化施教、差异化授课。本阶段主要要做到：

（1）有效交互

在翻转课堂教学中，师生、生生间的交互一定要以达到教学目标、完成知识建构为目的。如果交互内容不在既定的计划和设计中，过程不被监控和引导，那么教学效果一定是打折扣和无意义的。在传统课堂教学中，教学内容信息基本上是流向学习者的量远远大于流向传者教师的量，这就是典型的以教师为中心的课堂中师生交互的现状。教师在讲授中无法知晓学生对知识的理解程度，只是按既定的教学计划和经验来授课，因此就谈不上因材施教、答疑解惑。在翻转课堂中怎样增强教学的针对性？有效的手段除了课前充分了解学情、组织目标明确的教学活动这一方法外，就是课堂上要善于对学生提出问题，使得师生间的交流以及生生间的交流发挥最大效益，通过问题引导学生主动思考、积极参与课堂教学活动。

可以对学生提出封闭性问题或开放性问题。封闭式问题一般都有标准的答案，学生可以用一个短语或者一句简单的话描述，可以帮助我们了解学生知识的掌握情况，教师可以通过这些问题对课堂进行总结，然后设置后续问题的框架；开放式问题没有标准答案，一般需要学生谈自己的观点、感受和理解，目的是促进学生感受、理解知识，激发学生思考和反思，帮助学生内化知识、拓展能力。教师设计问题时要创设一定的情境。创设情境可以帮助学生理解问题，让学生将问题和实际生活、真实任务建立联系，激发学生解决、探索问题的兴趣。例如，下面列出了一些可参考的提问技巧。

- 要求学生能讲出更多的证据，有哪些数据作为支撑；
- 要求学生作进一步澄清，例如让学生为他所讲的观点举一个恰当的例子；
- 把学生的各个发言联系起来，例如问学生，你的观点和上一个小组讨论的结果有什么关系？
- 教师可以做一些假设，例如假设一种情况，让学生说一说会有什么不同；
- 教师可以引导学生找一些因果关系，帮助学生分析和理解；
- 教师还可以做一些概括性的总结，让学生谈谈对今天课堂讨论的结果有没有更好的理解。

（2）协作

协作学习任务的设置目的主要是引导学生在解决实践性任务的过程中积极探索，初步学会综合运用所学知识解释真实情境中的现象和规律，通过与学习伙伴的合作，培养其与他人协作沟通的能力，学习同伴间多种解决问题的思路和策略可以启发个人的思维，在争论协商中培养学生的创新意识。不管哪种类型的知识，都让学生以小组为单位，对学习中遇到的疑难问题进行交流，通过小组合作、互助，进行同伴学习。

（3）展示

通过学生协作交流，学习中遇到的问题或困惑是否解决了？通过展示活动让学生将所学知识向其他同学进行解释、阐述，可以有效促进学生将所学新知识立即加以应用，这种学习效果是最好的，记忆保持率也最高。研究发现，如果教师通过讲授法，学生所学知识第二天的保持率是5%，而通过展示活动，学生所学知识第二天的保持率将高达90%。

3．课后（知识拓展）

（1）作业

知识类可以设计作业。这个作业要比课前学习难度大一点，让学生感觉光靠课前的努力还是不够的，需要更加专注于课堂的学习。态度类或者操作技能类知识可以考虑设计一个更高层次的任务，如信息技术，可以设计一个再试任务，学生发现用初试任务中的方法完成再试任务时掌握的知识还不够，完成新任务时遇到了新问题，从而引发学生思考和探索，先让学生自主学习，独立解决问题。

（2）评价

首先翻转课堂中要善于用评价贯穿课前、课后的学习，强调对学生的过程性评价，对课前学习进行反馈，让学生重视课前的学习；不以对错来评价学生，允许学生犯错，只有充分暴露学生自主学习中的问题和知识盲点，教师才能准确评估其学习成效，给予反馈、指引和纠正。其次，要求设计有效评价，学习评价采取过程性评价、形成性评价和综合评价的方式，肯定学生在学习过程中付出的努力程度和良好的学习态度，不以作业的对错来评价学生。

（3）反思

引导学生反思自己的学习，及时调整自己的学习态度、方法和策略，促进学生持续、健康发展。

翻转课堂的实施中也要注意以下一些容易忽视的问题。

其一，翻转课堂大多以观看微视频为课前自主学习的主要形式，但翻转课堂不能等同于视频教学；课前自主学习也不能等同于课前预习，翻转的是理念不是形式。

其二，翻转课堂的课前任务是老师为学生提供了学习支架（课前自主学习任务单、配套学习资源）的任务，不是传统教学中没有组织的学生随意的预习，这些任务让学生在课外完成，自学有一定的保障，同时还必须完成，因为课前的学习与后续课堂的学习内容紧密相关。学生可以根据自己学习新知的速度灵活安排学习时间和进度，这样可以保障学生有充分的学习自主权，也给那些学习有困难的学生提供了反复学习的机会。

其三，翻转课堂的教学设计和组织实施应该是静态设计与动态调控相结合的过程。如果不能在教学过程中以学生的实际学习状态来组织教学活动就失去了翻转课堂的灵魂。需按照静态设计组织教学活动，遇到特殊情况进行动态调整、补充和控制，充分挖掘学生的积极性、创造性和质疑性。

5.2.5 翻转课堂实践案例

翻转课堂案例——《数字与信息》教学设计及其反思

苏州工业园区翰林小学　梁文洁

一、教材分析

《数字与信息》是苏教版义务教育小学数学第八册综合与实践活动的教学内容，主要结合电话号码、门牌号码、身份证号码等具体的实例，引导学生通过观察与思考、调查与交流，初步了解数字编码的有关知识，体会用数字编码描述信息的思想方法，感受数字编码在日常生活中的广泛应用。

教材分“提出问题”“比较分析”“设计方案”“拓展延伸”四个环节安排活动。“提出问题”环节，主要结合具体的实例，引导学生初步了解数字编码的特点；“比较分析”环节，主要结合身份证号码，帮助学生体会用数字编码表达信息的方法；“设计方案”环节，主要引导学生以全校同学为主体，讨论并设计为全校同学编号的方案；“拓展延伸”环节，主要引导学生到生活中找一些用数字编码表示信息的例子，说说它们各表达了什么信息。最后，教材引导学生讨论用数字编码表达信息有什么好处，通过上面的活动，有哪些收获和体会，帮助学生体会用数字编码表达信息具有准确、简洁、便于检索等特点，并进一步梳理活动过程中获得的认识与经验，感受数字编码的应用价值。

本课教学重点是：组织学生分析数字编码现象，了解生活中一些常见的数字编码的含义及方法，探索发现身份证号码等编码基本知识，学会分析和获取其编码信息，解决一些简单的生活中的数字编码问题。

本课教学难点是：正确理解数字编码的方法，发现身份证号码等编码信息及基本编码方法，正确、合理、灵活和科学地自主编制一些生活中的数字编码问题。

二、达成目标发掘

《数字与信息》的教学课时为一课时，遵循先“读”（码）后“编”（码）的编写体例，读和编在同一课时内完成，体现出读编并重的特点。但从四年级学生的认知水平分析，若以先读后编的路径展开教学，邮政编码、身份证号码的复杂性可能只会让学生关注到编码的含义，而忽视蕴含其中的编码方法。如果无法通过编码方法架起桥梁，那么读和编必然是脱节的，是无法达成培养学生编码的意识和能力的教学目标的。

基于以上认识，笔者将本课时达成目标分解为课前自主学习和课堂自主学习两个部分。

课前自主学习达成目标设定为：①通过对生活中数字编码现象的观察、研究和分析，发现一些常见的数字编码信息；②了解身份证号的编制方法及构成含义，能解析和判断身份证所反映的出生日期、性别等信息。

课堂学习达成目标设定为：能进行图书“索书号”（二级）的编码，运用所学数字编码描述信息的方法解决真实情境中的实际问题。

这样的设计将教材的先读后编、重读轻编调整为边编边读、以编为主，以引导学生为图书编制“索书号”为主线，凸显了“数字编码是一种解决问题的需要”的数学思想方法，实现了知识与技能、过程与方法、情感态度价值观的统一。

三、课前准备

（一）自主学习任务单的设计

自主学习任务单是微课程教学法三大模块中的第一模块，供学生课前自主学习使用。笔者从达成目标、学习任务、方法建议、课堂学习形式预告四个方面作如下设计：

达成目标：观察生活中的数字编码现象，发现一些常见的数字编码信息；了解身份证号码的编制方法及构成含义，能解析和判断身份证号码所反映出的相关信息。

学习任务：找一找、查一查、写一写生活中的编码；填一填一家三口的身份证号码，分析其构成含义。

方法建议：查找资料、对比发现。

课堂学习形式预告：第一环节是交流自主学习成果；第二环节是解读身份证号码含义。第三环节是设计方案，编制“索书号”；第四环节是展示质疑，全班评价。课堂学习形式的预告，使学生自主学习与课堂学习衔接起来，形成目标管理。

最终的自主学习任务单见案例后的附文。

（二）教学视频设计

教学视频是帮助学生完成自主学习任务单给出的学习任务的配套学习资源。本课视频有两个组成部分。

第一部分：感悟数字组合含义，了解数字编码现象，使学生感受数字编码传达信息的功能。视频展示了由“1”“1”“0”三个数字组成的数，可以表示数量的多少，也可以表示排列的顺序，还可以是“报警电话”这一特殊的电话号码，从而让学生直观感受数字编码传达信息的功能。然后，让学生完成自主学习任务一，即先写一写自己学校所在地的邮政编码及本市固定电话区号，再想一想自己还知道哪些编码，举例写出一个具体的编码。

第二部分：解读身份证，领悟数字编码信息的意义，使学生学会采集数字编码所传递的信息。在视频中，教师系统讲解身份证号码由“地址码”“出示日期码”“顺序码”“校验码”构成，揭示“合理”“简洁”“唯一”等编码原则。用微视频系统地解读身份证号码构成含义及相关编制原则，替代了教师原本在课堂上需要讲解的内容，凸显了“微课程教学法”得天独厚的优势。

从实际情况来看，学生课前观看微视频，学习兴趣高，自主性强，自由度大，体现了个体差异性。结合“自主学习任务单”课堂学习形式的预告——先交流自主学习成果，然后解读身份证号码构成含义，在掌握编码方法的基础上编制索书号，最后展示质疑，让学生带着个体的思考走入课堂，使得课堂学习深度得以拓展。

四、课堂教学

（一）设计思路

上课伊始，先进行课堂检测，让学生找到生活中的编码，重温自主学习已经掌握的学习内容；然后，鼓励学生解读本班同学代表的身份证号码，开展进阶学习；接着以“我给好书‘身份证’”的探究活动为主线开展项目学习，为班级图书角的新书编写“合理”“简洁”“唯一”的“索书号”；最后，以小组为单位展示本组编制的“索书号”，其他小组进行评价、提问或者质疑，这是要求学生分析、综合梳理探究成果，分享经验，取得成就感的重要环节。而且，有可能有质疑产生，那会起到培养学生发现问题能力的效果。

（二）教学过程

1．课堂检测

① 请学生从课堂检测题中找到编码，圈出来，并填空。

② 学生独立从课堂检测题中找到火警电话、门牌号码、车牌号码、股票代码、车次、座位号、票号、身份证号码等编码。完成后，和组内同学交流，看看大家意见是否一致。

③ 全班交流，统一认识，针对问题比较集中的火车票上的编码来明确：在一张动车火车票上，至少有“车次”“座位号”“检票口”“身份证号”“票号”等六处编码。

2．进阶练习：我有“火眼金睛”

上课前，将每个小组组内其中一位成员的身份证号码写在黑板上。请同学们用你们的“火眼金睛”，解读这几位同学的身份证号码信息，填入表5-1所示《数字与信息》进阶练习表中。

表5-1　《数字与信息》进阶练习

	省	市	区（县或县级市）	出生日期	性别
同学1					
同学2					
同学3					
同学4					

（1）学生独立完成后，进行小组汇报。

（2）汇报后验证：请四位同学依次起立确认。

（3）引导发言学生问问同学们：还有没有什么问题？或者有没有补充？

3．自主探究，质疑展示：我给好书“身份证”

（1）出示项目学习内容：按中国图书馆分类法（简称“中图法”）为班级“图书馆”内的新书编写索书号。

（2）鼓励学生质疑：看了要求，你有什么问题想提出来？

（3）介绍“中图法”“索书号”。

（4）编写分类号。每人一本图书，请同学给它编一个分类码（二级），即“身份证”。

第一次展示：报告小组成员协作讨论、探究发现图书基本分类的过程，具体说说本组的书属于哪一类，对应的分类号是多少。

（5）编写班内流水号。

师：如果说，刚才编写分类码是体现规范的话，那接下来为图书编制班内流水号，就要发挥大家的个性了！

学生：先独立编制班内流水号，然后跟组内成员讨论协商，大家集思广益，完善本组图书的流水号。

第二次展示：汇报本组制定的方案，展示依此方案编写的流水号。在展示交流过程中，生生互动，质疑讨论“表示年份的数字用四位数好还是二位数好？”“班级信息放进编码后，该如何处理？”“怎么体现流水号的唯一性？”等问题，不断加深对编码方法的认识。

4．全班评价

评价自己这节课学得怎么样？再评价老师引导的怎么样？冷静思考，哪些地方可能还有不足，或者你还有什么建议？

5．课后活动，了解其他编码知识

①研究邮政编码的信息及编制方法。

②了解条形码的有关知识及编制方法。

五、教学体会

（一）组织实践活动，经历“做数学”的过程

新课程标准强调：数学教学应引导学生通过实践、思考、探索、交流，获得知识，形成技能，发展思维，学会学习，促使学生在教师指导下生动活泼地、主动地和富有个性地学习。因此，在教学实践中，教师要给学生搭建探究的舞台，强化过程意识，让学生经历“自主探索→举例验证→得出结论”的探究过程。首先，通过完成自主学习任务单上的任务，产生任务驱动，促使学生自主学习、自主探究；接着，借助微视频的学习，结合学生解读自己一家三口身份证号码的信息，让学生验证猜想；最后达到完善结论。

同时，数学教学也是数学活动的教学，是师生之间、学生之间交往互动与共同发展的过程。在让学生编写图书索书号的过程中，教师始终坚持引导学生根据自己的体验，用自己的思维方式自由地、开放地去探索新的知识；在优化索书号的过程中，教师没有越俎代庖，而是让学生自由讨论，在思想的碰撞中交往互动，达成共识，共同发展。

（二）创设生活情境，获得“用数学”的体验

随着学生生活经验和知识背景的不断丰富，他们更多地关注了周围的人和事，有了进一步了解现实世界、解决实际问题的欲望。因此，在本节课的教学过程中，在学生认识了身份证号

码编码的特征，掌握了其编码的结构和意义之后，适时地加入了“我有‘火眼金睛’”——解读身份证号信息、“我给好书‘身份证’”——编制图书索书号这两个环节，通过“看一看”“想一想”“议一议”等活动，让学生利用已掌握的知识解决问题。这种紧密联系学生生活实际、学生关注和感兴趣的实例，大大激发了学生的求知欲，使得学生感受到数学就在自己的身边，与现实世界密切联系。

（三）进行恰当评价，培养“爱数学”的情感

学生素质中最重要的态度、情感、意志等个性品质的培养大多是在学习活动过程中逐步实现的。实践活动倡导“让学生去经历”，强调学生活动对学习数学的重要性，认为学生的实践、探索与思考是学生理解数学的重要条件。我们可以这样说，实践活动的价值并不仅仅体现在活动结束时所获得的某种有形的成果，更体现在活 动过程中易于被人们所忽视的一些无形的东西，如情感体验等。教师在这节课的教学过程中，既关注学生知识与技能的理解和掌握（如是否理解邮政编码的结构和含义，能否找出有明显错误的身份证号码等），更关注他们情感与态度的形成和发展（如是否积极主动地参与学习活动，能否找到有效解决问题的方法等）；既关注学生数学学习的结果（如知识理解的对或错、完成任务的优或差等），更关注他们在学习过程中的变化和发展。在全面考查学生学习状况的基础上，激励学生的学习热 情，让他们真正“爱”上数学。

总之，在这节课的教学中，教师以“新课程”标准为指导，尝试“微课程教学法”，为学生的数学学习创设了广阔的空间与时间，鼓励学生在探索中不断发现，经历“做数学”的过程；在交流中不断碰撞，获得“用数学”的体验；在思考中相互接纳，培养“爱数学”的情感，让学生体验到进步的快乐、成功的喜悦，实现智力与能力的共同发展，促进了学生的全面发展。

附文：自主任务学习单

我的课前《自主学习任务单》

一、学习指南
1. 课题名称：苏教版义务教育小学数学第八册《数字与信息》
2. 达成目标： （1）通过对生活中数字编码现象的观察、研究和分析，发现一些常见的数字编码信息。 （2）了解身份证号码的编制方法及构成含义，能解析和判断身份证号码所反映的出生日期、性别等信息。
3. 学习方法建议：查找资料法、对比发现法
4. 课堂学习形式预告： （1）交流自主学习成果 （2）解读身份证号码构成含义 （3）设计方案，编制索书号 （4）展示质疑，全班评价

二、学习任务

任务一：找一找、查一查，写一写，你会发现生活中编码无处不在

翰林小学邮政编码：（ ）

苏州市固定电话区号：（ ）

我还知道这些编码：（ ）、（ ）

提示：我们的身边就有很多编码，请你找到它们，记下来，并想办法了解其含义。

任务二：填一填爸爸、妈妈和自己的身份证号码，然后写出自己身份证号码的构成含义。

爸爸的身份证号码：

妈妈的身份证号码：

我的身份证号码：

想一想：一家三口的身份证号码中的地址码有可能不相同吗？如不同，是因为什么原因？

答：（ ）

提示：观看配套微视频，你一定能顺利完成填写！有想不明白的地方，可以请教爸爸妈妈或上网搜索（在百度搜索栏中输入“身份证号码查询”，单击“百度一下”按钮，找到并进入查询页面后，再输入身份证号码，即可查询到身份证号的详细信息）。

5.3 智慧课堂

随着信息技术的发展，新的教学模式也在不断发生变化，逐渐从单纯的知识传授向素质培养转变。课堂教学环节是学生接受的最重要一环，做好教学互动是提高教学水平的关键，在现有教学过程中，传统的签到、提问互动、课堂测验环节存在诸多问题，主要表现为获取学生反馈不够及时、数据采集不够全面等。

2018 年教育部关于印发《教育信息化2.0行动计划》的通知，并出台数字校园建设规范，究其核心，智慧课堂在于用“互联网+”的思维方式和最新的信息技术手段来变革和改进课堂教学，打造智能高效、富有智慧的课堂教学环境，促进学生个性化成长和综合能力发展。

5.3.1 智慧课堂的内涵

智慧课堂是以培养具有高智能和创造力的人才为目标，依赖于大数据、学习分析等技术，实施学情诊断分析和资源智能推送，开展“云+端”学习活动与支持服务，进行学习过程记录与多元智能评价的新型课堂。

智慧课堂面向时代人才需求，以培养具有高智能和创造力的人才为导向，利用信息技术再造传统课堂教学流程，从而实现个性化与智慧化的教与学。智慧课堂作为一种新型课堂，它的“新”主要体现在目标新、流程新、评价新。

（1）目标新

智慧课堂是以培养具有高智能和创造力的人才为目标智慧课堂中，除了客观知识的识记、技能的掌握之外，更注重学生高阶思维能力的培养，如 21 世纪技能中的学习和创新技能（即 4C 能力），如图 5-9 所示。

图 5-9　21 世纪技能中的学习和创新技能（4C 能力）

（2）流程新

智慧课堂深入应用信息技术，再造课堂教学流程。如果将教学流程看作一段旅程，那么学习过程就像学生驾驶自己的汽车向终点进发。智慧课堂可以让教师在学生出发前根据每个车上的传感器收集车的性能数据和学生的驾驶习惯，为每辆车推送不同的行驶方案。每辆车都可以到达终点，但行驶的路径却截然不同。

应用大数据、学习分析等新兴智能技术可以帮助教师了解每个学生的学习情况，从而精准智能地推送相应的学习资源，为每个学生私人定制学习方案，再造课堂教学流程，实现个性化教学。

（3）评价新

智慧课堂可记录学习全程，从而实现多元智能评价智慧课堂能够智能记录学生在学习过程中的行为数据，将过程性评价与终结性评价相结合，使评价主体多元，评价内容多维，评价方式多样，全面反映学生的学习情况。

5.3.2　智慧课堂的设计

智慧课堂教学设计是面向智慧课堂的教学设计。智慧课堂是以培养具有高智能和创造力的人才为目标，依赖于大数据、学习分析等技术，实施学情诊断分析和资源智能推送，开展“云+端”学习活动与支持服务，进行学习过程记录与多元智能评价的新型课堂。

教学设计是运用系统方法，将学习理论与教学理论的原理转换成对教学环境、教学资源、教学活动和教学评价进行具体计划的系统化过程。

因此，我们可以认为，智慧课堂教学设计是面向智慧课堂的教与学活动所展开的教学设计，它以智慧课堂教学理念为指导，根据教学目标与教学需求，对智慧课堂教学资源、教学活动与教学评价进行系统设计的过程。它的一般流程包括学情智能诊断、资源智能推送、学习活动设计、多元智能评价。

那么，如何开展智慧课堂教学设计呢？下面，我们分别从学情智能诊断、资源智能推送、学习活动设计、多元智能评价四个方面，学习如何进行智慧课堂教学设计。

（1）学情智能诊断

学情诊断是指对学生的起点能力、学习风格、学习动机、信息素养、学习问题等的分析。起点能力包括认知结构、认知能力、学习态度三个方面。学习风格包括环境偏好、信息处理方式、认知个性表现三个维度。学习动机包括内部动机和外部动机，其中，学生对某一知识内容的兴趣、好奇属于内部动机，学生希望获取教师、家长的奖赏或者避免惩罚属于外部动机。信息素养则包括信息技术应用技能、对信息内容批判与理解能力、融入信息社会的态度与能力。

学情诊断是智慧课堂教学设计的起点，也是其他设计环节的依据。基于智慧课堂教学环境的支持，智慧课堂学情诊断突显其智能化特征。学情智能诊断，就是利用云计算、大数据、学习分析等技术，了解学生的起点能力、学习风格、学习动机、信息素养、学习进程和学习问题等，根据学生的个体差异，制定切实可行的、个性化的干预措施或学习方案，如图 5-10 所示。例如，教师利用网络学习平台在课前发布预习任务；学生完成课前检测并将结果提交到平台上；学习平台的智能统计功能为教师分析学生预习情况，提供课堂教学决策依据。

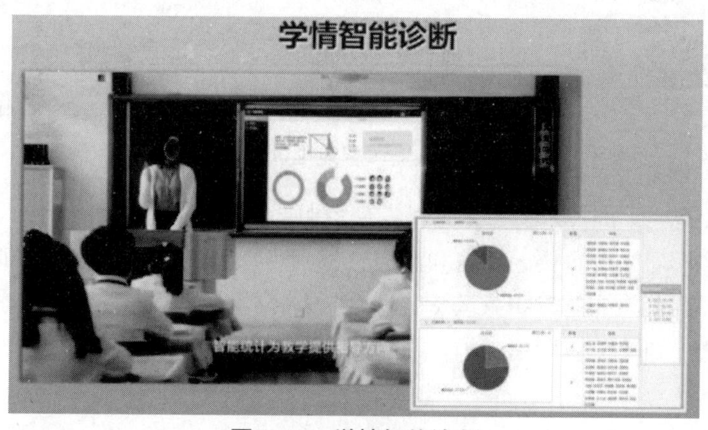

图 5-10　学情智能诊断

具体案例：教师在平台上发布课前测试题目，了解学生对“简单机械”相关知识的掌握情况，平台总结每位学生的答题情况，智能统计每道题目的错误率，并显示题目的错误率排行，这些数据与可视化的图表为教师的针对性讲解和个性化指导提供了重要依据。

（2）资源智能推送

研究发现，在传统大班教学中开展个性化学习、分层学习需要花费大量的时间，而且实施效果不佳。而对不同学习者推送适合其学习的不同学习资源，可以有效地解决资源多、难以查找、学生学习需求不同等问题。

资源智能推送就是学生登录空间学习，平台记录并分析学生行为数据，据此搜集与学生学习需求相匹配的资源，然后将资源推送到学生个人空间，学生获取系统智能推荐的资源进行学习，如此迭代循环，从而实现资源的“精准推送，个性推送，动态推送”，如图5-11所示。

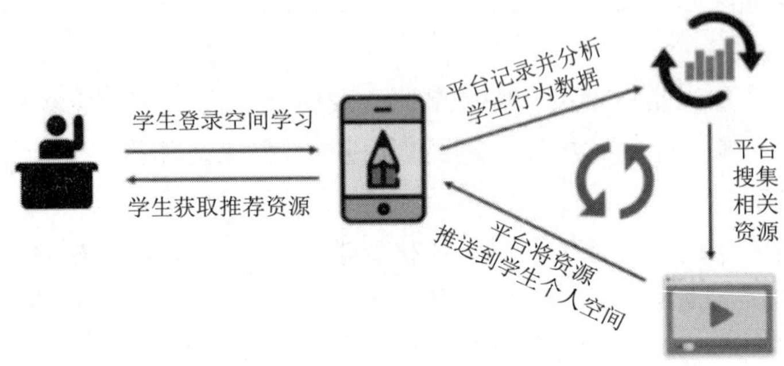

图 5-11　资源智能推送流程图

例如，教师利用云平台发布基础性练习，学生在智能学习端完成练习；平台自动统计、分析学生练习情况，为教师的点评、辅导提供依据；经过基础性练习后，平台根据学生的练习情况自动推送不同难度的练习给不同学习水平的学生，促进学生个性化提升，如图5-12所示。

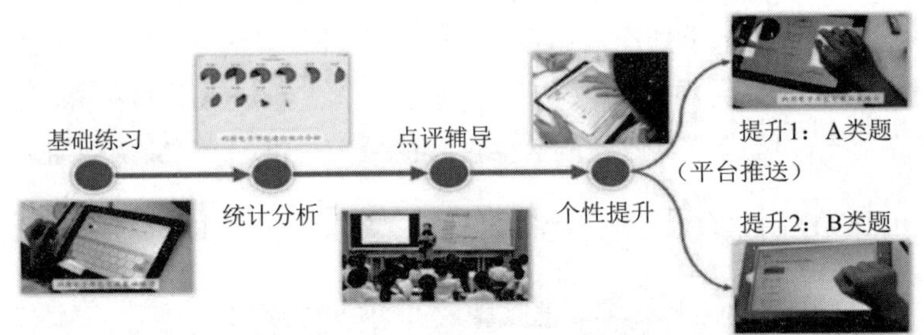

图 5-12　资源智能推送过程 1

那么，如果没有强大的技术支撑，怎样实现资源的个性化推送呢？

资源对于学生学习具有重要的价值和意义，教师可以通过分析学习者特征，结合自身的信息素养和技术水平，获取或开发相关教学资源，针对不同的学习推送不同的学习资源，从而实现资源的智能推送，如图5-13所示。

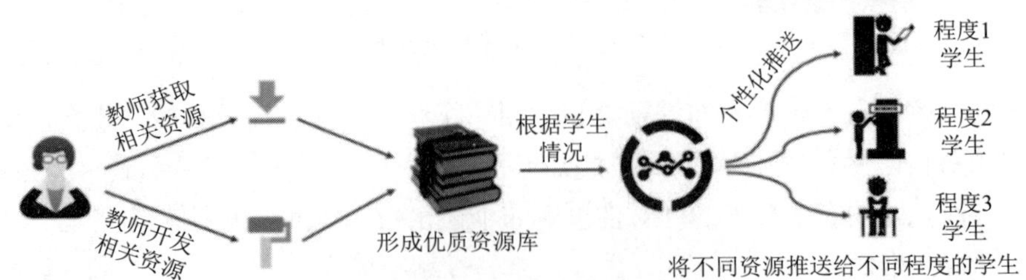

图 5-13　资源智能推送过程 2

当然，在推送之前，我们首先应该获取资源，可以充分利用“国家教育资源公共服务平台

（http://www.eduyun.cn/）”获取课件、题库、试卷、仿真实验、微课、优课、慕课等资源。此外，一师一优课网站、中国微课大赛网、人民教育出版社网站、中学学科网等都为我们提供了涵盖各个学科与学段的丰富资源。除此之外，随着移动智能终端的普及，涌现了大量的可供选择的教育APP。这些APP，支持特定的学习活动、学科教学及学习目标。同时，我们也可以根据教学需要，自主开发针对性资源，如制作微课、交互式课件、教学软件等。

（3）学习活动设计

学习活动是学习者及学习群体基于具体的学习目标和学习群体中的游戏规则，利用高效实用的学习工具而实施的相关学习程序的集合。

智慧课堂学习活动设计主要包括：活动目标的设计、活动任务的设计、活动规则的设计、活动流程的设计四个部分，如图5-14所示。

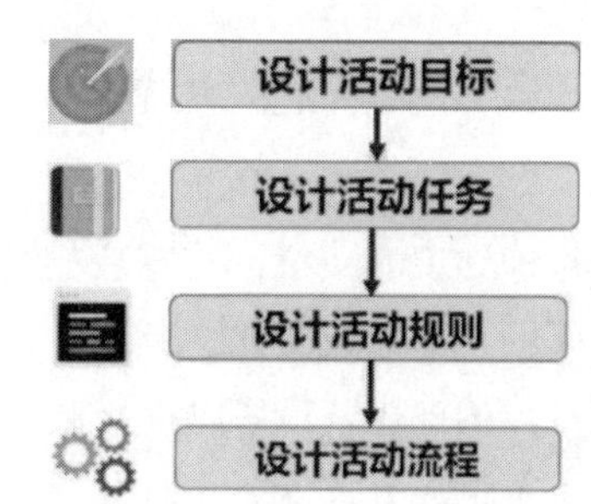

图 5-14　智慧课堂学习活动设计

在设计过程中需要遵循以下基本原则：

第一，每个学习活动都应该有明确的目标，能够解决实际教学问题。

第二，提供明确的活动规则，便于教师进行课堂教学管理。

第三，体现学科教学特点与规律，确保教学结构设计完整，教学活动设计详实，师生互动过程流畅。

此外，智慧课堂学习活动的设计要充分、合理利用智慧课堂中的教学云平台、智能学习终端、学科教学工具以及数字化教学资源等，支持学生学习活动的各个环节，帮助学生完成任务，实现活动目标。例如，利用丰富的富媒体资源创设活动情境、利用网络空间深化互动交流、利用认知工具支持作品创作、利用实时监控记录活动过程，等等。

（4）多元智能评价

为了诊断教学情况、激发学习动机、调节教学行为，教师应积极利用合适的信息技术开展多元、智能的评价。

第一，理解多元智能评价。

多元评价，包括评价主体多元、评价内容多元、评价方式多元。其中，评价主体多元是指教师、学生、家长共同参与。评价内容多元是指注重对学生基础知识和技能、学习方法和学习过程、实践能力、情感态度与价值观等内容的多维评价。评价方式多元是指注重形成性评价、非测试评价、表现性评价等多种评价方法应用，重视质性评价。

智能评价是指利用大数据、学习分析、可视化技术等开展评价，记录学习与成长过程，自动反馈评价结果。

第二，实施智慧课堂中的多元智能评价。

在智慧课堂教学中，我们应该强化学习评价的动态性和伴随性，即开展贯穿课堂教学全过程的动态学习诊断与评价，包括：课前预习测评与反馈、课堂实时检测评价与即时反馈、课后作业评价及跟踪反馈，从而实现即时、动态的诊断分析及评价信息反馈。

课前，学生预习新内容并完成相关测试或任务。课程平台根据完成的情况动态实时地分析、显示学生的学情。利用学习平台的学习仪表盘诊断教学与学习，对学生的学习情况进行可视化与动态分析，能够帮助学生自我调整学习状态。

课中，学生完成教师下发的测试题目，课程平台实时显示每个题目的正误率。教师选择错误率较高的题目进行讲解。课程平台的实时检测与教师的即时反馈相结合，能够突显评价的意义。

课后，利用课程平台发布、跟踪学生的作业完成情况并给予相应的指导，可以帮助教师及时调整教学。

5.3.3 智慧课堂实践案例

案例课文为人教版《语文》三年级下第二十二课《月球之谜》，这是一篇非常有趣的、介绍月球知识的文章，其写法颇具特色，首先以优美的文字渲染月亮给人们留下的美好印象，与月面的荒凉形成对比。其次，介绍月球相关的几个未解之谜，巧妙地运用疑问句和感叹句强化了月球的神秘，最后以神秘概括了上面几种谜，激发了探索的愿望。

案例充分体现了个性化学习理念、探究性学习理念，借助优课平台、PPT课件、电子书包等信息手段帮助学生了解与月球相关的知识，感受月球的神秘魅力，同时通过学生的自主、合作、表达与交流等探究学习活动培养学生自我提出问题、解决问题的能力。案例融合技术应用，包括自由听读、标注课文内容、统计分析、检测词语规范应用、进行资源推送、播放视频、拍照上传、实现互动互评、分享录音、畅谈收获等，既激发了学生的阅读兴趣，也检测了学生的理解情况，还帮助提供了拓展资源，更帮助解决了重难点，达到了教学目标。

案例的主要教学过程如下：

课前预习准备：让学生收集关于月亮和月球之谜的知识，上传到优课平台。

课中第一部分：分享交流，引发遐想。让学生欣赏月亮的图片，复习第一节课积累的诗句，集体分享，通过优课平台的作业分享功能展示成果。

课中第二部分：品读其意，感受月球的景色。该部分根据个性化学习理念，培养学生学习的独立性和自主性，如让学生自由地学习第二自然段，理解其意，规范用词，然后通过优课平台的及时反馈功能进行随堂检测，对学生的学习情况进行统计分析，最后通过观看视频谈谈对月球的感受，有感情地阅读文段，充分理解其意之处。

课中第三部分：研读探究，理解月球之谜。这部分是以探究性学习理念作为指导，通过质疑发现问题、研究解决问题等进行探究性学习活动，如引导小组合作完成实验研究报告，使学生在探索中学会质疑，提出自己的想法和问题，并探索出月球之谜，然后借助优课平台的拍照功能，把实验报告拍照上传到平台，其他小组进行评价，各小组再进行分享汇报，最后归纳总结课文所涉及的四个未解之谜。

课中第四部分：拓展阅读、畅谈收获。该部分主要通过优课平台的作业分享，分享汇报课前收集的月球之谜，并谈谈自己的收获，然后通过平台上传录音，与同伴分享。

最后是布置作业，让同学到平台听听同学的收获，梳理月球之谜的思维导图。

该案例融合信息技术和语文学科教学，效果良好。借助信息技术创设情景，激发了学生对月球的兴趣，通过检测分析，完成对文本的理解，采用合作探究方式，上传实验报告到云平台，深入理解了月球之谜，通过推送资源，拓展了学生的阅读视野等。通过本节课的学习，学生不仅能较好地理解月球之谜，也能大胆表达自己想法，提出问题，还将知识拓展到课外运用。

5.4　STEAM教育

STEAM是一种教育理念，有别于传统的单学科、重书本知识的教育方式。STEAM是一种重实践的超学科教育概念。STEAM是五个学科的英语单词缩写：science（科学）、technology（技术）、engineering（工程）、arts（艺术）、maths（数学）。顾名思义。STEAM即指统整“科学、技术、工程、艺术和数学”等21世纪学生能力需求的基础学科，形成跨学科整合的多元化交互式学习实践，打破传统单一学科以应试为导向的人才培养思维，塑造适应时代发展的创新型人才。但统整多元学科和知识的STEAM教育不是几个学科间的简单叠加，而是如信息技术和教育教学深度融合一样，需要各学科以适宜的方式和实践整合成综合目标为导向的全新教育形态。国内外成功的STEAM教育实践启示我们，STEAM教育没有一以贯之的实践法则，只有各具特色的STEAM实验室、STEAM项目实践、STEAM创客空间等。

5.4.1　STEAM教育实践形式

STEAM教育理论的提出源于Yakman教授对综合学习本质的思考和使学生享有全面接触所有学科机会的愿景。2016年底，教育部颁布《教育信息化“十三五”规划》，明确提出要加强信息技术在众创空间、跨学科学习（STEAM教育）的应用。随后，STEAM教育理念在各国以多元的实践方式迅速传播开来。为什么需要STEAM教育？Yakman教授认为，“艺术”是科学、工程和数学等学科素养的重要组成部分，其目的是使工程技术领域的专业人士具备21世纪团队合作、与人交流和进行创新性写作的能力与素养。“艺术”之于STEM教育，也即对人文和社会科学素养培育的完善，有利于优化学生对知识的建构理解和运用。

长久以来，STEM与STEAM教育的区别被限定于有无“art”（艺术）中。就人才培养的角度来看，STEM教育原初指向理工科复合人才的培养，STEAM教育则趋于统整的创新人才的培养，这也是我国本土化实践中跨学科学习多指STEAM教育的重要依据。显然，优秀的STEM思维和学习实践离不开艺术。艺术之于STEAM教育不仅能很好地辅助学生理解与运用科学、数学等工程设计和实践，还能优化学生的学习与教学。青少年群体于STEAM教育实践中本身就有着审美的需求，如他们对设计图案的孜孜以求，对小组分享展示活动的不断修改直至完善，以及对同伴交流和评价的反思等。研究表明，基于艺术的STEM教育能使学生获得更高的学习成就，并提高他们对科学、工程等学科的兴趣和学习动机，促进其在整合“艺术”的STEM教育中获益。丰富多样、渗透“艺术”的STEAM学习实践活动，有利于培育学生统整学习过程的体验性、趣味性、协作性、艺术灵敏性等21世纪人才能力素质的人文根基。

目前有四种典型的STEAM教育实践形式：基于PBL的STEAM教学模式、融合创客教育的STEAM教育模式、以少儿编程为代表的STEAM教育产品、以校外项目为代表的“第二课堂”模式。

（1）基于PBL的STEAM教学模式

在STEAM教育发展较为成熟的美、英等国，STEAM课程成为K-12阶段跨学科整合课程的主流方式。其一般是沿用项目式学习和教学模式开展STEAM主题课堂探究。基于PBL的STEAM教学模式通常以问题的提出为起点，在提出问题的基础上，强调组建学习小组，进行合作探究，小组内确定学习目标并进行充分的学习，以学生为中心，教师指导、协作项目产出并进行真实的多元评估。但研究者通过与教师、指导者和学生的调查、访谈发现，STEAM项目探究学习模式的效果似乎不如预期，融合STEAM跨学科学习特征和项目式学习探究过程的学习策略和方法仍在不断精进。

（2）融合创客教育的STEAM教育模式

创客教育的理念最早可以追溯至计算机领域的“骇客”“极客”，后被引入产品创新行业成为创新创业者的“代名词”（Maker）。后随着创客空间在中小学的推广，以及STEAM教育项目式探究学习中工程教育的缺乏，创客教育与STEAM教育开始融合并被推广开来，它一般是指为解决中小学教育体制中创新能力培养的不足等问题而实施的一系列关于创新动手技能训练的综合课程。

尽管创客教育弥补了STEAM教育中工程制作的缺陷，但STEAM教育中创新能力和创造性思维的培养依旧未见成效。一些受访教师认为，目前中小学创客教育依然存有问题，诸如其缺乏健全的教学设计模式、教育创客人才缺乏、校内创客空间建设有待完善等。

（3）以少儿编程为代表的STEAM教育产品

少儿编程无疑是近年来在中小学适龄学习儿童中极力推广的教育形式。研究者认为，编程式思维方式确实对孩子在早期思维性格塑造能够产生极大的积极影响。

少儿编程融合了硬件图形编程、软件编程、可视化编程、3D图形建模、数学计算等促进STEAM教育综合性人才培养途径，很好地适应了STEAM教育特征和各要素的需求。尽管已有Scratch、Kodu、Python、Arduino等诸多少儿编程教育方式和课程可供选择，但少儿编程的教师认证、教学内容开发和教学模式标准的缺乏仍然阻碍了少儿编程目标的达成。

（4）以校外项目为代表的“第二课堂”模式

近年来，校外STEAM项目因能保证STEAM教育开展的充足时间而备受教师和学生的喜爱。这种能融合校外优质学习资源和空间的“非正式学习”方式在培养学生STEAM素养方面具有独特的优势，如学习与生活联系更加紧密，学生的学习动机和学习成就得以提升，并能使所有学生共同参与学习，促进社会公平。

研究者综合调查发现，目前国内外典型的校外STEAM教育项目形式有四种：放学后项目，又称“三点半课堂”；社区STEAM项目；周末STEAM项目；STEAM夏令营项目等。遗憾的是，由于缺乏可信的项目学习评估体系，一些STEAM校外学习项目注重“学习体验”、学习兴趣，而忽视了学习过程和产出，导致校外STEAM项目常难以为继。

5.4.2 STEAM教育实践案例

1．有线遥控车的制作

设计车身要具有足球比赛功能，利用布线和焊接完成线路，操控电钮来使受控车移动。在这个活动过程中学生们对科学、技术、工学、数学等知识的连接性得到了认识，多样性的制作要求促使他们在解决问题时便有综合性的思考方式。有线遥控车如图5-15所示。

2．模型船的制作

利用科学原理（浮力、密度）和数学计算方法制作A4纸大小、水面物承重量0.5 kg以上的模型船。在这个制作活动过程中，教师对船的大小提出了要求，同时让学生们在体验活动中理解了科学原理以及技术和科学之间的联系和差别，在解决技术问题的同时（模型船在水中承重的制作）要活用科学原理（浮力、密度）和数学计算等综合知识。模型船的制作如图 5-16 所示。

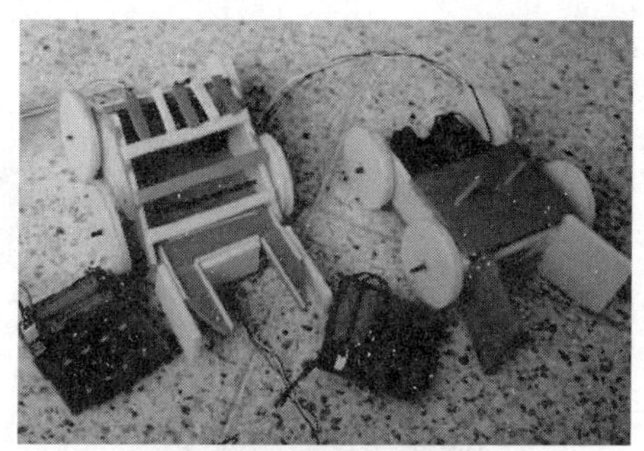
图 5-15　有线遥控车

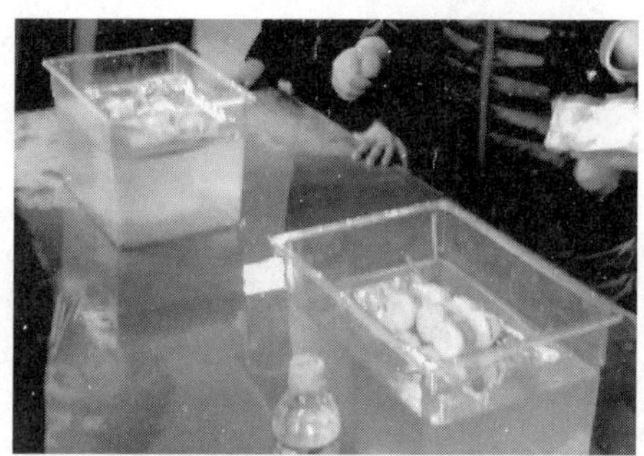
图 5-16　模型船的制作

3．LED 名片制作

初中三年的技术课程有一部分是关于个人未来发展的内容。LED 名片制作这个实践案例是要求学生们畅想个人未来发展，利用光的折射性质和电子器材制作出自已未来的 LED 名片。这个活动通过对自己未来发展的思考，利用电子、电气、欧姆定律等科学原理实现技术和科学内容的结合。LED 名片制作如图 5-17 所示。

4．概念车的制作

这个活动主要是以汽车构造，物体强度等知识为主体来设计，汽车的大小，形状可充分发挥创造力，通过对现有汽车构造的了解，利用数学的计算来设计出更新颖独特的概念车模型。在整个活动过程中，学生们的想象力和创造力得到了发挥，并在技术产品制作的过程中将数学计算和科学理论加以实践并综合运用。概念车的制作如图 5-18 所示。

图 5-17　LED 名片制作

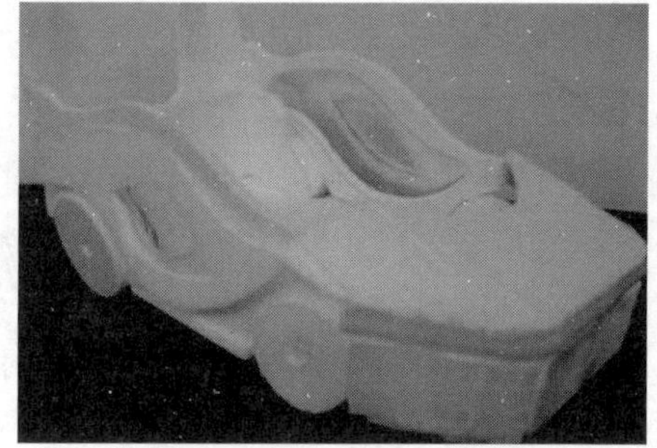
图 5-18　概念车的制作

5．电话的制作

这个活动开始时没有直接进行电话的制作，而是在产品制作之前让学生们对其所包含的科学原理和震动板的使用得以了解后才开始制作。在这个活动中，让学生们理解了在电话制作之前，首先要知道电磁石和电磁气的原理，并要结合数学运算才能进行电话的制作，强调了学生们的综合性思考。电话的制作如图5-19所示。

6．空气阻力最小化的光能汽车制作

这个活动中所涉及的技术内容包括初中二年级所学的机械技术及初中三年级所学的电子、电气技术。学生们在光能汽车设计过程中，学习了解决问题的系统化步骤，在制作过程中，运用科学、数学、工学等内容来完成整个制作体系。空气阻力最小化的光能汽车制作如图5-20所示。

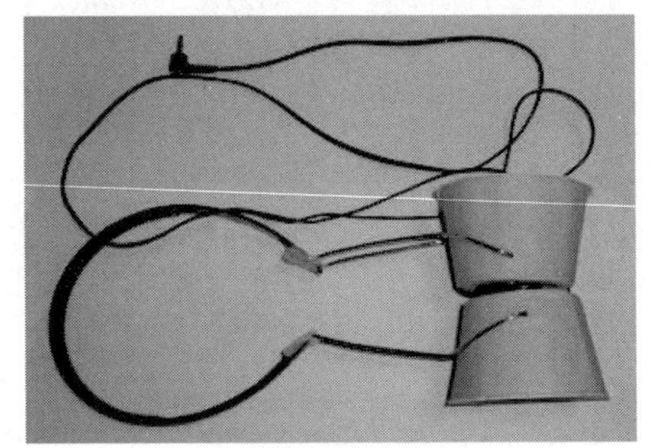

图5-19　电话的制作

图5-20　空气阻力最小化的光能汽车制作

5.5　对 分 课 堂

对分课堂，是复旦大学心理系张学新老师提出的一种课堂教学改革新模式。其特点是把一半课堂时间分配给教师进行讲授，另一半时间分配给学生，并以讨论的方式进行交互式学习。对分课堂，其核心理念是分配一半课堂时间给教师讲授，另一半给学生讨论，并把讲授和讨论时间错开，让学生在课后有一周时间自主安排学习，进行个性化的内化吸收。对应的考核方法强调过程性评价，并关注不同的学习需求。

在对分课堂上，教师介绍基本框架、基本概念，着重讲授重点、难点，但并不穷尽教材内容。学生通过教师讲授把握了章节的基本内容，理解了重点、难点，大大降低了课后的学习难度。课后学习时，学生可以根据自己的个人特点和具体情况，以自己的节奏去完成内化吸收过程，完成对教材内容更为全面的学习与理解。内化吸收之后，学生再回到课堂上，分组讨论自己学过的内容，然后与全班和教师进行深入的互动交流。同一内容，经过教师讲授、课后复习、分组讨论三个过程分阶段学习，理解程度逐步加深。

对分课堂的关键创新在于把讲授和讨论错开，让学生在中间有一定的时间自主安排学习，进行个性化的内化吸收。对分课堂把教学刻画为在时间上清晰分离的三个过程，分别为讲授（presentation）、内化吸收（assimilation）和讨论（discussion），也可简称为PAD课堂。

每周课堂的前一半时间用于讨论上一周课堂上教师讲授的内容。本堂课讨论上堂课的内容，这是对分教学最核心的特点，称为“隔堂讨论”。对每一个章节，在讲授环节，教师基本不向学生提问，也不组织讨论，通过单向讲授，介绍教学内容的框架、重点和难点，不覆盖细节。在讲授和讨论两个环节之间，学生有一周的时间阅读教材、完成作业，根据个人的兴趣、能力、需求，在自己最合适的时间，以最适宜自己的方式方法，深入理解，进行个性化的内化、吸收。内化吸收要求独立完成，不能与同学或教师讨论交流。讲授和讨论过程也存在学生对知识的内化，不过不够集中和纯粹。内化类比品味、消化、吸收、反刍、咀嚼，更强调由自我掌控的个体学习。

在讨论环节，教师上课后不做讲授，立刻让学生分组，通常四人一组，进行讨论。讨论针对教师上次课的讲授内容和学生在内化阶段的学习结果。学生分享自己的体会、收获和困惑，互相答疑、互相启发，把普遍性的问题记录下来。小组讨论后，教师组织全班讨论，对小组讨论中存在的疑难问题进行解答，最后做章节总结。对分这个名称是指每次课的时间被对半分割，一半用于教师讲授，另一半用于吸收和讨论交流。

隔堂讨论的三个阶段可以更细地分为五个环节，分别为讲授、独立思考、独立做作业、小组讨论和全班交流。隔堂的要求不是绝对的，对某个学习内容，如果能够按照这五个环节的顺序去开展教学，而且每个环节都遵循对分课堂的具体要求，就可认为在实施对分教学。

对分课堂教学模式如图 5-21 所示。

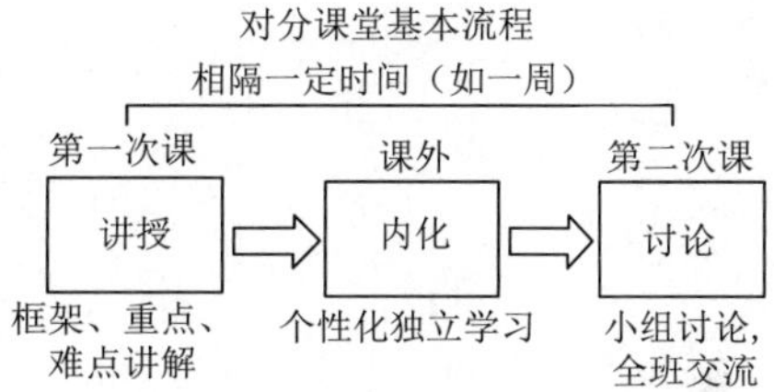

图 5-21　对分课堂教学模式

实践活动

1. 以“信息化课堂怎么做”为主题，请大家走进课堂、宿舍、社会培训机构、中小学校园等场景，观察信息化环境下我们应该怎么学？怎么教？并用手机拍摄观察过程，简单剪辑后提交。可参考以下两个方向：

新型学习方式：视频内容主要涉及学习内容、学习环境、学习流程、学习效果。

新型教学模式：视频内容主要涉及教学目标、教学内容、教学环境、教学流程、教学效果。

2. 观摩北京大学汪琼教授主讲慕课《翻转课堂教学法》，网址 http://www.icourse163.org/course/pku-21016。

本章小结

本章论述了利用信息化工具进行课堂教学互动的方法，如投屏工具、微助教、雨课堂等轻量级教学辅助工具的使用。通过阐述翻转课堂、智慧课堂、对分课堂等信息化教学课堂的组织实施流程的学习，聚焦中小学教学的真实场景，理论与实践紧密结合，以信息化教学组织、实施和评价能力提高为目标，用“互联网+”的思维方式和最新的信息技术手段来变革和改进课堂教学，打造智能高效、富有智慧的课堂教学环境，促进学生个性化成长和综合能力发展。

思考与练习

1. 请分析如何开展智慧课堂教学设计?

2. 如果学生在翻转课堂课中的探究、研讨过程中提出了超出课程范围以外的知识、技能等，你该如何处理?

3. 参考本章翻转课堂教学设计案例，选择本书某个章节知识点，设计一堂课的翻转课堂教案。

第6章 教育技术新发展

【学习目标】

- 了解我国在线教育的发展现状，理解在线教育在教育信息化进程中的作用，体验在线教育的应用模式；
- 理解同步课堂在我国教育均衡发展中的作用和意义；
- 理解虚拟仿真技术的内涵和特点，了解虚拟仿真系统的组成；
- 理解教育大数据的概念及内涵，了解教育大数据在智慧教育中的作用。

面向未来，教育数字化要从国家战略高度进行系统规划和整体布局，不断推动教育教学模式变革，努力走出一条中国特色教育数字化发展道路。本章着重论述以数字技术驱动的教育教学场景创新，通过在线教育、同步课堂、虚拟仿真教学应用、智慧课堂评价、人工智能应用等内容学习，探讨以学习者为中心的教学模式，让数字化全面赋能学生学习、教师教学，教育数字化转型的思想观念不断强化。

6.1 在线教育

6.1.1 在线教育发展概况

在线教育也被称为E-Learning，是指以互联网为媒介，借助数字化内容进行学习与教学的活动。它充分利用现代信息技术所提供的具有全新沟通机制与丰富资源的学习环境，使学习者可以随时随地采用移动终端设备（如笔记本计算机、手机、ipad等）获取知识、协作交流、分享内容，从而实现一种全新的学习方式。在线教育借助互联网云服务、可穿戴设备、大数据学习分析等技术，可提供教学过程的个性化和定制化服务，突破时间和空间的限制，跨越因地域等原因造成的教育资源不均衡，使教育资源共享，降低了学习门槛。借助移动互联网的发展，移动学习更加便捷，学习场景更加多元，改变了传统教学中教师的作用和师生之间的关系，从而根本改变教学结构和教育本质。在线教育从其内涵分析，包括教师、教学平台、教学内容、学习者等基本要素，教育形式和内容越来越多样化，业务涵盖了学前教育、K12教育、语言教育、职业教育、高等教育、素质教育以及综合教育平台市场等。

1. 我国在线教育的发展阶段

我国的在线教育从1996年开始起步，2013年MOOCS快速崛起，历经20多年的发展，形成了远程教育、互联网教育、移动教育和智能教育四个发展阶段（见图6-1）。2013年被媒体称为“中国在线教育元年”，传统教育机构新东方等从线下转至线上，腾讯、网易等平台内各类新产品的诞生，使在线教育成为社会投资热点。此后随着移动互联网技术的发展，在线教育成为传统教育模式改革转型的必然路径。随着互联网、人工智能技术的进一步发展，教育理念变革和教育形态的多样化需求更加迫切，我国在线教育用户规模持续上升，截至2020年已达到38 060万人。

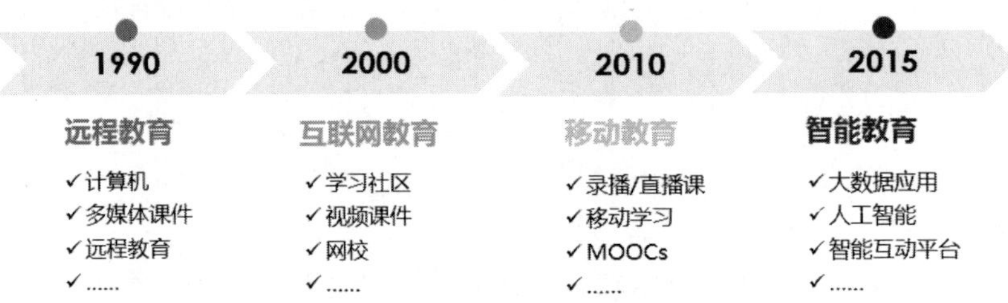

图6-1　我国在线教育的发展阶段

（1）远程教育阶段

20世纪90年代远程教育主要用来辅助高等教育中的社会性学历教育，教育部陆续批准了68所高校作为远程教育的试点学校，通过各高校网络教育学院完成远程教学后可颁发网络教育文凭。

（2）互联网教育阶段

2000年开始随着互联网技术的成熟与普及，在线教育正式进入多媒体网络的时代。互联网上通过学习形成了规模较大的网络虚拟社区，以“三分屏”形式出现大量的网络教学视频和视频网站开始成为主流，新东方网校在2000年的上线运行，标志着传统教育开始转型在线教育市场，让在线教育的技术含量和学习体验有了很大的提升。其中，面向中小学生的K12在线教育主要遵循校内教学、校外辅导的双课堂教学模式，利用“名师、名校”品牌，为中小学生提供线上的课外辅导，如北京101网校、比较四中网校等。

（3）移动教育阶段

2010年前后，录播、直播课程出现，移动教育、碎片化学习使得教育方式和渠道多元化，依托于高校优质教育资源的MOOC在中国兴起。出现了移动直播课堂“CCTalk”、网易公开课、中国大学MOOC等一大批优秀在线教育平台和学习资源。

（4）智能教育阶段

2017年国务院发布的《新一代人工智能发展规划》中明确指出，要实施全民智能教育项目，在中小学阶段设置人工智能相关课程，逐步推广编程教育，鼓励社会力量参与寓教于乐的编程教学软件、游戏的开发和推广。从应用场景来看，人工智能已经出现在教、学、研、考、评等常规教育场景中，其中对学习成效和行为的测评最为普遍。例如，AI技术已运用到智慧课堂、辅助课程设计、学习进度和成效分析等多元场景。在市场层面，涉及与教育信息化相关的企业都在转型与如何利用人工智能技术来支撑当前的教育发展。

2. 在线教育的分类

我国在线教育经过20多年的发展形成了面向不同用户群体、多种市场形态、多样化教学形式的市场格局。中国在线教育市场份额中高等教育、职业教育市场占比较高，学前教育和K12基础教育近年来占比也在逐步扩大。

在线教育的类别按用户群体可以分为学前教育、K12教育、高等教育、职业教育、素质教育和成人教育。学前教育阶段的在线教育平台主要面向六岁之前学龄前儿童，主要以儿歌、动画、游戏等形式进行婴幼童智力启蒙和行为训练，如宝宝巴士、悟空识字等。K12教育（中小学教育阶段）主要提供学科知识学习和课程辅导，如作业帮、学而思网校、猿辅导等。高等教育在线教育平台主要集合了各大学优秀课程，几乎涵盖了高校全部专业，中国大学 MOOC、学堂在线、超星尔雅等都属于此类在线教育。职业教育主要利用虚拟现实技术进行职业技能训练，有效解决高职实训教学中的高成本、高危险、高污染、难看见、难进去、难再现、难操作等"三高四难"问题，形成虚拟现实职业技能训练新形态。例如，国家级职业教育专业教学资源库（简称资源库）依托高等教育出版社智慧职教等平台，建设了职教专业资源库，覆盖高职教育全部19个专业大类以及十余个传统技艺和文化领域（包含上百个非物质文化遗产项目）。素质教育面向学习者培养自身兴趣爱好、提升综合素质的群体，如绘画、摄影、少儿编程、思维训练、书法课等。成人教育除了延续原来的广播电视大学、各高校网络教育学院的远程教育功能，面向社会提供线上学历教育外，重点业务集中在在线职业培训，包括在线语言培训、公务员培训、会计培训、IT 培训和其他技能培训等内容，是面向个体的职业发展和素质提升需求提供相应的线上培训服务。移动技术的发展促进了职业培训的移动化、泛在化，个体学习与工作生活可无缝结合，如中华会计网校（会计培训）、华图网校（公务员培训）、新东方在线等。

6.1.2　MOOC与SPOC

MOOC是massive open online course（大规模在线开放课程）的缩写，它是为了增强知识传播而由具有分享和协作精神的组织或个人制作并发布于互联网上的开放课程。大规模是指这些课程在全球范围内的普及和传播，它们可以为全世界任何感兴趣的学习者提供高质量的学习；开放意味着全球学习者可以通过互联网免费获得高质量的学习资源，不受时间和空间的限制，不需有学校的学籍也可以免费使用。

MOOC始于2012年，顶尖大学陆续设立网络学习平台，在网上提供免费课程，Coursera、Udacity、edX三大课程提供商的兴起，给更多学生提供了在网上学习大学专业课程的可能。由于上线的课程都是名校的公开课，课程的视频和教学活动专门面向网络制作，课程质量和水平非常高，并且完全免费，因此受到了热捧。2013年，我国教育部与网易公司合作开发了中国大学 MOOC——爱课程平台，免费提供北京大学、清华大学等985高校课程。该平台目前已发展为国内用户覆盖范围最广，业内影响力最大的MOOC平台。此后一些高校与机构也相继创建了MOOC 平台，如超星集团与国家开放大学共同发起的新一代开放学习平台"学银在线"（见图6-2），是面向高等教育、职业教育、终身教育的公共慕课平台，目前已建设课程8 000多门，日活跃用户达400万，涵盖哲学、经济学、法学、教育学、文学、历史学等12个学科。

SPOC即"small private online course"（小规模限制性在线课程）的缩写，这个概念由加州大学伯克利分校的阿曼德·福克斯教授最早提出和使用。small和private是相对于MOOC中的massive和open而言。small是指学生规模一般在几十人到几百人，private是指对学生设置限制性准入条件，达到要求的申请者才能被纳入SPOC课程，是MOOC兴起后在课堂教学过程中发展起来的、将MOOC的学习资源用于小规模、特定人群的一种在线和传统课堂混合的教学模式。

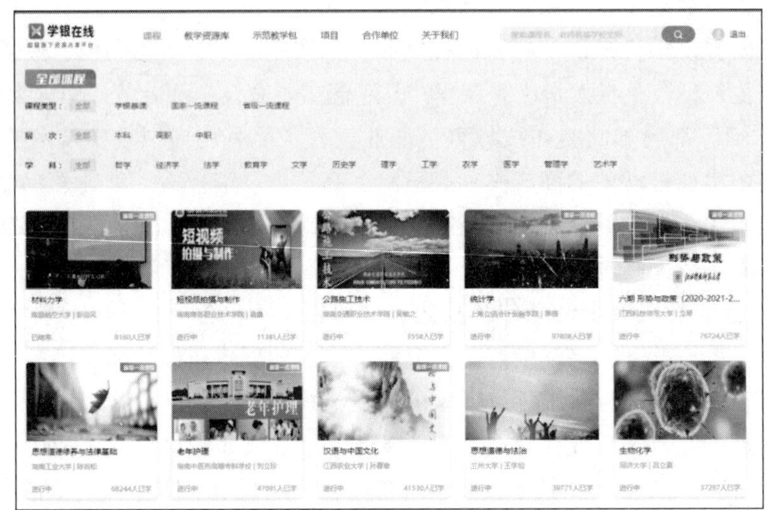

图 6-2 “学银在线”慕课平台

MOOC与SPOC在办学宗旨、教学规模、课程架构、师生互动、学习活动、学习评价、学习支持等方面都有所不同，见表6-1。

表 6-1 MOOC 与 SPOC 的对比

对 比 项	MOOC	SPOC
办学目标	全球化共享优质教育资源	特定人群优质混合式教学资源
教学规模	大规模、面向全球学习者，学生差异分布明显	小规模、面向校内学生，通过入学考试、分班等方式对学生进行了筛选和细分，学生同质性较强
课程架构	线上实现教学全过程，学生以自主学习为主	线上和线下相结合
师生互动	提供无差异教学，不能因材施教，教学交互体验较差，学生学习自由度高	教师熟悉学生的学习指标，可根据学生不同的学习基础，介入学生的学习过程，教学交互直接
学习评价	在线测验考试、系统数据评估、教师线上评价、同伴互评	在线测验、系统数据评估、同伴互评、教师线上课堂评价相结合
学习完成度	低	高

6.1.3 国家智慧教育公共服务平台

国家智慧教育公共服务平台（smart education of China）是国家教育公共服务的综合集成平台，通过整合各级各类教育平台入口，汇聚政府、学校和社会的优质资源、服务和应用，聚焦学生学习、教师教学、学校治理、赋能社会、教育创新等五大核心功能，一体谋划基础教育、职业教育、高等教育三大基础板块，全面覆盖德育、智育、体育、美育、劳动教育，旨在为师生、家长和社会学习者提供“一站式”服务，成为学生学习与交流的平台、教师教育教学与备课交流的平台、学校科学治理的平台、社会教育与服务的平台、推动教育改革发展研究的平台。国家智慧教育公共服务平台聚合了国家中小学智慧教育平台、国家职业教育智慧教育平台、国家高等教育智慧教育平台、国家24365大学生就业服务平台等，可提供丰富的课程资源和教育服务。其中三个平台各自服务一个教育领域。

国家中小学智慧教育平台：围绕德育、课程教学、体育、美育、劳动教育、课后服务、教师研修、家庭教育、教改经验、教材等内容，汇聚专业化、精品化、体系化的优质中小学数字教育资源，有效服务学校课程教学、学生自主学习、教师改进教学、农村地区优质教育资源共享、家校协同育人、“停课不停学”等应用。

国家职业教育智慧教育平台：汇聚职业教育领域专业教学资源库、精品课程、规划教材、虚拟仿真实训等优质资源，面向学生、教师、社会公众提供职业教育优质教育资源和个性服务，面向教育行政管理部门等提供职业教育多维度数据挖掘和分析服务，增强职业教育适应性，促进职业教育服务便捷化、管理精准化、决策科学化，支持高素质技术技能人才、能工巧匠、大国工匠培养。

国家高等教育智慧教育平台：以提供公共服务为目的，以优质资源教与学为主线，面向高校师生和社会学习者，汇聚课程、教材、实验、教师教研、课外成长、研究生教育等方面优质资源，满足个性化学习需求，促进学习范式、教学范式和科研范式创新，汇聚线上教与学大数据，加强课程监管，推动高校教学管理数字化转型。

2020年疫情防控期间，为使全国中小学生“停课不停学”，在原国家教育资源公共服务平台基础上紧急建设并上线了中小学在线教育云平台。该平台科学系统地为广大中小学师生提供了小学、初中、高中学段主要学科学习资源，根据国家课程方案和各学科课程标准，语文、政治、历史三学科使用国家统编版教材，其他学科使用全国选用人数较多的教材版本。同时，立足于对学生的全面培养，还在云平台上提供丰富多样的优质专题教育资源，包含防疫教育、品德教育、生命与安全教育、心理健康教育、家庭教育、经典阅读、研学教育、影视教育、电子教材等，实现了小学、初中、高中所有年级和各主要学科全覆盖，呈现方式合理，师生自主使用。国家中小学网络云平台如图6-3所示。

图6-3　国家中小学网络云平台

国家中小学网络云平台的教学资源（见图6-4）以微课视频为主要形式，中学微课时长为20～25分钟、小学微课时长为15～20分钟，符合网上学习特点及视力保护的需求，采用“教师讲解+多媒体大屏”的形式，最大限度还原课堂教学的真实场景，复现课堂教学的现场感，契合中小学生的认知习惯和需求。

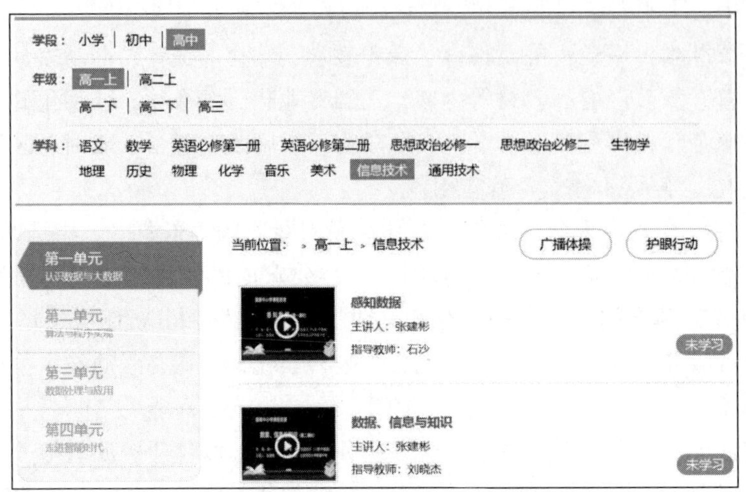

图 6-4　国家中小学网络云平台的学习资源

平台界面清晰、使用便捷、内容丰富、资源优质、观看流畅，既遵循了不同学段学生的身心特点和学习规律，又充分考虑了防疫期间居家学习和网络学习的实际需要。国家中小学网络云平台在这一过程中主要发挥了四个方面的作用。一是服务教师课堂教学，提高课堂教学效率与质量；二是服务学生自主学习，培养学生自主学习习惯和能力；三是服务农村提高教育质量，缩小城乡教育差距、促进教育公平；四是服务应对重大公共事件，提升基础教育应对重大突发事件的能力。

6.2　远程互动课堂（同步课堂）

6.2.1　远程互动课堂概念

基础教育领域的远程互动课堂（亦称同步课堂）是指利用信息技术和互联网技术，将教学视音频实时双向传送，由优质学校教师同时对本校学生和结对帮扶学校学生开展视频直播互动教学。实施同步课堂的主要目的是实现不同地域学校之间优质教育资源共享，使两校学生实现同步上课、同步作业、同步接受辅导，让乡村学生同步共享城镇的优质教育资源。由于历史原因、各地区经济发展差异等原因，我国各地区教育发展水平，尤其是城市与乡村之间教育资源存在一定的不均衡。通过“同步课堂”这种教学形式，扩大高水平学校优质教师的教学覆盖范围，在一定程度上缩小了教师之间、校与校之间、城乡之间的差距，为教育均衡发展和教育公平等问题提供了新的解决途径。同步课堂教学系统构成如图 6-5 所示。

远程互动课堂具有以下特征：

（1）教学内容实时传送

通过宽带网络技术的支撑，实现教学内容的实时传送、主讲教师的视音频在远程端的同步显示。

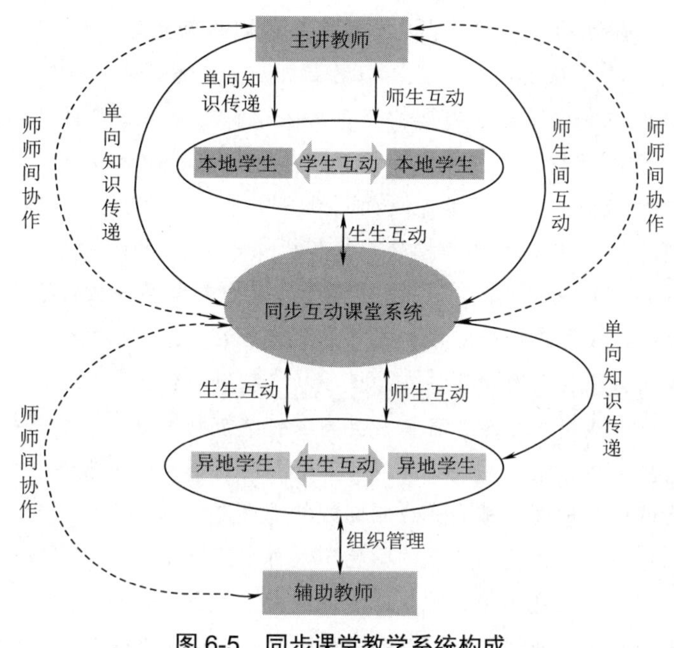

图 6-5　同步课堂教学系统构成

（来源：王浩. 远程同步互动课堂系统设计与实现[D]. 西安科技大学,2019.）

（2）教学中远程实时互动

通过远程互动教学系统主讲老师与本地或异地学生之间可以实现即时交互，两地学生可以开展主题讨论，发表自己的见解，实现有效的师生互动、生生互动。在教学中远程同步互动课堂可以进行教学效果的即时反馈，例如课前测评即时反馈、课上教学评价和随堂测试即时反馈、课后测评即时反馈等。

（3）两地师生的协作交流

远程互动课堂的重要意义在于促进异地师生之间的协作学习和交流提高，通过远程互动教学平台，教学水平较低的学校老师可以同步学习先进的教学模式、教学思维，快速地提升教师专业能力和课堂实效。两地教师通过同步课堂能够互相学习、取长补短，反思自己的教学行为，提高课堂的教学效率。

（4）优质资源共享

利用智能化移动终端，远程互动教学系统可为两地学生提供丰富的数字化学习资源，如授课课件、教学视频和习题指导等。教师根据每个学生的学习特点和知识的掌握程度智能化推送学习资料，做到因材施教，真正的提高学生学习质量。

6.2.2　远程互动课堂实践案例

一校带多校，携手共成长

——云南省沧源佤族自治县国门小学城乡同步直播课堂

（来自基础教育信息化应用案例示范网站https://dx.eduyun.cn/html/xx1/20180126/222.html）

上课铃还没响，沧源佤族自治县班老乡班搞村小学的肖婷同学和小伙伴们就安静地坐在教室里注视着白板屏幕，等待着……与此同时，远在一百多公里外的国门小学，张璐老师也在录播教室和孩子们做着课前互动，一堂精彩的远程直播课即将开始。

地处祖国西南边陲的沧源佤族自治县，与缅甸接壤，是全国仅有的两个佤族自治县之一。近年来全县教育基础设施发生了翻天覆地的变化，但专业教师还比较紧缺。国家课程设置中明确要求，义务教育阶段需开齐开足课程，而大部分乡村小学因缺乏专业教师，音、体、美等课程只能由其他学科老师兼任。小学英语课更如同天方夜谭。面对以上这些现状，沧源县国门小学在上级教育行政部门和中央电教馆的指导下，积极探索“一校带多校”模式，开展同步直播课堂，走出了一条通过“互联网+教育”，推进县域教育均衡发展的新路子。

2016年3月，沧源县教育局研训中心和国门小学共同策划，开始尝试“一校带多校”同步直播课堂活动，组织模式为：县教育局研训中心搭建网络教研平台，国门小学教师利用录播教室上公开课，公开课通过网络教研平台进行直播，县内乡村学校利用电子白板等终端进行接收，并组织学生同步上课。同步直播课堂，通过视频、音频的实时传播，使分散在各处的多所学校能够在相同的时间学习相同的教材内容，每周完成相同的教学进度，每学期获得相应的教学评价。直播课堂的老师进行授课，乡村学校的分课堂的师生不仅可以跟上主课堂的课程节奏，课后通过网络交流平台进行提问和回答，实现了多方师生的多向互动。为提升同步课堂的教学质量，逐步衍生出依托网络平台的多种互动培训学习类型。国门小学同步直播课堂模式如图6-6所示。

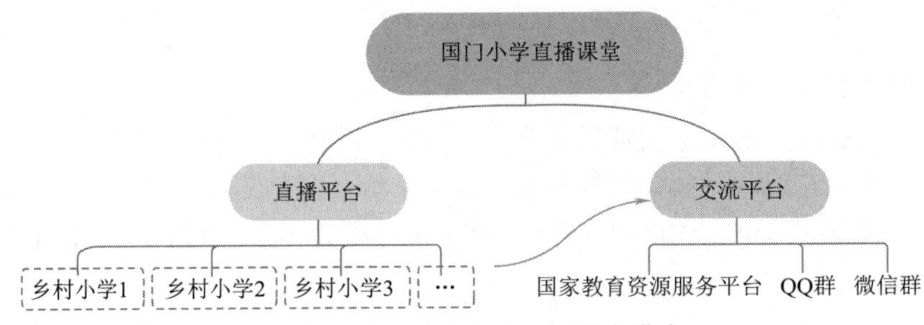

图 6-6　国门小学同步直播课堂模式

同步直播课堂这种新的教学组织形式在一定程度上缓解了边远乡村学校专业教师紧缺的困境，让农村学校与拥有资源相对更丰富的县直小学在同一时间，通过网络平台同上一堂课，实现了优质教育资源共享，同时，也可以应用于城乡学校之间的学科校际网络教研，改变了以往教研活动必须集中在一个学校进行的做法，进而推广应用于跨城市进行网络教研，让边疆农村学校享受更多优质教育资源。

2016年4月20日上午八点半，沧源县班老乡班搞村小学、勐角乡莲花塘小学、单甲乡永武小学、勐角乡芒巩小学……全县21所乡村小学的同学们早早在多媒体教室里坐好，等待着视频信号传递过来。学期初，国门小学排好同步直播课堂课程表，发到网络教研平台，乡村学校调整本校直播课程表，每星期由国门小学的音乐、英语教师在录播教室上两堂直播课，乡村学校组织学生同步上课。

课前三天，国门小学的张璐老师已经将教学设计和课件上传到同步课堂教研社区，乡村学校的助教老师们提前下载查看，熟悉教学流程。课堂上，和肖婷同学一样，那么多孩子通过白板视频跟着纯正的钢琴声开始了人生第一次的音阶试唱练习，他们有些羞涩，有些拘谨，但喜悦的笑容一直荡漾在他们的脸上。张老师这一节《佤族打跳——加林赛》，运用木鼓、蜂桶鼓、竹响吧、竹琴等佤族本土打击乐器，带动学生即兴、主动地参与歌曲表现，教会学生用打击乐器为歌曲伴奏，积极参与综合表演，从中感受一起打歌的欢乐，体验佤族民俗风情。全县各个校点的课堂上，同学们跟着张老师的节奏，用自己充满童稚的歌声唱出佤族少年儿童对美好生活的热爱之情，摆动自己灵巧的身姿跳出乡村儿童对伟大祖国的感激之意。

在张老师的精心设计下,这堂乡土气息浓厚的音乐课得到了全县参与同步课堂活动的师生的好评。肖婷的班主任语文老师赵也惹老师表示：“张老师的这节音乐课选用的是我们佤族打跳最经典的《加林赛》，是同学们都耳熟能详的歌曲，加上了民族乐器的配合，不仅贴近乡村儿童的生活实际，让同学们轻松愉悦地参与歌曲表现，在这个过程中更渗透了用打击乐器为歌曲伴奏和节奏的教学，这是我们非专业的老师做不到的。”

勐角乡芒巩小学的远程直播课堂如图 6-7 所示。

图 6-7　勐角乡芒巩小学的远程直播课堂

如今，同步直播课堂从最初的 21 所乡村小学拓展到全县所有缺乏专业教师的小学中，课程也从一门音乐课增加到音乐、英语两门，同步直播课堂排入课程表，每周定期开展同步直播课堂，对于不能同步上课的学校，教研组还将上课视频转录放到网络教研平台中，供不能同步上课的学校下载后组织学生学习。“教育信息化带来育人模式的转变，学习方式的转变，在‘互联网+教育’的引领下，我们需要更快地掌握应用新技术，拓展新思路，为义务教育均衡发展服务。”国门小学校长谢卫仁说。一校带多校活动的开展，不仅有力推动了城乡义务教育均衡发展，缓解了沧源边远学校开齐上足课程与专业师资不足的矛盾，也为教研培训提供了新思路、新方法。

6.3　虚拟仿真技术及其应用

6.3.1　虚拟仿真技术的基本概念

虚拟仿真又称虚拟现实技术或模拟技术，就是用一个虚拟的系统模仿另一个真实系统的技术。由于计算机技术的发展，仿真技术逐步自成体系，成为继数学推理、科学实验之后人类认识自然界客观规律的第三类基本方法，而且正在发展成为人类认识、改造和创造客观世界的一项通用性、战略性技术。

同时，人们对仿真技术的期望也越来越高，过去，人们只用仿真技术来模拟某个物理现象、设备或简单系统；今天，人们要求能用仿真技术来描述复杂系统，甚至由众多不同系统组成的系统体系。这就要求仿真技术需要进一步发展，并吸纳、融合其他相关技术。

虚拟现实（virtual reality）技术，简称VR，是20世纪80年代新崛起的一种综合集成技术，涉及计算机图形学、人机交互技术、传感技术、人工智能等。它由计算机硬件、软件以及各种传感器构成的三维信息的人工环境——虚拟环境，可以逼真地模拟现实世界的事物和环境，人们投入这种环境中，立即有“亲临其境”的感觉，并可亲自操作，自然地与虚拟环境进行交互。

VR技术主要有三方面的含义：第一，是借助于计算机生成的环境是虚幻的；第二，人对这种环境的感觉（视、听、触、嗅等）是逼真的；第三，人可以通过自然的方法（手动、眼动、口说、其他肢体动作等）与这个环境进行交互，虚拟环境还能够实时地作出相应的反应。

虚拟仿真技术是在多媒体技术、虚拟现实技术与网络通信技术等信息科技基础上，将仿真技术与虚拟现实技术相结合的产物，是一种更高级的仿真技术。

6.3.2 虚拟仿真技术的特性

虚拟仿真技术具有以下四个基本特性：

① 沉浸性（immersion）：虚拟仿真系统中，使用者可获得视觉、听觉、嗅觉、触觉、运动感觉等多种感知，从而获得身临其境的感受。理想的虚拟仿真系统应该具有能够给人所有感知信息的功能。

② 交互性（interaction）：虚拟仿真系统中，不仅环境能够作用于人，人也可以对环境进行控制，而且人是以近乎自然的行为（自身的语言、肢体的动作等）进行控制的，虚拟环境还能够对人的操作予以实时的反应。例如，当飞行员按动导弹发射按钮时，会看见虚拟的导弹发射出去并跟踪虚拟的目标；当导弹碰到目标时会发生爆炸，能够看到爆炸的碎片和火光。

③ 虚幻性（imagination）：系统中的环境是虚幻的，是由人利用计算机等工具模拟出来的，既可以模拟客观世界中以前存在过的或是现在真实存在的环境，也可模拟出客观世界中当前并不存在的但将来可能出现的环境，还可模拟客观世界中并不会存在而仅仅属于人们幻想的环境。

④ 逼真性（reality）：虚拟仿真系统的逼真性表现在两个方面。一方面，虚拟环境给人的各种感觉与所模拟的客观世界非常相像，一切感觉都是那么逼真，如同在真实世界一样；另一方面，当人以自然的行为作用于虚拟环境时，环境做出的反应也符合客观世界的有关规律。如当给虚幻物体一个作用力，该物体的运动就会符合力学定律，会沿着力的方向产生相应的加速度；当它遇到障碍物时，会被阻挡。

6.3.3 虚拟仿真技术的应用

（1）场馆仿真

利用虚拟现实技术，通过计算机将在建或已建的场馆虚拟出来，达到一个触手可及的真实三维环境，以提前展示场馆面貌，供市民浏览，从而对场馆的规划设计进行现场评估。通过市民虚拟游览后的反馈意见，及时发现并解决场馆存在的问题。

（2）地产漫游

地产漫游是集影视广告、动画、多媒体、网络科技于一身的最新型的房地产营销方式。通过虚拟现实技术可以让购房者看到直观的样板房形象，让购房者在计算机上亲眼看到几年后才建成的小区，游观赏到优美的小区环境设计，甚至能够在计算机上选户型。

（3）室内设计

虚拟现实不仅是一个演示媒体，还是一个设计工具。它以视觉形式反映了设计者的思想，把这种构思变成看得见的虚拟物体和环境，使以往只能借助传统的设计模式提升到数字化的即所看即所得的完美境界，大大提高了设计和规划的质量与效率。

（4）理论与实验教学

虚拟仿真技术可以应用在中小学及高校的理论教学和实验教学中，利用计算机建模和仿真技术来表现某些系统的结构和动态，为学生提供一种可供他们体验和观测的环境，产生各种与现实世界相类似的现象，供学生观察，帮助学生认识和理解这些规律与现象的本质。

例如，旅游和导游专业教学过程中存在实习资源匮乏而实地参观成本又高的难题。虚拟现实技术可以按照旅游专业的教学要求和实施特点，开发出适用于导游实训、旅游模拟、旅游规划的功能和模块，让师生足不出户，就能在三维立体的虚拟环境中遍览遥在万里之外的风光美景。模拟驾驶仿真软件，通过购置的方向盘、离合器、刹车、油门踏板，连接到计算机上后可以让学员随时进行模拟驾驶训练，体验驾驶的感受，如图6-8所示。生物、化学、物理课程中的一些危险性较大或成本较高的实验，也可以通过虚拟仿真技术构建出和真实实验环境相似的虚拟实验环境让学生来做实验。图6-9所示为虚拟化学实验。

图6-8　模拟驾驶训练

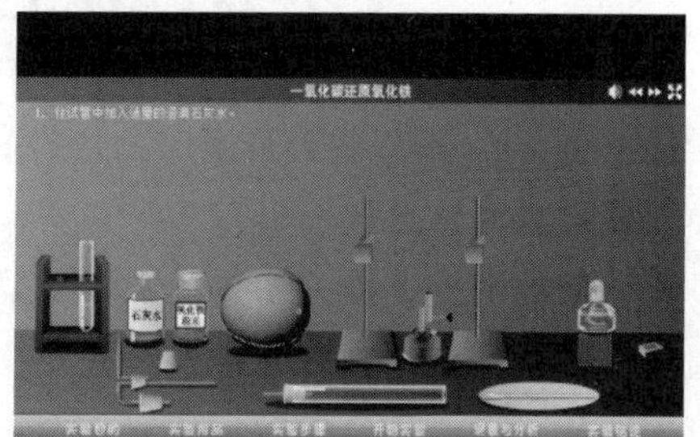

图6-9　虚拟化学实验

（5）文物古迹

虚拟现实技术可以将文物建筑、文物景点、文物物品、古代人像及行为、古代自然现象及天体现象等进行虚拟展示和虚拟复原，从而使文物脱离地域限制，实现资源共享，真正成为全人类可以“拥有”的文化遗产。

（6）工业仿真

虚拟现实仿真平台，具有强大的物理实时计算功能，能够真实模拟场景重力、环境阻尼等环境特性，真实的模拟刚体动力学特性，提供了多种动力学交互手段，并能支持多种高速运算的碰撞替代体。为广大工业仿真需求用户轻而易举将此前许多只能停留于想法的优秀互动仿真创意方案完美的呈现于眼前，为国内广大工业仿真用户带来了仿真手段和技术实现水平的革命性进步。

（7）道路桥梁

虚拟现实平台依靠其精美绝伦的三维视觉表现力、照片级的真实效果，使设计中的道路桥梁直观地呈现在人们面前，使得我们可以提前对其视觉效果和使用效率进行评估和预演，有效降低设计和施工风险，极大提高设计和施工效率。

（8）油田矿井

在建立油田生产和管理流程优化应用模型的基础上，利用虚拟现实技术对数据实现可视化和多维表达，并且通过智能化分析模型，为企业的经营管理提供良好的信息支撑环境。

（9）水利电力

虚拟现实平台可以与电力信息系统紧密结合，逼真再现变电站现场场地、变压器、母线、断路器、隔离开关、接地刀闸、操作机构、电压互感器、电流互感器、电抗器、电容器、高压熔断器、站用变压器等设备的操作过程和设备运行状态，从而为电力行业提供可视化系统解决方案。

（10）数字展馆

虚拟现实技术可以与科技馆的功能进行完美的结合，充分发挥虚拟科技馆的优势。传统的声、光、电展览已经很难吸引观众的兴趣，而利用虚拟现实技术把枯燥的数据变为鲜活的图形，使科技馆进入公众可以参与交互式的新时代，引发观众浓厚的兴趣，从而达到科普的目的。

（11）地质灾害

虚拟现实仿真平台可以实现水利工程仿真、地震应急救援仿真、地震应急推演仿真、地质灾害仿真，实现地质灾害虚拟环境功能与展示的完美结合，通过在虚拟的环境中进行预防地质灾害的模拟演练，达到提升防灾、避灾安全意识的目的。

6.4 基于大数据的精准教学

大数据（big data）是一个海量的数据集合。麦肯锡全球研究所给出的大数据定义是：一种规模大到在获取、存储、管理、分析方面大大超出了传统数据库软件工具能力范围的数据集合，具有海量的数据规模、快速的数据流转、多样的数据类型和价值密度低四大特征。具体到教育大数据，是指整个教育活动过程中所产生的以及根据教育需要采集到的，一切用于教育发展并可创造巨大潜在价值的数据集合。目前，各个国家都将大数据视为重要的战略资源，非常重视大数据在促进经济发展和社会变革、提升国家整体竞争力等方面的重要作用。

6.4.1 基础教育大数据发展概况

2009年美国科罗拉多州教育当局开始实施“教育信息系统计划”，收集学生、教师、学校相关信息数据，旨在改进教学，指导学生学习。2012年美国推出“我的学生数据计划”，将助学金申请与联邦助学信息共享，使学生与资助人能够使用所需信息资源。同年发布《通过教育数据挖掘和学习分析促进教与学》的报告，旨在促进大数据教育应用，为美国各类学校在大数据教育应用方面提供指导，包括个性化学习、教育数据挖掘和学习分析、案例介绍和实施建议等内容，引起了各国政府、教育机构及企业对教育大数据的广泛关注。欧盟也是全球大数据发展的积极推动者，2013年法国教育部推出四项数字化服务，其中一项就是在网上公布所有高中会考的科目名单，向公众提供开放式数据平台。亚洲近邻日、韩等国也很早就制定了大数据发展战略，并力促大数据担当经济增长的引擎。2015年日本总务省颁布为期三年的先导性教育系统实证事业，将推进教育大数据的研究和发展作为国家政策——先导性教育系统是指通过无缝连接国家及各地教委部门、学校、家庭等各环节，创造随时随地的学习环境，并利用教育·学习云平台收集、共享学生的学习记录数据，进而利用大数据分析为学生提供最优化教育。世界各国在基础教育大数据建设方面，都采取了各种举措，教育大数据已成为推动各国教育系统性变革的重要力量。在政策导向、规划制定、基础工程建设、资金投入、技术创新等方面都提供了全方位的支持，教育大数据发展作为国家发展战略的一部分在支撑教育决策、改进学校管理、推动教学创新、促进教育科研转型等方面发挥了积极作用。

与世界各国一致，我国政府已经意识到大数据在教育领域的价值和巨大潜力。2015 年国家正式启动了“互联网+”行动计划和大数据两大国家战略，大数据建设正在成为教育教学改革的重要举措。国务院2015年发布的《促进大数据发展行动纲要》中明确指出“探索发挥大数据对变革教育方式、促进教育公平、提升教育质量的支撑作用”。教育部2016年发布的教育信息化“十三五”规划也指出，要“依托网络学习空间逐步实现对学生日常学习情况的大数据采集和分析，优化教学模式”。我国教育部正在大力推进两级（部、省）教育数据中心的建设，通过“两级建设、五级应用”实现对全国教育数据的统一规范管理。

1. 政策规划方面

近年来我国开始不断倡导和推动教育大数据发展，“互联网+”行动计划、促进大数据发展行动纲要等有关政策密集出台，教育行政部门制定出台了有针对性的教育大数据发展规划。另外，在其他与教育信息化建设有关的发展规划中也提出了云计算、智能教育等与教育大数据紧密相关的战略布局，规划了十个大数据工程，并在“公共服务大数据工程”中明确提出“要建设教育文化大数据”。《2011—2020教育信息化十年发展规划》《促进大数据发展行动纲要》《教育信息化“十三五”规划》等一系列文件，从不同角度，全方位确定了我国教育大数据建设的国家战略与举措。

2. 产业发展方面

部分教育信息化企业从数据采集的角度开展教育大数据硬件设备研发，通过音视频资源、点阵数码笔、试卷扫描等多种途径获取教育教学数据，开展以统计分析为主的分析应用。部分互联网教育企业凭借内容、产品、服务等方面的积累，正在积极探索或计划涉足教育大数据相关业务，通过数据库系统研发，对学习行为记录等方式获取数据，结合学习分析技术探索学习资源推荐、学习预警、学习诊断等服务。传统数据分析企业，凭借在商业数据分析领域的技术积累，开始进军教育数据挖掘与学习分析市场，基于通用数据分析系统提供教育解决方案。

3. 实践应用方面

国内部分地区依托智慧城市、智慧教育的建设与发展，大力发展区域教育大数据中心平台的建设与创新应用。各级教育研究机构和一线学校已经积极行动起来，开展教育大数据分析研究和实践教学应用。据中国基础教育大数据发展蓝皮书（2016—2017年）项目调研发现，当前我国中小学校开展教育大数据项目的主要动因是持续引领学校整体发展、促进学校教育信息化发展以及破解学校教育教学发展难题；在实施模式上主要采用自发探索、项目参与、行政推动以及企业引领方式。例如，南京市北京东路小学通过实施“基于大数据的学生成长过程评价”，推动学校在学生评价、教育决策、教育行为以及个性化精准教育等方面的发展；浙江龙游凯马国际学校借助教育大数据项目促进师生全面发展的同时提升学校的信息化水平，开发了基于大数据的成长型智慧德育系统、情商开发系统和成长型学习系统。更多的中小学正在实施体育运动手环项目，通过数据挖掘和分析，监控学生运动数据，实现个性化教育。

我国基础教育大数据建设蓄势而发的同时也有一些问题存在，如技术标准、数据安全、家长顾虑、教师负担等，在大数据技术给教育教学带来革命性变化的同时，一定要看到其不足的一面，研究探索有效规避问题的方法。

6.4.2 教育大数据的核心技术

1. 教育数据挖掘

教育数据挖掘（education data mining）是综合运用数理统计、人工智能与机器学习和数据挖掘等技术与方法，对教育原始数据进行分析处理，通过构建数据模型，对学习者的学习结果与学习内容、学习资源和教学行为等变量进行相关关系分析，从而有效地预测学习者未来的学习趋势，并为教育工作者、学习者、学生家长、教育教学研究者以及教学软件开发者提供支持，实现教育系统中教育资源的良性互动，最终实现改进学习的目的。

教育大数据有四大来源。一是在教学活动过程中直接产生的数据。例如开展在线教育的慕课，实现了教育全过程的数字化，把教师的传道授业教学过程、学生的求学过程、教师和学生之间的研讨过程等教学活动都存储为海量的非结构化大数据。二是在教育管理活动中采集到的数据，例如学生的学籍信息、教职工基础信息、学校基本信息、财物信息、设备资产信息等。三是在科学研究活动中采集到的数据，例如论文发表、科研行为数据等。四是在校园生活中产生的数据，例如学生餐饮消费、图书馆借阅记录信息、门禁信息等。利用数据挖掘技术对这些教育大数据进行处理，主要指的是在决策管理、学习分析、智能学习环境、智能学习评价四大方面的处理，能够为学校和教师的教学提供参考，及时、准确地评估学生的学业状况，发现学生潜在的问题，进而预测学生未来可能的表现，让教师改进教学策略和方法。在教育大数据处理中常用的数据挖掘技术有聚类分析、分类、离群点检测、关联规则等。

2. 学习分析技术

学习分析技术是指测量、收集、分析和报告有关环境的数据，用以理解和优化学习及学习环境的技术。北京师范大学何克抗教授认为：学习分析技术是指利用各种数据收集和数据分析工具，从教育领域的海量数据（包括在“教学过程”“学习过程”“教学管理过程”中所产生的海量数据）中通过收集、测量、分析和报告等方式，提取出隐含的、有潜在应用价值的、涉及“教与学”或“教学管理”的过程及行为的各种信息、知识与模式，从而为教师的“教”、学生的“学”以及教学管理提供智能性的辅助决策的技术。

学习分析技术分析的对象是学习者及其学习环境，目的是评价学习者、监测学习者的学习效果，发现潜在问题并及时做出干预，分析过程中非常依赖于学习者的行为数据和结果数据。学习分析的核心是学习者分析，在学习分析模型中使用较多的是学习风格建模、情绪建模和行为建模。

使用学习分析技术进行教学评价，主要依据数据挖掘技术。指标数据的选取直接影响到预测结果的准确性和数据分析的有效性。学习分析研究中经常涉及两类数据指标：个性特点指标和行为表现指标。其中，个性特点指标一般指事实性变量，可以量化，如年龄、性别、种族、平均分、学习经验等；行为表现指标主要反映学生在网络学习环境中的数字行为痕迹，如他们登录课程学习网站的次数、在学习网站上的时间、发帖的次数、测验分数等。

学习分析技术的应用前景主要体现在：随着信息技术在教育领域的深入应用，智慧教育成为信息化教育应用的一个新范式。智慧教育主张借助信息技术的力量，创建具有一定智慧特性

（如感知、推理、辅助决策）的学习时空环境，旨在促进学习者的智慧全面、协调和可持续发展。智慧学习环境的一个基本特征是：基于学习者的个体差异（如能力、风格、偏好、需求）提供个性化的学习诊断、学习建议和学习服务，并记录学习历史数据，便于数据挖掘和深入分析，数据结果用于评估学术过程、预测未来表现和发现潜在问题。

因此，采用现代化的分析方法和分析工具对学习数据进行加工、挖掘和分析，成为智慧学习不可或缺的条件。目前，学习分析技术主要有网络分析法、话语分析法、内容分析法、数学与统计法、数据挖掘等。相关的分析工具软件有SPSS、SOCRATO等。

6.4.3　基于大数据的精准教学案例

一份15页的成绩报告单

（来自浙江省衢州市书院中学https://dx.eduyun.cn/html/cz2/20181026/269.html）

信息化技术究竟能给教育带来什么？学校里的大数据究竟能怎么用？2014年以来，衢州市书院中学通过三年多的实践，为学校的每位学生提供了长达15页的“私人定制”报告单。这些报告单对每位学生的成绩进行了大数据分析，描述了每个科目每个知识点的掌握程度，并对个人能力做了综合评价，就像一份细致全面的“体检诊断报告”。据此，学生可以发现自己的不足之处，提高学习的针对性和有效性;教师可以发现自己教学上的问题并及时修正。

一、挖掘分数蕴藏的价值

2016年2月，期末试结束后不久，又到了拿成绩报告单的时候。书院中学初二（4）班的江莹同学在座位上焦急又忐忑地等着。等老师把成绩单交到她手里的时候，她不禁吃了一惊：原本半张A4纸大小的报告单怎么变成了厚厚的一沓纸?考试的成绩不就几个分数吗，怎么有这么多页内容？

她好奇地翻开这份足足有15页的《成绩及各科知识点、能力综合评价报告单》，映入眼帘的是各种图表：首先是传统的成绩报告单，有一个表格呈现了自己语文、数学、英语、社会、科学这五门科目的分别得分以及总分，还有班级和年级排名、班级和年级平均分，以及班级和年级最高分；表格下面用柱状图，直观地呈现了个人的单科得分以及总分，与班级和年级排名、班级和年级平均分、班级和年级最高分之间的对比情况。

而接下来的内容是她以前从来没有见过的——各科知识点掌握情况分析表，对自己在每一门科目考到的每一个知识点的掌握情况都做了具体分析。例如语文方面，报告单说她“语言运用”这个点“掌握偏弱，基础不稳，需要重点提升”，“写法分析”“主题理解”“行文思路分析”“文言翻译”“内容分析”这些方面“比较困难，但你有提高的潜力”，而其他的知识点都“掌握较好”。分析表下面还附有一个雷达图（见图6-10），让她一下子就看清楚了自己在哪些知识点上有欠缺，而哪些方面的表现超过了班级平均水平。

最后还有一个个人能力层级综合评价表，呈现了自己识记、理解和应用这三方面的能力所达到的水平，是优秀、良好，还是一般。

完整地看了这份报告单之后，江莹觉得，以前觉得“触目惊心”的考试分数和排名，在这里似乎变得没那么刺目和重要了，自己对知识点掌握情况分析和能力评价的印象和兴趣，比对分数强烈多了。

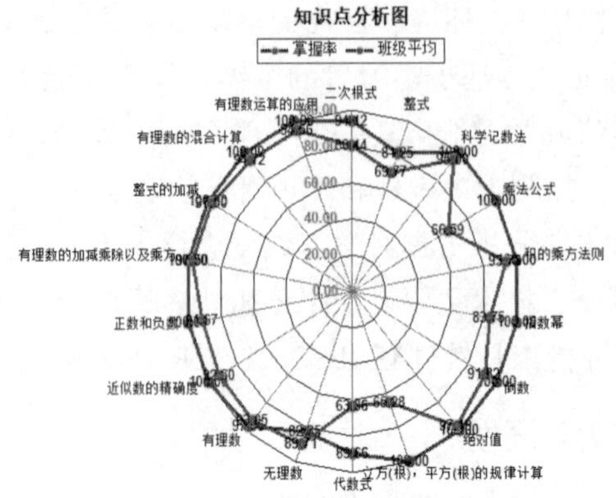

图 6-10　知识点掌握程度雷达图

“学生第一次看到这份报告单都挺震撼的，家长也感到挺惊喜的”，初三年级组长、语文教师聂天敏觉得，以前的成绩单很简单，其实学生早就知道分数了，拿到成绩单也不会细看，但这份报告有很多方面可以研究，还可以和试卷匹配起来看，明确了自己的欠缺之后就可以有意识、有针对性地去补差。

二、大数据下的二维精细诊断

慕课、微课、翻转课堂……在信息技术的推动下，打破时空分割的“泛在教育”正在深刻影响着教育领域，目前网络上的教育教学资源非常丰富，但如何让这些资源更有针对性地发挥作用，第一步要做的是“精确的诊断”，而学校作为一个专业诊断机构的角色也显得更为关键。

书院中学深化了基于大数据的“二维教学质量诊断系统”开发研究。其中的“二维”指的是“知识+能力”的结构。围绕“知识”“能力”两个维度合成出学生、教师、班级、学科四类数据。学生能最终在报告单上看到自己知识点的掌握情况及能力水平；教师除了能看到自己所教班级和科目每个学生的知识和能力情况，还能将自己班级和其他班级作对比，发现自己教学中存在的不足；学校则可以综合观察学生个人、教师个体、班级、学科集体的情况，并做出诊断。数学知识点掌握分析表如图6-11所示。

数学 知识点掌握情况分析表

知识点	掌握率	班级平均
概念的理解和应用	0	45
无理数的判断	0	77.5
等腰三角形的判定	27.27	54.55
上述知识点严重缺陷，需要加强掌握，注意从基础抓起		
面积的计算	40	49.25
三角形相似应用	59.26	72.59
求代数式的值	66.67	70.83

图 6-11　数学知识点掌握情况分析表

从“分数描述”到“诊断报告”，再到个性化错题本的自动推送，书院中学的“教学诊断数据化”工作使得学生层面的“补短板”行为可以大规模的实现。目前，学校跟踪到了学生在数据驱动之下、在学校的推送引导之下，有针对性的、反复的刻意练习的行为。这是数据化工作带来最大的价值。

6.5　人工智能与教育

2019年5月，中国政府与联合国教科文组织合作在北京举办国际人工智能与教育大会，会上由联合国教科文组织发布《人工智能与教育——北京共识》，提出各国要引领实施适当的政策应对策略，通过人工智能与教育的系统融合，全面创新教育、教学和学习方式，并利用人工智能加快建设开放灵活的教育体系，确保全民享有公平、适合每个人且优质的终身学习机会，从而推动可持续发展目标和人类命运共同体的实现，强调要采用人工智能平台和基于数据的学习分析等关键技术构建可支持人人皆学、处处能学、时时可学的综合型终身学习体系。

1. 概念

人工智能（artificial intelligence, AI）是研究、开发用于模拟、延伸和扩展人的智能的理论、方法、技术及应用系统的一门新的技术科学，是指能够执行需要人类智能特征的任务或活动（如规划、解决问题、识别模式和逻辑动作）的机器或计算机程序人工智能，是新一轮科技革命和产业变革的重要驱动力量。

2. 分类

从可应用性看，人工智能大体可分为专用人工智能和通用人工智能。面向特定任务（如下围棋）的专用人工智能系统由于任务单一、需求明确、应用边界清晰、领域知识丰富、建模相对简单，形成了人工智能领域的单点突破，在局部智能水平的单项测试中可以超越人类智能。例如，阿尔法狗（AlphaGo）在围棋比赛中战胜人类冠军，人工智能程序在大规模图像识别和人脸识别中达到了超越人类的水平，人工智能系统诊断皮肤癌达到专业医生水平。通用人工智能尚处于起步阶段。人工智能系统在信息感知、机器学习等“浅层智能”方面进步显著，但是在概念抽象和推理决策等“深层智能”方面的能力还很薄弱。ChatGPT就是通用人工智能发展的一个代表性产品。

3. 应用

人工智能与教育的结合主要有两个目标。一是在教育领域全面深入地应用人工智能技术，以促进教育改革和发展；二是通过利用人工智能技术，更系统、更微观、更深入地揭示学习发生的原理与机制，进而为学习者能够有效掌握某方面知识创造条件。人工智能与教育的融合随着技术快速发展，应用场景也越来越丰富多彩，主要应用类型见表6-2。

表6-2　人工智能在教育领域的主要应用类型

应用类型	具体场景应用技术
智能适应性学习	结合智能自适应学习技术创建的虚拟教师，不仅可以渗透到整个教学过程中，还可以支持个性化教学。每个学生都可以根据自己的节奏进行学习，这有助于提高学习效率和积极性
人机互动	智能源处理和搜索技术
双师型教室	图像识别
言语评估	智能语言处理和语音识别
智能语言处理	基于语言处理，能够建立一些语法框架
基于图片的问题搜索	计算机视觉和图像识别

4. 实践案例——AI生成PPT课件

本案例通过AiPPT智能助手一键生成授课PPT课件，该智能工具能按照录入的主题词自动生成文案、思维导图等，可提高文案撰写效率；能根据教学大纲一键生成内容丰富、页面精美的PPT课件。当然，这类人工智能助手的结果目前还不能让我们完全满意，网站也给我们提供了便利的在线编辑工具来修改作品。具体操作方法如下：

① 进入AiPPT智能助手网站首页（https://www.aippt.cn/），微信扫码登录/注册，单击“开始智能生成”按钮，如图6-12所示。

图 6-12　AiPPT 网站首页及扫码注册界面

② 进入创建页，单击“智能生成PPT”选项，可选择从文案开始完全由AI智能生成，或选择导入自己准备好的PPT大纲来生成。这里我们选择AI智能生成，如图6-13所示。

③ 接下来出现一个输入主题的对话框，本例中输入“人工智能的概念”，制作一个有关人工智能学习的PPT课件。输入主题后自动生成一个PPT大纲编辑框，如果不满意可以单击“换个大纲”按钮，如果满意就单击“下一步”按钮。也可以在对话框中直接修改大纲内容，如图6-14所示。

图 6-13　智能生成选择页面

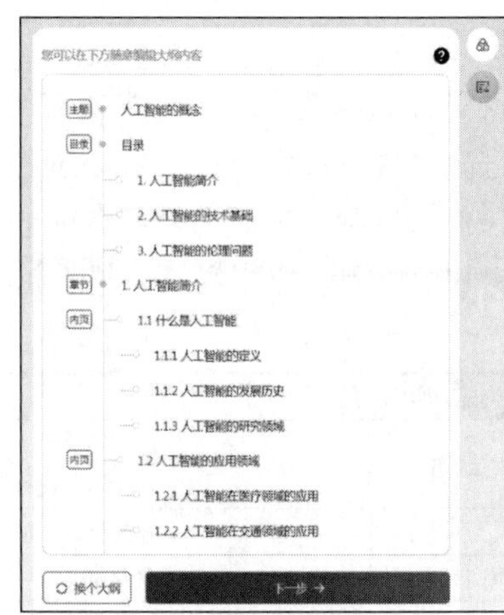

图 6-14　自动生成大纲文案

④ 单击“下一步”按钮，选择一个满意的PPT模版，本例中根据主题内容，选择了蓝色科技风格的模版。然后单击右上角“生成PPT”按钮，如图6-15所示。

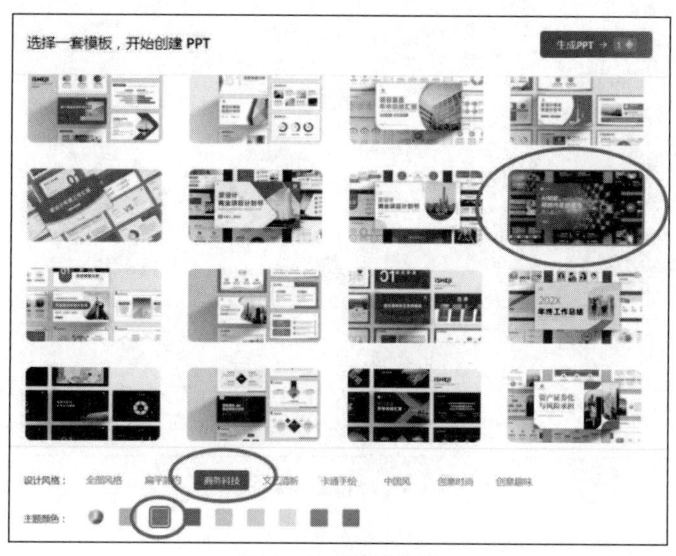

图 6-15　选择模版

⑤ 最终生成“人工智能”主题PPT，此时我们发现课件的一些局部还不能令人满意，如文字太小太密，作为上课用PPT，学生在座位上是看不清的，那么我们要在线二次编辑，调整字体字号、替换自己准备的图片、修改其中的文字内容等，修改完毕导出保存，我们就通过人工智能工具的帮助快速完成了课件制作，如图6-16所示。

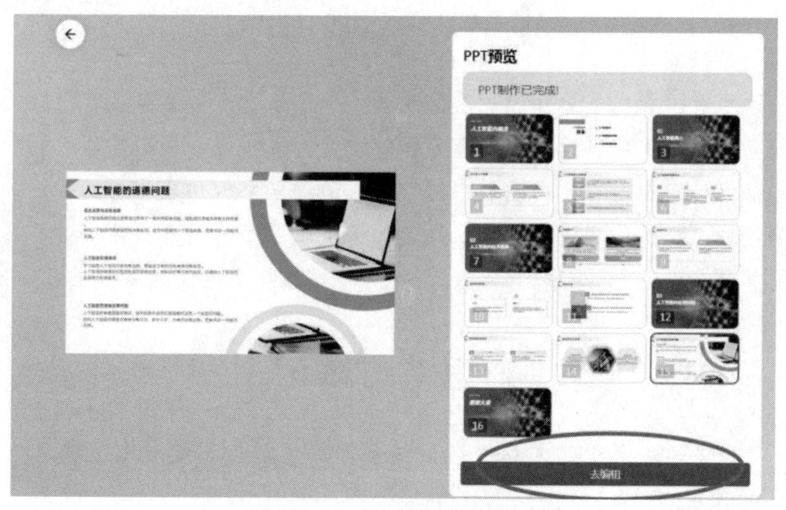

图 6-16　完成课件制作

自从ChatGPT引爆通用人工智能产品后，智能文本生成、智能图像生成、智能翻译、智能编程等人工智能应用产品在国内外快速发展。我们应主动拥抱人工智能，在学习过程中积极探索人工智能与教育发展深度融合的典型模式。各类人工智能工具可从AI工具集网站（https://ai-bot.cn/）获得，如图6-17所示。

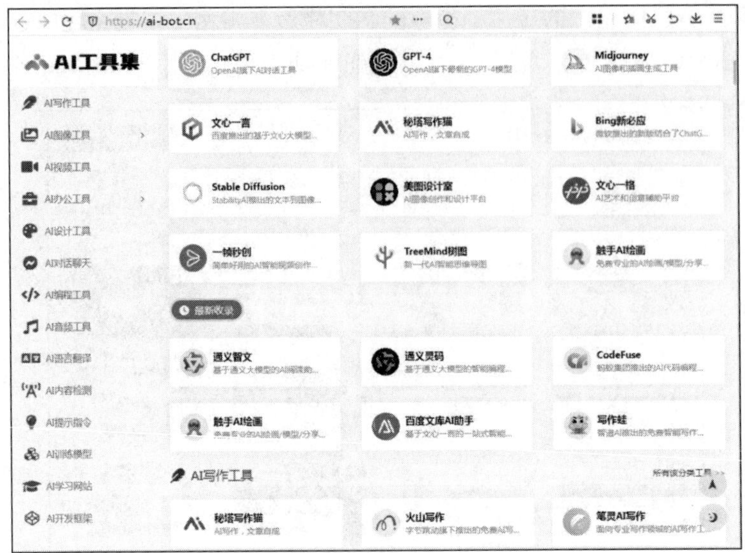

图 6-17　AI 工具集网站

实 践 活 动

1. 在进行教育见习实习的时候，请你申请一个微信公众号，用于班级管理和课程教学。
2. 尝试使用人工智能创作工具，写一篇主题班会活动方案，或制作一个教学用PPT课件。

本 章 小 结

本章系统论述了我国在线教育蓬勃发展的现状，以国家中小学智慧教育平台为代表的在线教育平台在我国教育信息化发展进程中起到重要作用。通过现实案例分析学习了远程互动课堂的实施途径，展现了信息技术在教育均衡发展中的作用。讲述了虚拟仿真技术的内涵和特点，常见的虚拟仿真系统的组成，虚拟仿真技术的应用领域等，阐述了基础教育大数据的发展现状，教育大数据的概念及其重要性。通过案例分析探讨了智慧教育系统中基于大数据的精准施教。

思考与练习

1. 对于物理和化学课程中的实验，我们能全部用虚拟仿真实验来代替真实的实验吗？为什么？请说说你的理由。

2. 我们的生活、学习和工作中，哪些地方用到了云教育？哪些地方用到了大数据的应用？请举例说明。

3. 我们的生活、学习和工作中，哪些地方用到了学习分析技术？请举例说明。

4. 微课和MOOC有何相同点和不同点？

第7章 PPT进阶实训案例

【学习目标】

- 掌握课件界面的布局技巧；
- 理解界面设计中色彩、线条、色框、色块的作用；
- 掌握换页动画、自定义动画的使用技巧；
- 熟练触发器设置方法，在课件中实现交互动画；
- 学会典型的导航链接设置方法。

优秀的PPT演示型课件设计有三大要素：布局结构、风格样式及交互动画。课件开发设计中交互动画的运用使课件更加生动、富有表现力，能更好地实现教学设计目标。在本章中通过大量实训案例，对多媒体课件中典型的页面设计、导航设计、经典知识点动画小课件的制作过程进行详细论述。

7.1 PPT课件界面设计——《鸟的天堂》

7.1.1 知识要点

1. PPT课件的界面布局

一般PPT课件需要按教学流程和功能分为封面页、目录页（导航页）、正文页、尾页，如果需要还要设计好小节页（即过渡页）。在课件的页面制作中要有统一的页面风格（布局、导航、图片、字体等），在页面设计过程中重点设计封面页、目录页和正文页，其他的页面根据功能需求做适当调整即可。在设计制作中没必要从每个细节开始设计，要善于利用模板和母版先做框架和风格设计，再根据自己的需求来做细节调整。常见的课件页面布局有：

（1）标准型

这是最常见的版面编排类型，遵循传统的阅读习惯，从上到下的排列顺序为：标题、内容文字、图像、图表等自上而下、从左到右排列，符合人们认知的心理顺序和思维活动的逻辑顺序，一般在制作课件时插入新幻灯片，从菜单栏选择“开始”→“板式”，即可使用系统提供标准版式（见图7-1）。

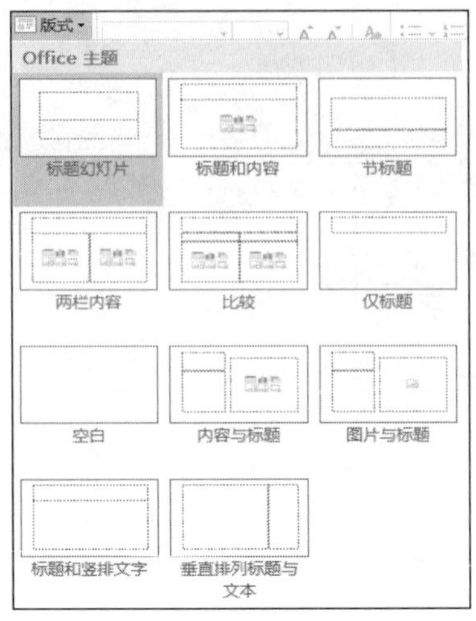

图 7-1　标准型版式

（2）左右（上下）置型

这也是当前非常常见的版面编排类型，它往往用图片或色块将页面分割成左右或上下若干个区域，与文字形成有力对比。这种版面编排十分符合人们的视线流动顺序并具有一定的设计感和视觉冲击力（见图 7-2），常用于制作课件封面页、小节页和目录页。

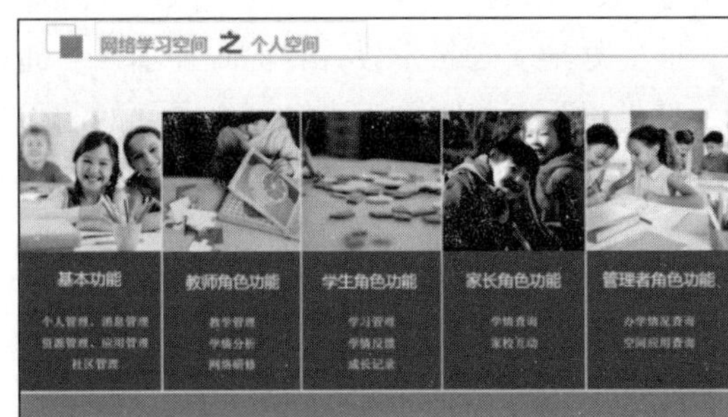

图 7-2　左右（上下）置型版式

（3）曲线型

构图时通过图片、色块、线条等元素，使视线上下流动，画面产生动感，根据视觉流程的规律，在课件设计时将教学内容进行分类归纳，突出知识点逻辑框架、处理流程或重难点表达（见图 7-3）。

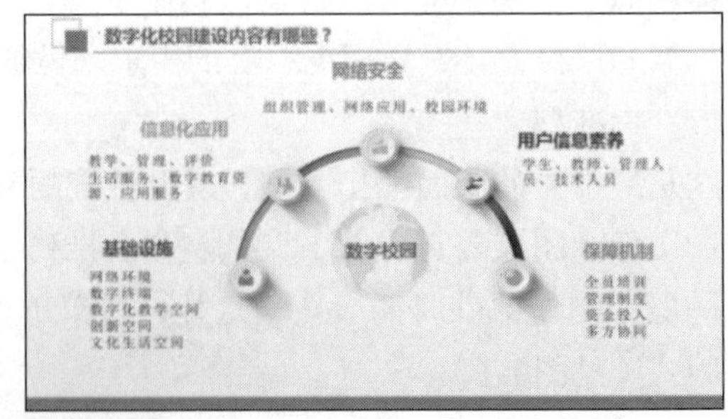

图 7-3　曲线型版式

2. 可视化表达

所谓PPT可视化表达，就是将需展示的文字内容按照其内在的逻辑联系和结构，转化为图形、图示、图片等元素来呈现，把抽象的文字转化为较为具象的图像信息。PPT设计中实现内容可视化主要从以下几个方面着手。

① 理解文字内容，分析确定内容的逻辑结构及其相互关系，将文字拆解成较小的独立表达单元，提炼其核心要点形成单元标题。

② 用图表来论证观点。通过图形的使用使表达形象化，有助于将内容的逻辑联系和结构及思维过程展示给学生，通过图形形状、颜色、页面位置的设计，把表达内容的重点、焦点快速呈现给学习者。

③ 尊重人们长期形成的视觉习惯，统一页面风格，包括布局、导航、配色、字体等，运用两种动画（自定义动画、切片动画）表达节奏，利用触发器实现交互，善用模板和母版，提高课件制作效率。下面的案例有助于理解可视化表达的设计过程（见图7-4）。

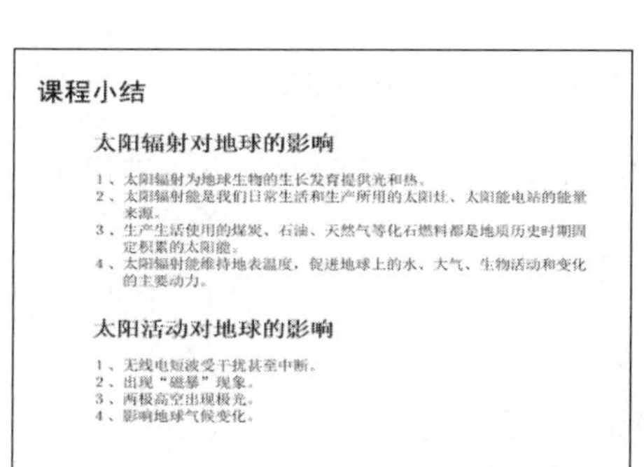

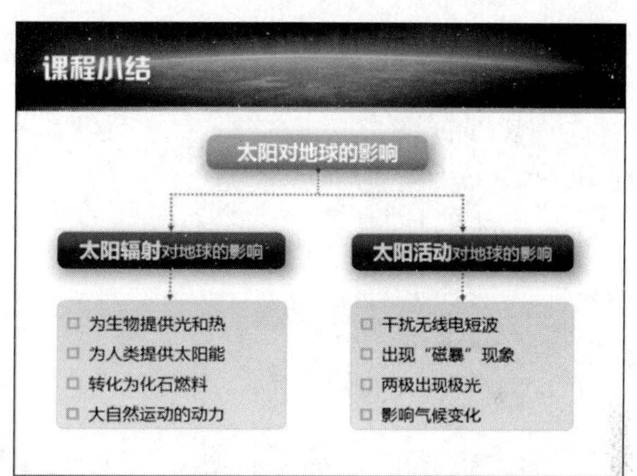

图7-4 可视化表达的设计过程

【实例7-1】案例文字材料：今天我们主要学习了太阳对地球的影响，太阳辐射为地球生物的生长发育提供光和热，太阳辐射能是我们日常生活和生产所用的太阳灶、太阳能电站的能量来源。生产生活使用的煤炭、石油、天然气等化石燃料都是地质历史时期固定积累的太阳能。太阳辐射能维持地表温度，促进地球上的水、大气、生物活动和变化的主要动力。但太阳活动也可以使无线电短波受干扰甚至中断，出现磁暴现象，两级高空出现极光，影响地球气候的变化。

操作步骤如下：

① 理解内容，形成逻辑结构，对文字进行分段并提炼表达重点。

② 形成小标题，用形状、图片、色彩等图形化表达。

3. 界面设计中形状操作

形状是PPT设计制作中可视化表达的重要工具之一，利用形状的组合和叠加可以实现页面的视觉美化设计、教学课件的功能性设计，如教学课件中的数学几何图形、物理化学实验中的器具图、动画中的几何原件等。PowerPoint中的形状图形如图7-5所示。

形状除了插入形状、编辑形状、形状效果等基本操作外，它的布尔运算操作可以为我们制作课件带来意想不到的效果。两个以上的形状通过布尔运算重新组合成新的形状。形状的布尔运算有联合、组合、拆分、相交和剪除五种运算形式（见图7-6）。

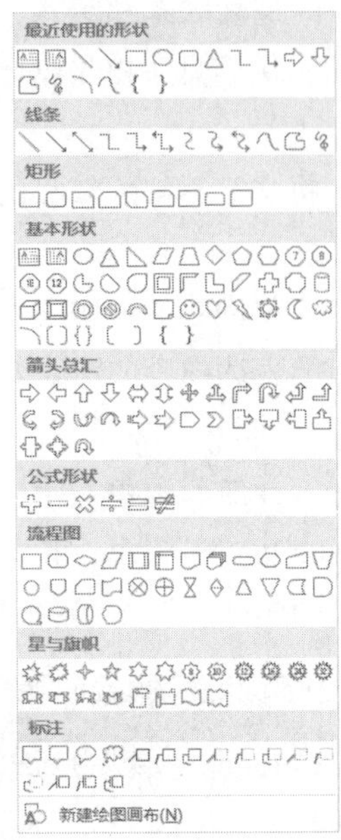

图 7-5　PowerPoint 中的形状图形

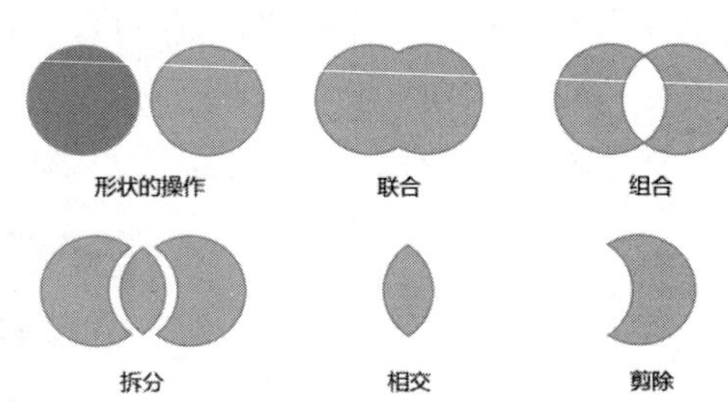

图 7-6　形状的布尔运算

需要注意的是，形状、图片、文字都可以进行布尔运算，但组合的图形是不能进行布尔运算的。

【实例7-2】案例：齿轮。

齿轮的制作步骤如图7-7所示。

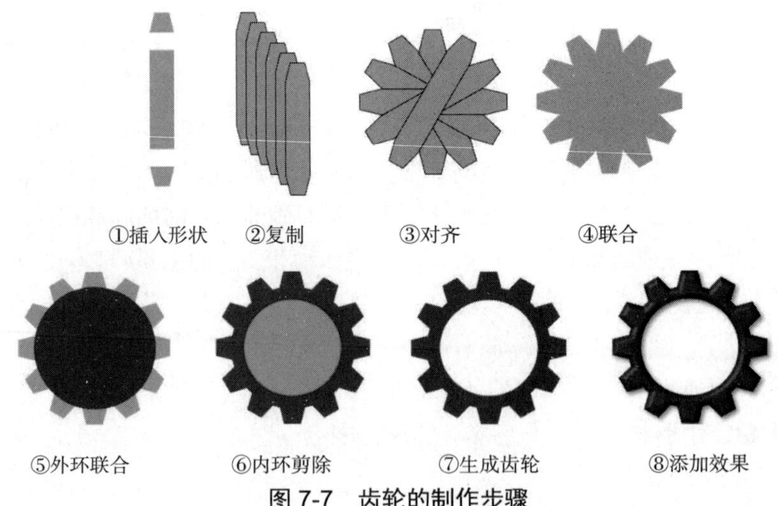

图 7-7　齿轮的制作步骤

操作步骤如下：

① 插入一个长矩形，再插入一个梯形（选择“插入”→“形状”→“矩形”）。将梯形复制后把其中一个垂直旋转（选中梯形→格式→旋转→垂直翻转）。

② 将长矩形和两个梯形摆放到一起联合，形成做齿轮的基本部件（选中所有图形→“格

式”→“合并形状”→“联合”)，再复制五个基本部件。

③ 选中六个基本部件按中心对齐（选中所有图形→“格式”→“对齐”→“左右居中”→“上下居中”)，选中其中一个基本部件，顺时针旋转30度，每一个都比前一个多旋转30度（选中图形→“格式”→“旋转”→“其他旋转选项”→输入旋转度数)，如图7-8所示。

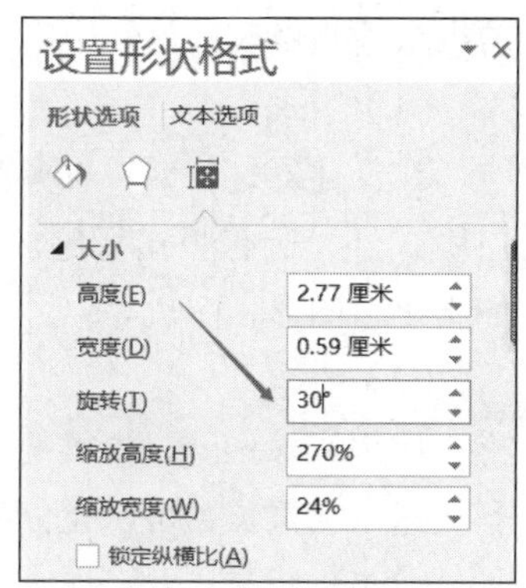

图7-8　旋转角度设置

④ 外环联合，选中所有形状并联合（选中所有图形→“格式”→“合并形状”→“联合”)。

⑤ 内环剪除，插入一个圆形，调整大小与第④步骤的形状居中对齐并联合操作。此步骤的主要目的是齿轮的齿间形成平台而不是个尖角。

⑥ 插入一个小一点的圆形，调整大小与第⑤步骤的形状居中对齐并剪除操作（选中所有图形→“格式”→“合并形状”→“剪除”)。

⑦ 生成齿轮，注意剪除时，内环圆形在上。

⑧ 对齿轮图形添加效果修饰，选中齿轮→“格式”→“形状效果”→“棱台”。

【实例7-3】案例：被打散的汉字。

制作步骤如图7-9所示。操作步骤如下：

① 插入一个文本框（“插入”→“矩形”)，输入花字。再插入一个矩形，大小可以覆盖文本框（“插入”→“形状”→“矩形”)。

② 选中“花”文本框→按住【Shift】键，再选中矩形→“格式”→“合并形状”→“拆分”。

③ 形状拆分操作后，汉字中互相不连接的笔画已经全部成为独立图形，我们可以根据自己的需求进一步设置效果，如改变颜色、填充渐变色、添加立体化效果等。文字拆分后可以在页面设计中实现更多视觉效果，如图7-10的封面效果。

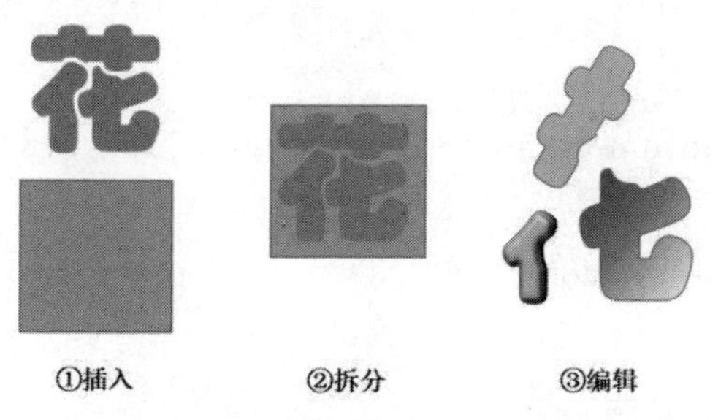

图7-9　文字笔画拆分步骤

图7-10　文字拆分在封面设计中的应用效果

4. 模板和母版的利用

一般我们制作一个新的幻灯片不必每个页面元素都要自己从头设计，PowerPoint为我们提供了版式、主题、母版三种功能来提高制作幻灯片的效率。版式解决了页面的排版，主题解决了页面的风格和配色，而母版则提供了幻灯片制作中的模板。同时互联网中也有海量的成套PPT模板、字体、配色、背景图片、图标等共享资源，我们可以先下载这些共享资源根据自己的需求适当修改即可使用。

（1）版式

在创建幻灯片时，PowerPoint提供了常用幻灯片版式，用于制作不同类型的幻灯片。除空白版式外，所有版式都包含一些对象的占位符，在不同的对象占位符中能够插入不同的内容，如文字、图形、图表等。

（2）主题

使用PowerPoint提供的主题，能够美化演示文稿的视觉效果。如果对幻灯片视觉风格及色彩表达不太擅长，可以充分利用软件提供的配色方案和主题。

（3）母版

幻灯片的母版类型包括幻灯片母版、讲义母版和备注母版。幻灯片母版用来控制幻灯片上输入的标题和文本的格式与类型，对母版所做的任何改动，可以应用于所有使用此母版的幻灯片上，不必再逐个去改变每个幻灯片的版面。例如在制作课件时，如果要让某个图标、学校名称、当前页码等出现在每张幻灯片上，在幻灯片母版上添加一次即可。母版修改方法如图7-11所示。

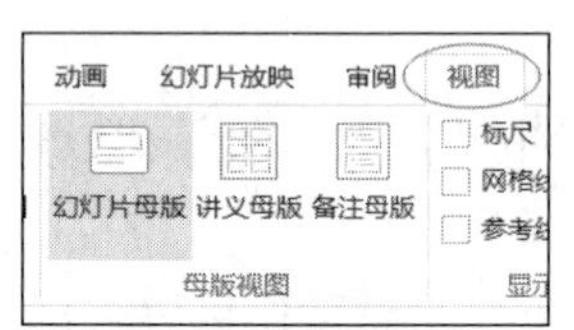

（a）进入母版编辑

（b）修改母版

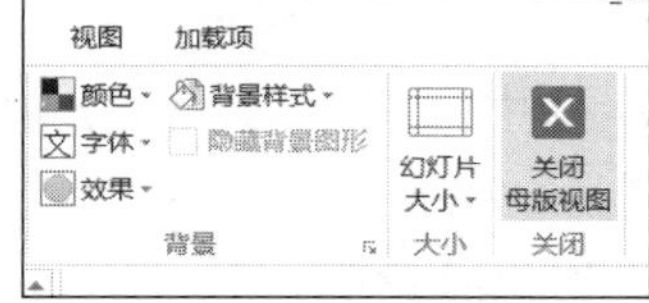

（c）保存母版

图7-11 母版修改方法

下面推荐一些优秀PPT设计和制作共享资源：

① 演界网（http://www.yanj.cn/）。

② 阿里巴巴矢量图标库（https://www.iconfont.cn/home/index?spm=a313x.7781069.1998910419.2）。

③ Adobe Color CC（https://color.adobe.com/create/color-wheel/）。

④ 艺术字在线生成（http://www.qt86.com/）。

7.1.2 案例——语文课件《鸟的天堂》界面设计

本案例以统编版语文五年级上册中《鸟的天堂》PPT课件页面设计为例，学习PPT课件框架页面的设计思路和方法。《鸟的天堂》是著名作家巴金先生的作品，作者记叙了他和朋友两次经过"鸟的天堂"的所见所闻，具体描写了傍晚静态的大榕树和第二天早晨群鸟活动的景象。宽阔清澈的河流，充满生机的大榕树，活泼可爱的小鸟，构成了一幅高雅清幽的风景画，展示了一派美丽动人的南国风光，表达了作者对大自然生命力的热爱和赞美。

1. 封面页/尾页制作

封面的设计不仅仅是一张幻灯片的设计，封面的调性决定了整个课件的视觉风格和主题（参见图7-12所示样例1和样例2）。因此设计封面前要有三个确定，确定背景图片、字体和配色。

（a）样例1

（b）样例2

图7-12　样例

大部分封面设计我们可以看做由文字层、图形层、背景层三个层次叠加而得，如图7-13所示。

图7-13　封面设计组成

样例1制作步骤如下：

① 准备课件封面所需素材“鸟的天堂”图片和“笔刷”图片。

② 确定全部课件使用统一的字体字号、配色及图标，如图7-14所示。

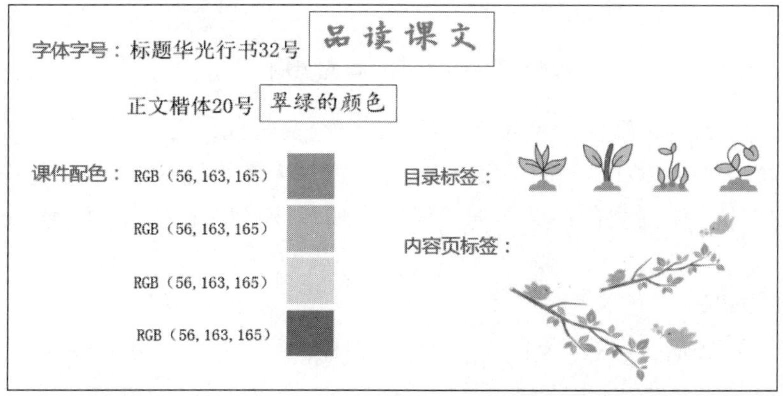

图7-14　制作前准备工作

③ 插入一个空白页面，单击“设计”菜单→“幻灯片大小”→选择“宽屏（16:9）”。

④ 插入准备好的笔刷素材图片，调整位置到页面左侧，调整大小，旋转至一定倾斜角度，使画面有动感，设置参数图7-15所示。

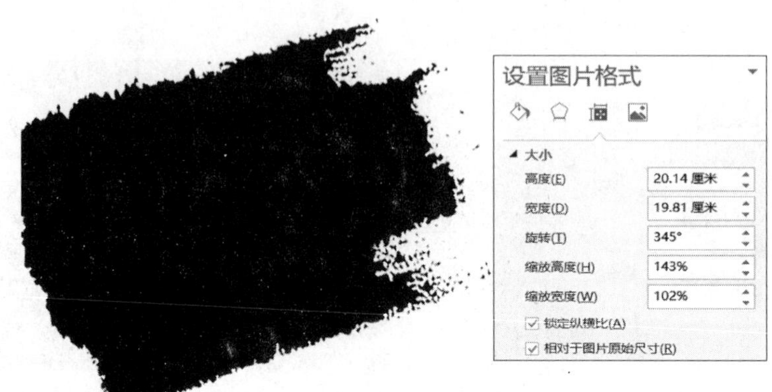

图 7-15　笔刷设置

⑤ 选中笔刷图片，单击格式菜单→颜色→设置透明色，将带有小毛笔的光标指向笔刷图片的黑色区域，单击后把黑色区域设置为透明色。

⑥ 选中已变为透明色的笔刷图片，右击弹出快捷菜单，选择“设置图片格式”选项，单击“填充”→“图片或纹理填充”→“文件”，在打开的对话框中选择准备好的“鸟的天堂”素材图片，调整图片在笔刷中呈现的效果，如图7-16所示。

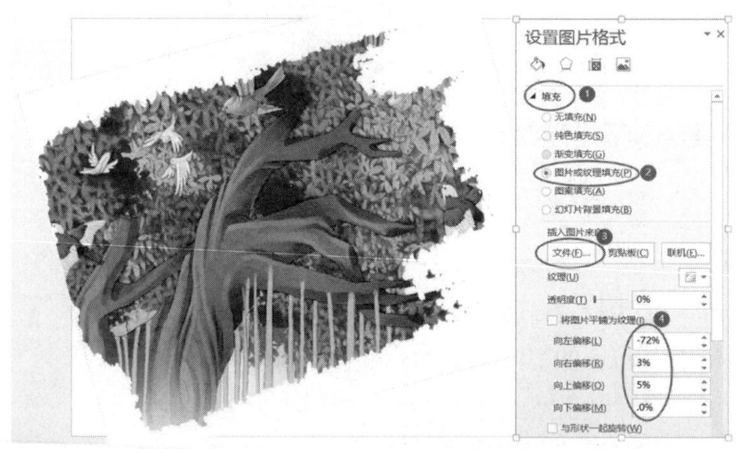

图 7-16　图片填充笔刷

⑦ 插入一根装饰线，颜色设置灰色。再插入三个文本框，文本框“鸟的天堂”设置华光行书、66号字体，颜色RGB（56,163,165）；文本框“人教版统编教材|语文五年级上册”设置微软雅黑、16号字体，灰色；文本框“任课教师”设置华光行书、16号字体，颜色RGB（56,163,165）。

样例2制作步骤如下：

① 准备课件封面所需素材“鸟1”和“鸟2”图片。

② 确定全部课件使用统一的字体字号为微软雅黑、配色与样例1相同。

③ 插入一个空白页面，单击“设计”菜单→“幻灯片大小”→选择“宽屏（16:9）”。插入一个大矩形，充满这个页面。再插入一个直角三角形小矩形，高度比大矩形稍长，放置于页面中央，如图7-17所示。

④ 先选中三角形，再选中大矩形，单击“格式”菜单→“合并形状”→“拆分”，得到不规则梯形形状，其他的形状删去。留下的梯形复制一份做180度旋转，两个梯形相对摆放，中间留小缝，如图7-18所示。

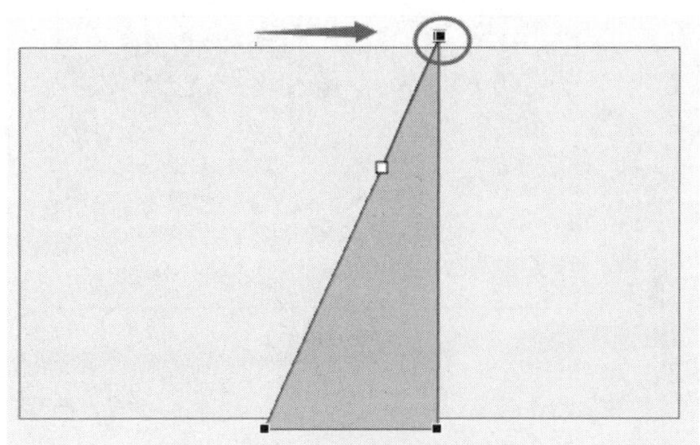

图7-17 版面几何形状划分

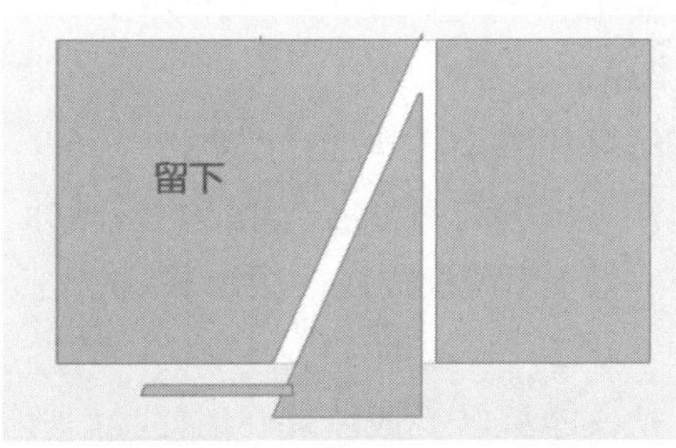

图7-18 版面几何形状划分

⑤ 选中左边梯形，右击弹出快捷菜单，选择“设置图片格式”，单击“填充”→“图片或纹理填充”→“文件”，在打开的对话框中将准备好的“鸟1”素材图片填充，调整图片在梯形中呈现的效果。右边梯形做同样操作，填充“鸟2”素材图片，如图7-19所示。

⑥ 最后添加文字层，因该案例背景图片色彩丰富，为了清晰显示文字，我们在文字下面加一层蒙版，插入一个矩形，边框设置为白色实线，深灰色填充，透明度调为30%，如图7-20所示。

图7-19 图片填充形状

图7-20 插入文字蒙版

⑦ 插入三个文本框，文本框“鸟的天堂”设置微软雅黑、66号、黄色艺术字，其他两个文本框设置微软雅黑、14号字体，白色。

2. 目录页的制作

目录页是整个课件的导航页，用来展示课件的主要内容要点，也可以通过链接方式从目录页跳转到相应的内容页面去。目录页在页面布局上一般有左右布局、上下布局、曲线布局等。本案例给出图7-21所示样例1的实现过程，样例2思路类似，可以参照样例1的方法制作。

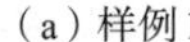
（a）样例1

（b）样例2

图 7-21　目录页样例

样例1实现的操作步骤如下：

① 准备课件目录页所需素材，抬头Logo图片“榕树1”和目录标签“植物1”～“植物4”图片。

② 确定全部课件使用统一的字体字号、配色及图标。

③ 插入一个空白页面，单击“设计”菜单→“幻灯片大小”→选择“宽屏（16:9）”。将版面划分为两部分，上面Logo图片约占三分之一的版面。下面约三分之二用于目录图标和标题。

④ 页面上方插入Logo图片“榕树1”，调整大小，一般上下型板式Logo图片不要超过版面的1/3。

⑤ 插入一个大写字母“C”文本框，用上文中案例2“打散的汉字”中所讲的拆字方法将字母“C”拆出来。这一步骤的目的是将字母“C”从文本框转换成图片，以便我们放大字母做更多的效果（如果文字不要求放很大，则直接对文字设置效果，参考第⑤步骤）。对图片C设置右下斜阴影效果，设置参数如图7-22所示。对图片C设置线性渐变填充效果，注意渐变光圈设置四个控制块，颜色分别为白色、浅绿和青色，这时候就用得上事先准备的色块了，将色块复制到当前页面，取色以后删除。设置参数如图7-22所示。

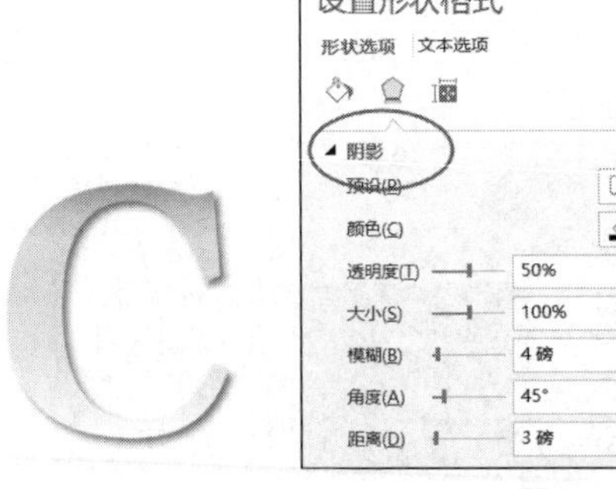

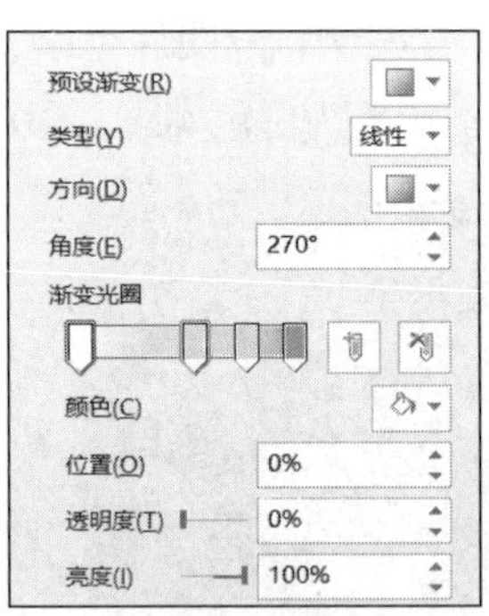

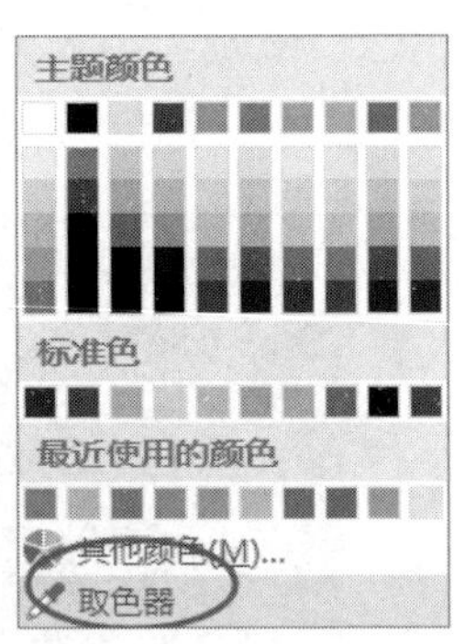

图 7-22　字母“C”填充色彩

⑥ 插入二个文本框，文本框字母“ONTENTS”设置HGDY_CNKI字体、24号、灰色，右击文字，弹出快捷菜单，选择“设置文字效果格式”，设置参数如图7-22所示。文本框“目录”设置华光行书、60号字体，设置为准备好的色块中棕色。将三个文本框摆放到如图7-23所示位置，最后插入一个线条在Logo图片下方，添加阴影效果，横穿字母“C”。

⑦ 在页面空白部分插入准备好的四个目录标签“植物1”～“植物4”，插入目录标题文本框，进行两行两列排版，整个目录页制作完毕，如样例1所示。

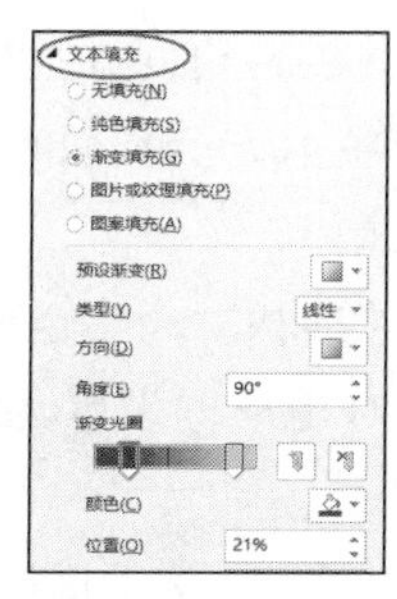

图 7-23　设置文字效果

3. 内容页制作

通常我们从网上下载的精美PPT模板不能直接拿来做课件模板使用，因为这些模板的内容页字体太小，投影到教室里学生看不清，制作成微课用手机播放也看不清，但模板的配色、动画、板式设计、标题等元素可以利用。另外需要注意，课件的内容不是Word文档呈现，而是思维结构化、表达图表化。内容页的排版设计尤为重要，对齐、对比、关联、留白、一致是五大设计原则。

本案例给出图 7-24 中“走进作者”内容页的实现过程。

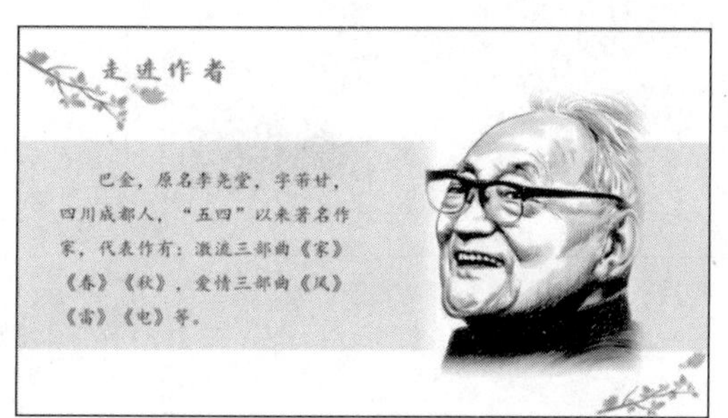

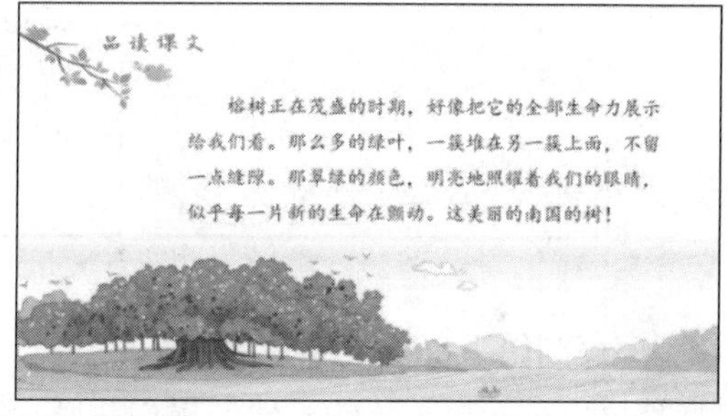

图 7-24　内容页设计效果

操作步骤如下：

① 所有内容页使用统一的模板，左上角以小鸟树枝标签引导单元标题，右下角插入缩小并旋转角度后的小鸟树枝作为页面的视觉平衡。课件的内容不能超出图 7-25 所示意的灰色区域（注：在成品中无虚线和灰色区域，是白色背景）。

图 7-25　版面规划

② 按以上设计思路，插入标签素材图片line.png，调整大小并旋转角度放置在页面左上方。插入文本框“走进作者”，设置华光行书、32号字体，放置于标签上方。页面右下角再次插入图片line.png，调整大小并旋转方向。

③ 插入一个高7厘米、贯通页面的矩形，选择“插入”→“形状”→“矩形”，高度可以在邮件快捷菜单设置，在“大小和位置”选项卡中精确设置。对矩形框设置无轮廓、纯色填充，颜色为浅橙色。

④ 插入高6厘米、宽13厘米的文本框，输入作家巴金的简介文字，文本框设置无轮廓、楷体20号字体，行距1.5倍，放置于页面左侧。

⑤ 插入“巴金”人像素材图片，原素材图片人物脸朝向右侧，根据课件设计需求，选择图片→“格式”→“旋转”→“水平翻转”，将图片左右翻转，调整到页面右侧合适位置。

⑥ 仍然选中“巴金”图片，右击弹出快捷菜单→设置图片格式→柔化边缘25磅，如图7-26所示，至此，“走进作者”内容页制作完毕。

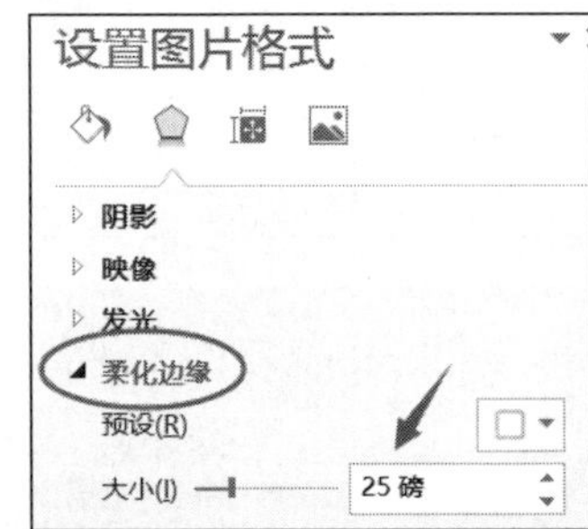

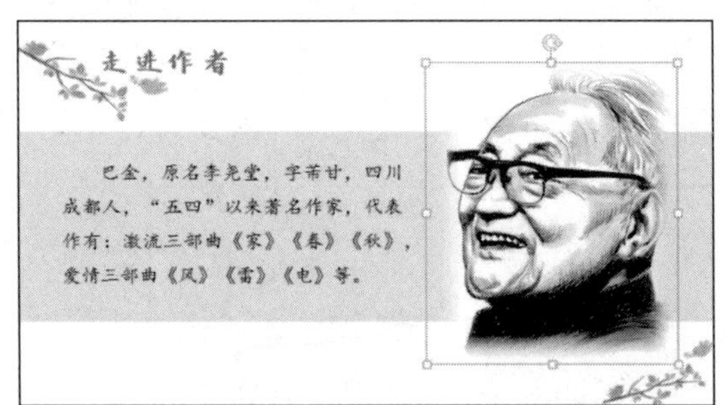

图7-26　图片设置

4. 尾页制作

课件尾页（结束页）的一般与封面相呼应，通常会把封面页直接进行复制后做稍许改动，插入“再见”“谢谢聆听”等结束语。

7.2　动画课件经典案例设计

7.2.1　知识要点

1. PPT动画的类型

利用PowerPoint为我们提供的动画功能可以实现课件中简单动画的制作。PowerPoint的动画功能分为两大类，如图7-27所示。

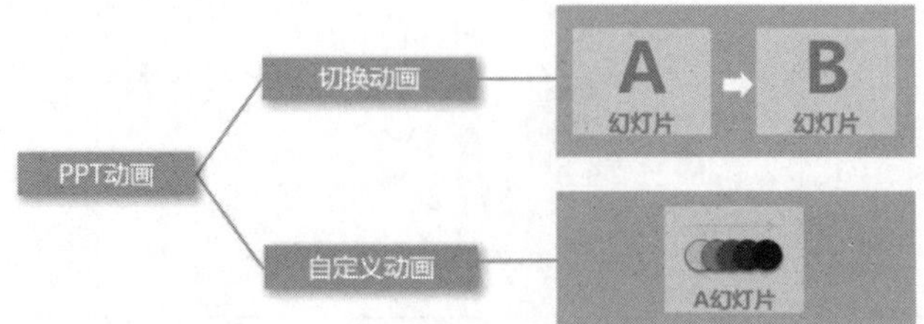

图7-27　PowerPoint动画功能分类

第一类切换动画，是从一个幻灯片转换到下一页的时候过度的动画，我们可以设置页面切换的视觉效果，还可以为页面切换添加声音，但在这里不建议添加，不必要的声音会干扰课堂上学生的思维和注意力。第二类自定义动画，是指在一个幻灯片页面内对某个对象元素设置的动画效果，自定义动画又细分了进入、强调、退出和路径四小类，其设置过程也相对复杂，课件中大部分视觉动态效果、动画等都是此类动画功能实现的。

2. 给幻灯片添加切换动画

给幻灯片添加切换动画的操作方法如图 7-28 所示。

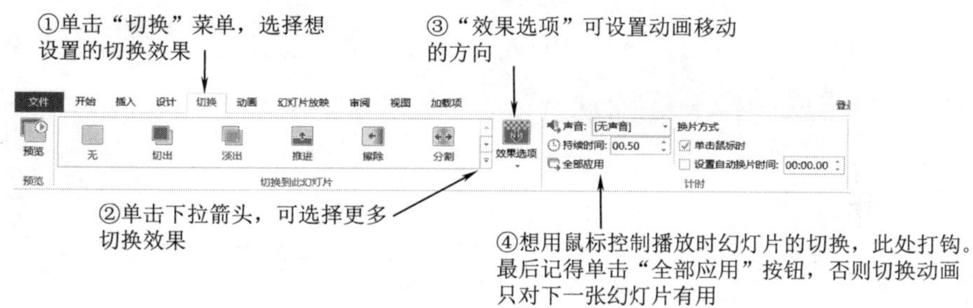

图 7-28　给幻灯片添加切换动画的操作方法

3. 给页面元素添加自定义动画

给幻灯片页面元素添加自定义动画首先要明确目标，自己想要什么样的动画效果，了解自定义动画的效果，巧妙利用这些动画效果实现课件动起来的目标。PowerPoint 的自定义动画主要分为四类，如图 7-29 所示。

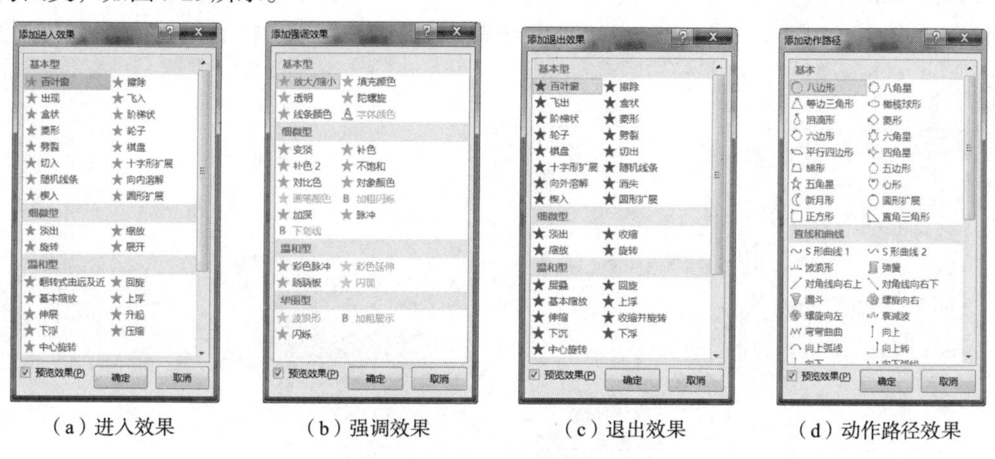

（a）进入效果　（b）强调效果　（c）退出效果　（d）动作路径效果

图 7-29　自定义动画分类

给幻灯片页面元素添加自定义动画按图 7-30 所示步骤进行。

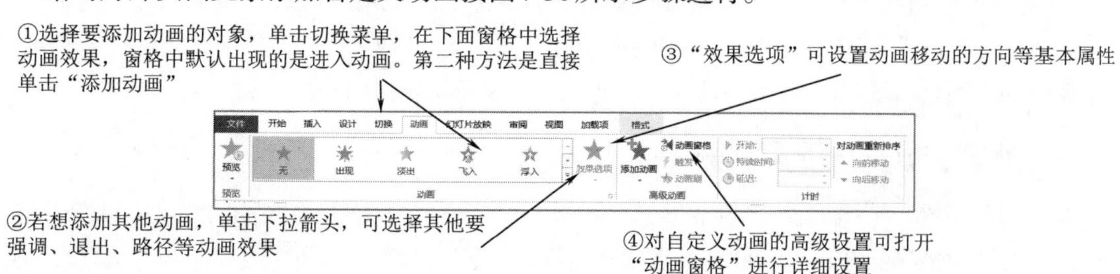

图 7-30　给幻灯片页面元素添加自定义动画操作步骤

7.2.2 会翻页的书本——切换动画的应用

本案例通过插入矩形半透明现状，配合切换页面动画，轻松实现书本的翻页效果（见图7-31）。课件增加类似动画效果引起学生注意，增加学习兴趣。

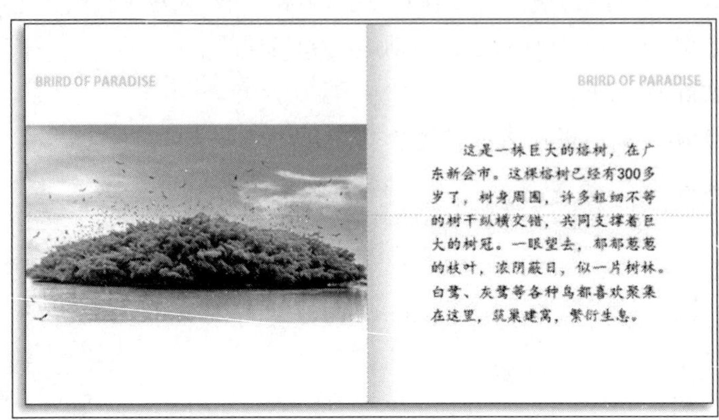

图 7-31　书本翻页效果

制作步骤如下：

① 首先勾选“视图”菜单中的“参考线”选项，使页面出现十字虚线。

② 制作好幻灯片内容，为了使效果逼真，尽量采用左右板式，按书籍的格式排版。

③ 插入一个矩形，高度与页面高度相同，宽度适度，以不遮盖到页面内容为宜。拖动矩形到中线，使矩形的一个边与中心虚线重合。选中矩形→设置图片格式→渐变填充→线性填充。这里重要的操作是渐变光圈的设置，留两个光圈控制块，一个填充白色、位置25%、透明度100%，另一个填充中灰色位置25%、透明度50%，如图7-32所示。

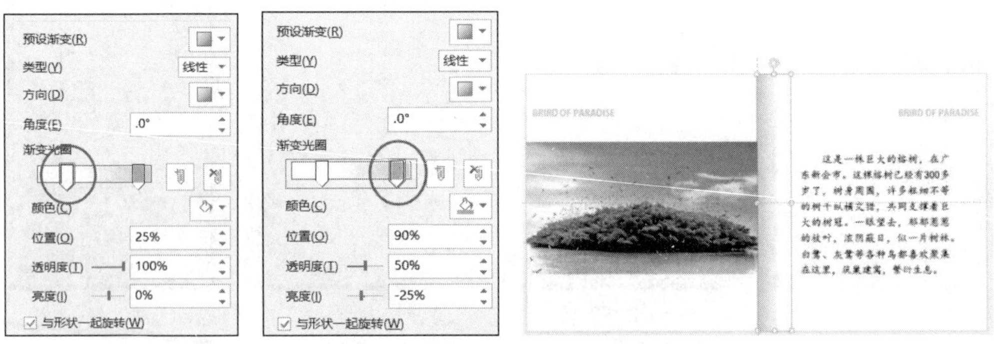

图 7-32　书本翻页效果设置

④ 复制矩形到其他排好版的幻灯片页面，选择其中一个幻灯片页面，设置幻灯片页面切换动画。单击“切换”菜单→选择“页面卷曲效果”→“全部应用”。注意在应用这个效果时幻灯片风格的一致性，全部页面都设计为书本形式，每张都使用翻书效果。

7.2.3 单摆小球——强调动画的应用

本案例利用给小球增加强调动画的陀螺旋效果，实现小球自然落体摆动的效果（见图7-33）。这是物理教学中经典的知识点课件，可以用来辅助教学，增加学习兴趣。

制作步骤如下：

（1）绘制单摆

插入形状圆形，插入形状垂直线段。这两个图形在绘制时同时按住【Shift】键，可绘制出正圆形和垂直线条，都填充黑色。再将圆形和线段各复制一份，下一步骤做背景用。同时选中圆形和线段进行右击，在右键快捷菜单中选择将它们组合。

图7-33　单摆小球效果

（2）制作背景

选择上一步复制的圆形和线段，设置形状填充为无，设置形状轮廓为虚线。再将设置为虚线的圆形与线段进行组合，再复制粘贴两次。将这两个复制的图形分别顺时针、逆时针旋转45°。再用插入线段的方式绘制顶部墙体，摆放到如图7-34（a）所示合适位置。

（3）制作摆锤

将第（1）步中制作的单摆复制一份，选中单摆→格式菜单→旋转→垂直翻转，将两个反向单摆顶点对齐摆放好。再选中上方的摆锤，设置形状轮廓为无轮廓，设置形状填充为无填充，使上方摆锤隐身，如图7-34（b）所示。最后将上方隐身的摆锤和下方的摆锤一起选中，把它们组合起来，顺时针旋转小于45°，摆锤就制作好了。摆锤制作的思路主要是要用到强调动画中的陀螺旋效果，陀螺旋的旋转以形状的中心点作为旋转点，这一步的操作实质就是将这个旋转中心点从摆锤的线段中部移到线段的顶点，如图7-34（b）所示。

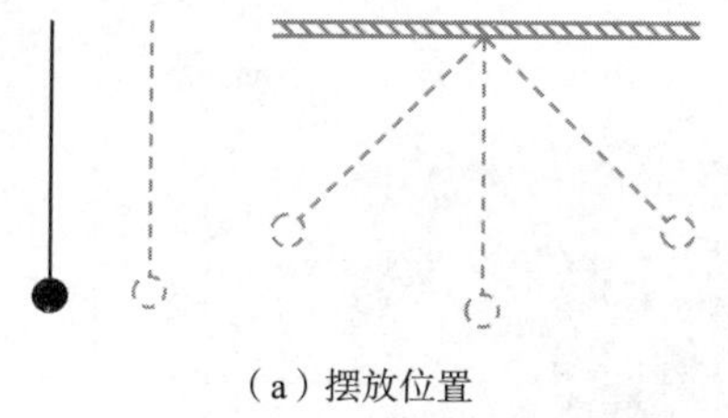

（a）摆放位置

（b）摆动设置

图7-34　单摆的元件绘制

（4）单摆小球动起来

对第（3）步做好的摆锤添加动画效果，选中摆锤→单击“动画”菜单→添加动画→强调动画陀螺旋。进一步对添加的动画设置效果，单击“动画”菜单→效果选项→方向逆时针→四分之一旋转。同时单击动画窗格做细化设置，如图7-35所示。

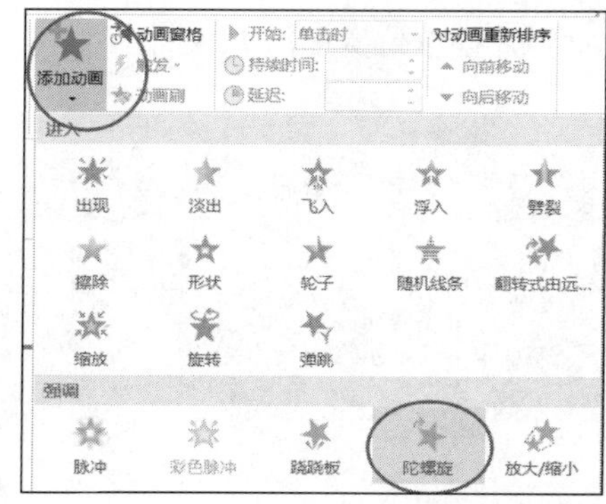

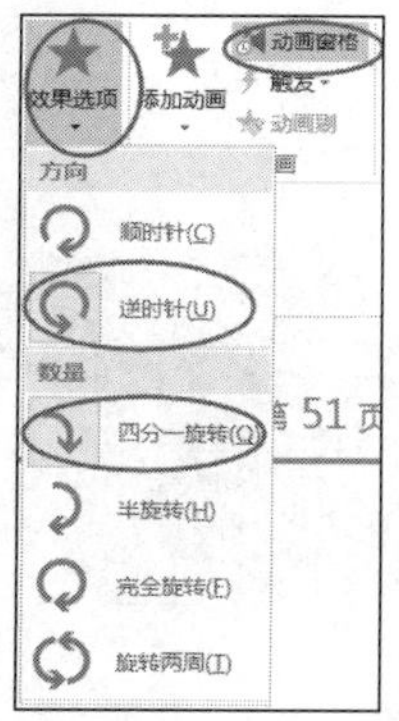

图7-35　添加陀螺旋效果

（5）动画设置

第（4）步单击动画窗格后在屏幕右侧出现动画窗格窗口，单击已添加动画的黑色三角箭头，打开“设置”菜单，选择其中的效果选项窗口，设置平滑开始为1秒，平滑结束为1秒，勾选“自动翻转”，该操作使小球左右连续摆动，并具有重力加速下坠的感觉。继续选择“设置”对话框中“效果”选项卡旁边的“计时”选项卡，设置小球摆动速度为中速，重复设置为直到下一次单击，如图7-36所示。至此单摆小球制作完毕。

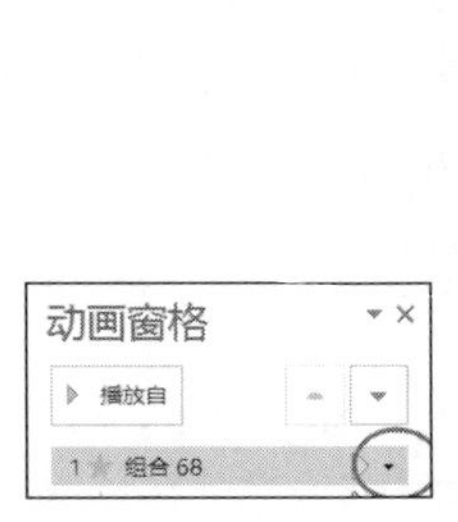

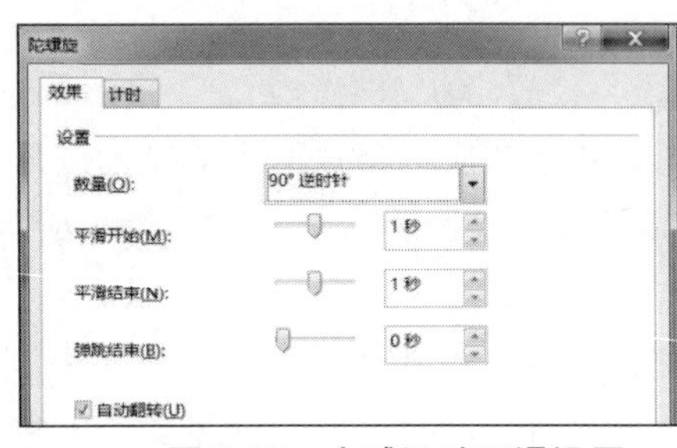

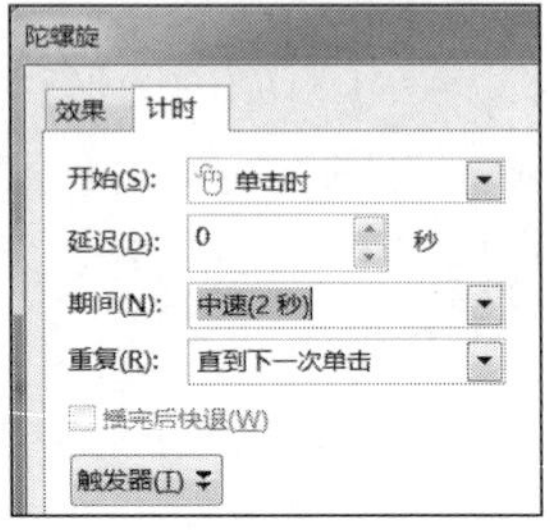

图 7-36　小球运动平滑设置

7.2.4　卷轴《清明上河图》——路径动画的应用

本案例实现一幅徐徐展开的中国历史名画《清明上河图》，效果如图7-37所示。在讲授语文、历史、美术等课程时，可使用卷轴打开的形式引起学生注意，增加学习兴趣。

图 7-37　卷轴《清明上河图》效果

制作步骤如下：

① 首先勾选“视图”菜单中的“参考线”选项，使页面出现十字虚线。

② 插入准备好的素材图片。本案例有四张素材图片，分别是卷轴的背景图片、清明上河图、左卷轴图片和右卷轴图片。所有素材图片摆放位置如图7-38所示。

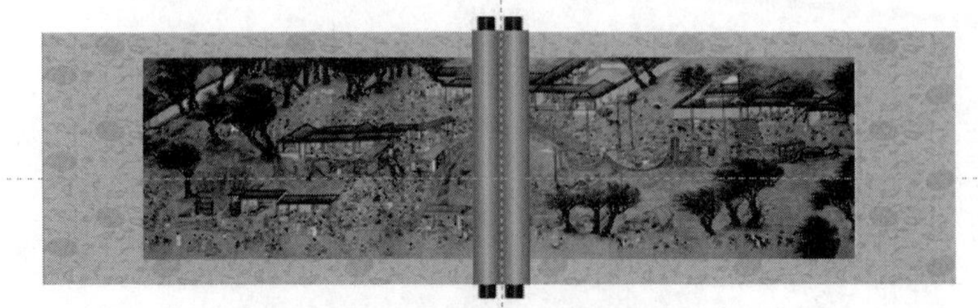

图 7-38　各素材起始位置

③设置卷轴展开动画效果。选中左卷轴→“动画”菜单→添加动画→选择动作路径的直线动画效果，设置动画开始为鼠标单击时，如图 7-39（a）所示。此时卷轴的运动方向是向下，我们再来单击“效果选项”→方向靠左，如图 7-39（b）所示，默认的运动距离不够，用鼠标拖动终点的小圆点至背景图片最左端，如图 7-39（c）所示。用同样的方法对右卷轴添加动画，“效果选项”设置方向靠右，把运动终点拖动到背景图片最右端。这时候预览一下效果发现左右卷轴没有同时打开，需要设置右侧卷轴与左侧卷轴同时移动，选中右卷轴→“动画”菜单→“开始”→选择“与上一动画同时”。

（a）设置为单击时

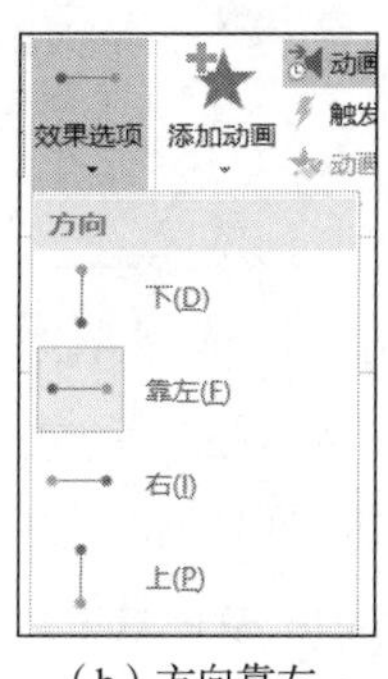

（b）方向靠左

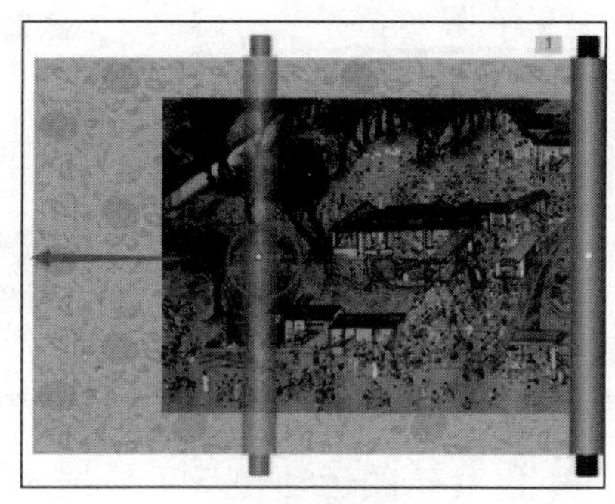

（c）小圆点设置

图 7-39　卷轴设置

④ 设置清明上河图的打开效果。同时选中《清明上河图》图片和卷轴的背景图片进行组合，选中组合后的图片添加动画效果，单击“动画”菜单→添加动画→添加进入动画的劈裂效果。再继续设置效果选项为“中央向左右展开”，动画开始为“与上一动画同时”，如图 7-40 所示。

⑤ 本案例每个元件的动画效果除了要设置同时开始外，还有一个要点是移动速度要设为一致。

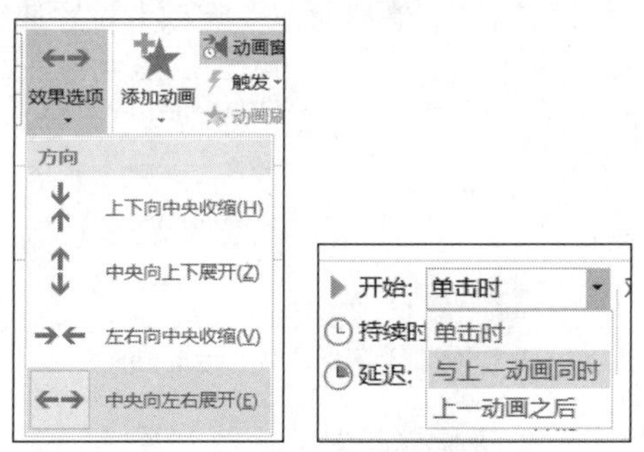

图 7-40　画展开效果设置

7.2.5　初中物理《定滑轮》——综合应用

本案例实现初中物理授课中“定滑轮受力分析”知识点的动画演示，制作步骤较为复杂，用到强调动画中的陀螺旋效果，路径动画中的直线移动效果。其中各个部件的动画设置中，时间的同步设置最为关键，如图 7-41 所示。

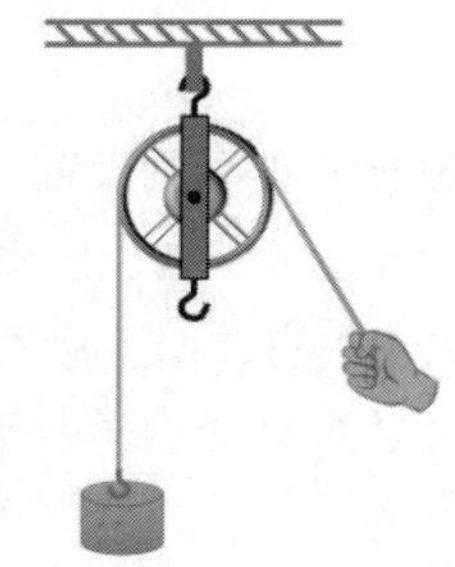

图 7-41　初中物理《定滑轮》

制作步骤如下：

① 运用形状功能绘制出课件《定滑轮》的基本元件，如图7-42所示。

② 把元件摆放成定滑轮，摆放位置和顺序如图7-43所示。注意：元件⑦和⑧是完全重合的，并且上顶点位于⑥的1/2处。

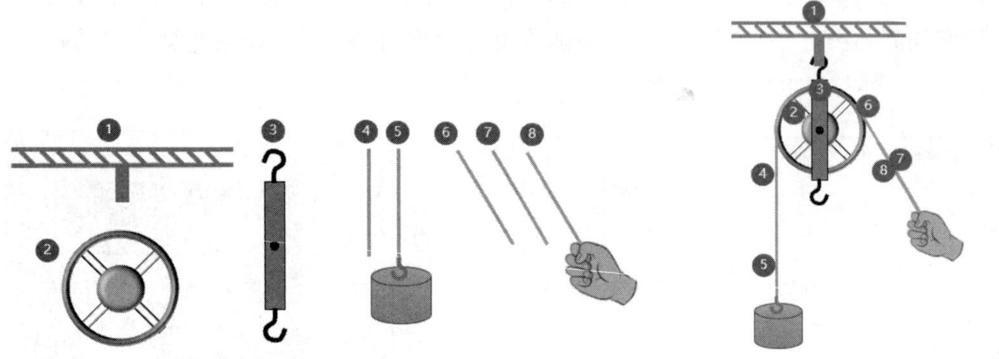

图7-42　形状组成的基本元件　　图7-43　定滑轮基本元件组合顺序

③ 定滑轮的运动是从手拉绳子开始的，因此我们首先设置手的动画。选中基本元件⑧→“动画”菜单→添加动画→路径动画直线效果。手的路径动画默认方向是向下移动，用鼠标拖动终点小圆点，使移动轨迹线与线段的角度方向一致，仔细调整移动距离，使移动后的元件⑧和元件⑦是连接在一起的。设置动画开始为“鼠标单击时”，在动画窗格打开“效果”选项卡，设置动画自动翻转、平滑开始结束各1秒，在“计时”选项卡设置速度为中速，如图7-44所示。

④ 定滑轮的动画设置。选中基本元件②→“动画”菜单→添加动画→强调动画陀螺旋效果。设置动画开始为“与上一动画同时”，在动画窗格打开“效果”选项卡，设置动画效果180度顺时针、自动翻转、平滑开始结束各1秒，在“计时”选项卡设置速度为中速，如图7-45所示。

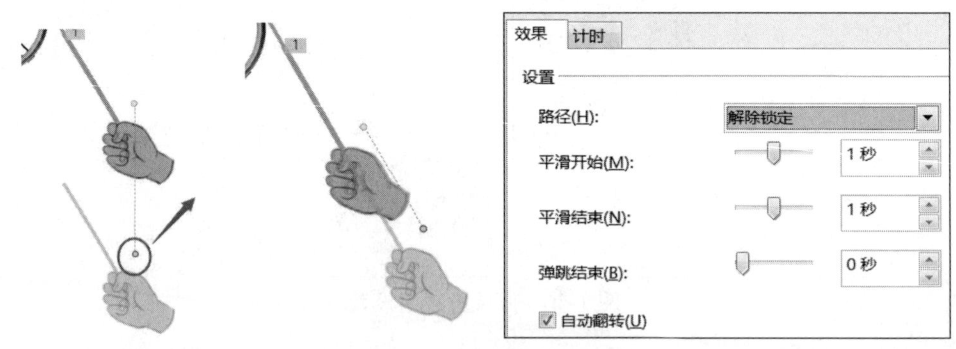

图7-44　书本翻页效果设置

⑤ 配重的动画设置。选中基本元件⑤→“动画”菜单→添加动画→路径动画直线效果。设置动画开始为“与上一动画同时”，在“效果”选项卡中调整移动方向为从下到上，用鼠标拖动终点小圆点，调整移动距离，使配重在移动时不断线。在动画窗格打开“效果”选项卡，设置动画效果自动翻转、平滑开始结束各1秒，在“计时”选项卡设置速度为中速，如图7-46所示。

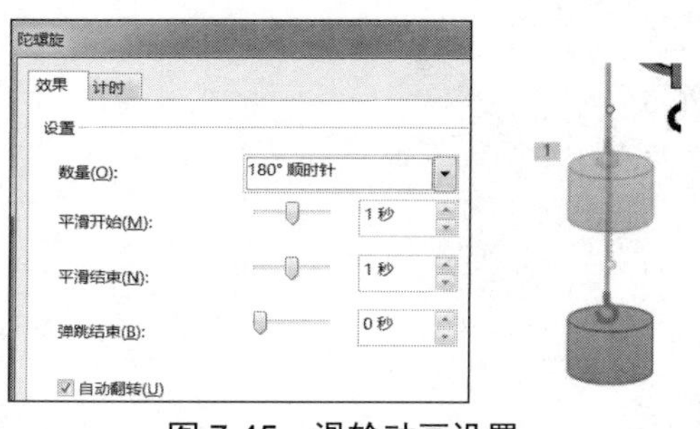

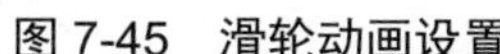

图 7-45　滑轮动画设置

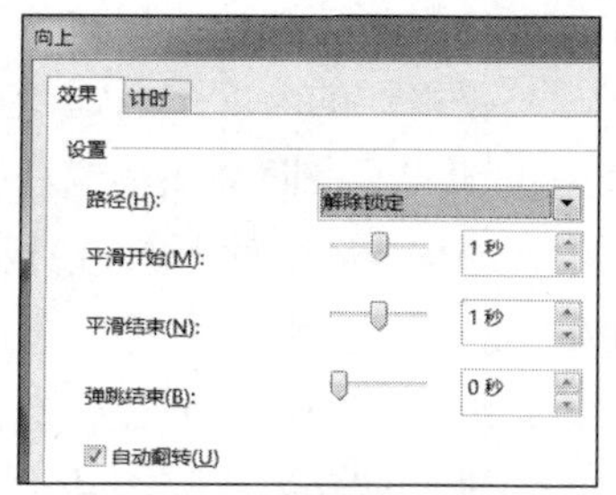

图 7-46　配重动画设置

⑥ 以上三个动画的设置中，在“计时”选项卡把动画重复都设为直到下一次单击。这样在上课时可用鼠标控制动画的演示和停止。

7.3　交互课件经典案例设计

7.3.1　知识要点

利用PowerPoint为我们提供的交互工具可以实现课件的人机交互、人机对话，使得学习过程更具个性化，学习体验更好。PowerPoint为我们准备了三类交互工具，见表7-1。

表 7-1　PowerPoint 交互工具的分类

交互工具	功　能	操 作 方 法
超链接	实现非线性内容跳转	选择对象→“插入”选项卡→单击“超链接”
动作	实现鼠标按钮并且非线性内容跳转	“插入”选项卡→单击“形状”→动作按钮
触发器	当条件满足时，触发动作。一般与自定义动画结合使用	选择对象→添加动画→动画窗格→“计时”选项卡→设置触发器

7.3.2　菜单导航课件

本案例可实现在课件的内容弹出导航菜单，在授课时可随着讲课进度和内容跳转到指定幻灯片，单击一次弹出菜单进行导航选择，如果不想跳转，再单击一次隐藏菜单。菜单导航课件效果如图7-47所示。

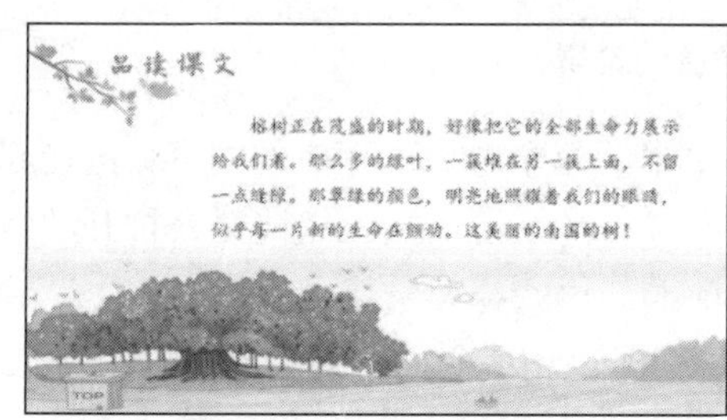

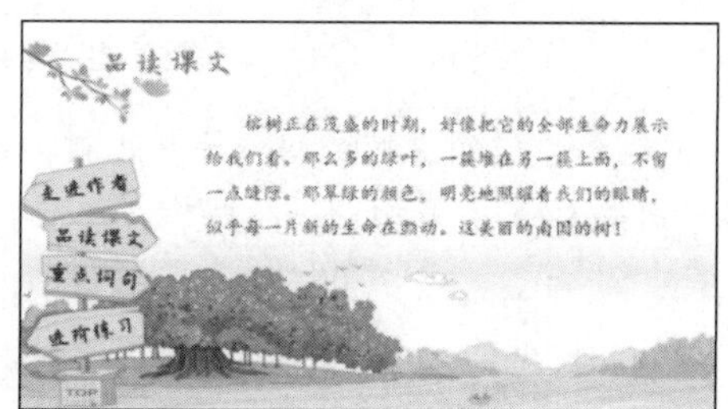

图 7-47　菜单导航课件效果图

制作步骤如下：

① 插入准备好的导航素材图片菜单.png，复制一份后分别剪切图片，得到两张图片“木墩”和“路牌”，插入“走进作者”“品读课文”“重点词句”“进阶练习”四个文本框，设置字

体为华光行书、24号，颜色为棕色，对四个文本框按照图片“路牌”的角度进行适当旋转，并放置在合适的位置，再将四个文本框和“路牌”图片全部选中，进行组合，如图7-48所示。

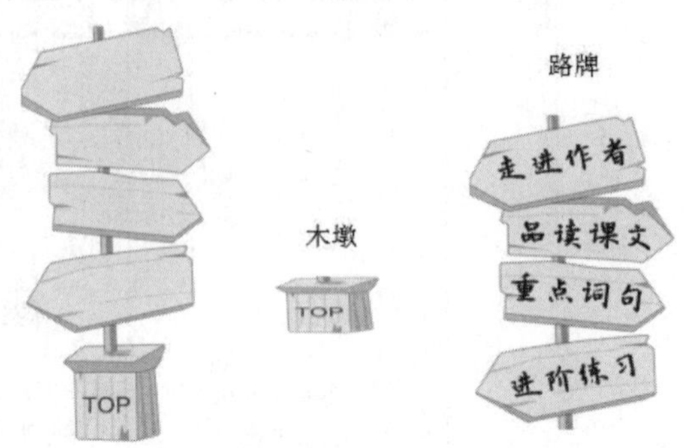

图7-48　菜单素材图片的处理

② PPT交互的基础是动画，通过交互来控制动画效果，因此我们首先要设置动画，再设置交互。将上一步处理好的素材图片“木墩”拖至页面左下角，作为菜单弹出的触发器，再把上一步处理好的素材图片“路牌”拖动到“木墩”上方，看起来像原始图片。我们的设计思路是单击“木墩”图片弹出菜单，再次单击则消失。

③ 设置菜单的弹出效果。这里我们把图片“木墩”作为“路牌”弹出的触发按钮。选中图片“路牌”→“动画”菜单→添加动画→进入动画的飞入效果，“效果”选项卡中方向设置为向上。打开动画窗格，打开“计时”选项卡，这里重要的操作是触发器的设置，选择第二项“单击下列对象时启动效果”，选择图片1，这就是刚才我们放置在页面左下角的素材图片“木墩”。在实际操作中，图片的序号与页面的内容有关，要确保是用来触发动画开始的那个元素，如图7-49所示。

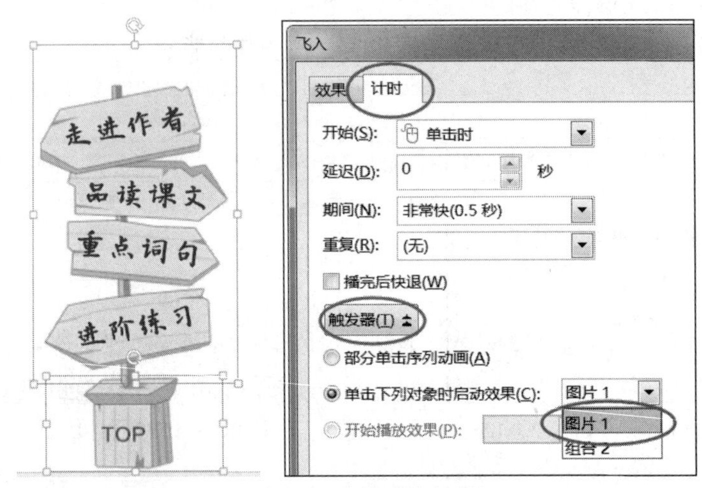

图7-49　菜单弹出设置

④ 设置每个菜单的导航链接。在此步骤把菜单中的每个选项和相应的内容页链接起来，形成可以导航的菜单。选中图片“路牌”中“走进作者”文本框→插入超链接，打开“编辑超链接”对话框，选择第二项“本文档中的位置”选项卡，再选择要链接的页面，单击“确定”按钮结束。重复同样的方法，把另外三个文本框链接到各自相应的幻灯片，如图7-50所示。

⑤ 设置菜单的消失。与第③步类似，还是把图片“木墩”作为“路牌”消失的触发按钮。选中图片“路牌”→“动画”菜单→添加动画→消失动画的飞出效果，效果选项中方向设置为向下。打开动画窗格，打开“计时”选项卡，选择第二项“单击下列对象时启动效果”，选择图片1。

⑥ 使每个页面的有效链接。第①～⑤步完成了当前一个幻灯片中菜单的设置，要想每个幻灯片都有弹出式菜单可以导航到任意页面，还有最后一步，就是把做好的完整菜单复制到每个

内容页即可。

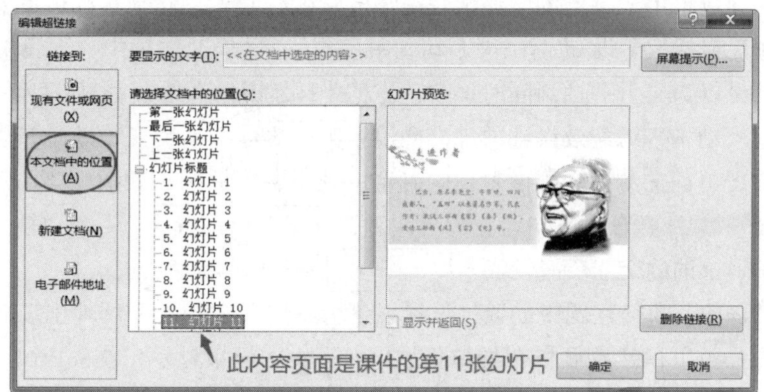

图 7-50　导航链接的设置

7.3.3 《单词练习》课件

本案例实现简单交互的英文单字练习游戏，首先展示图片，学习者看图选择正确的英文单词，选对出现彩虹和胜利音效，选错出现闪电并发出电流警告声效，做完一题单击鼠标进入下一题，如图 7-51 所示。

图 7-51　菜单导航课件效果图

（1）设计游戏界面

该游戏课件定位于小学低年级学生或幼儿的英语单字记忆练习，界面设计以色彩鲜艳的卡通风格为主。界面设计也不必从手绘做起，可以从网络下载符合要求的PPT模板来用，本案例对下载模板进行了局部修改，按自己的课件设计意图进行了版面设计。另外准备若干展示图片，考虑到幼儿的注意力习惯和认知能力，尽量选择画面简单、主题突出、颜色鲜艳的素材图片。准备两张回答正确和错误的反馈图片，准备反馈音效声音文件，如图 7-52 所示。

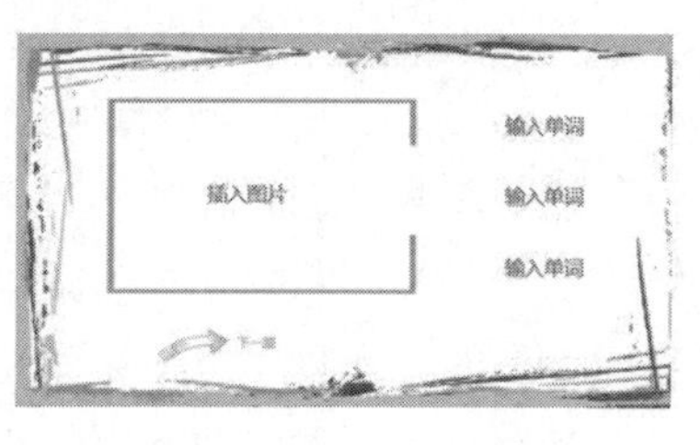

设计版面

素材图片若干

反馈图片

图 7-52　前期准备

（2）设置动画效果

页面添加动画效果主要是为了增强游戏视觉体验感，并不是必须。蓝色方框动画设置：选中方框→“动画”菜单→添加动画→进入动画→劈裂，“效果”选项中方向设置为中央向上下展开，动画开始设置为与上一动画同时。蓝色方框中图片动画设置：选中图片→“动画”菜单→添加动画→进入动画→劈裂效果选项中方向设置为中央向上下展开，动画开始设置为上一动画之后。三个英文单词文本框动画设置：同时选中三个文本框→“动画”菜单→添加动画→进入动画→擦除，“效果”选项中方向设置为自左侧，动画开始设置为上一动画之后。

（3）回答正确单词的交互反馈设置

答对单词“Bird”的交互反馈设置：设计思路为答对后“彩虹”图片出现并发出答对的音效，也就是说“彩虹”的出现要以鼠标单击“Bird”文本框来触发，在“Bird”单词左侧插入彩虹图片，选中彩虹图片→“动画”菜单→添加动画→进入动画→缩放，打开动画窗格，打开“效果”选项卡，声音选择导入准备好的音效，这里注意PPT 要求声音文件是.wav格式。再打开“计时”选项卡，选择第二项，触发器设为“Bird”文本框，如图7-53所示。

图7-53 答对单词后反馈设置

（4）回答错误单词的交互反馈设置

以对小鸟图片回答了“Fish”为例设置：设计思路为答错后“闪电”图片出现并发出答错的音效，也就是说“闪电”的出现要以鼠标单击“Fish”文本框来触发，在“Fish”单词左侧插入闪电图片，选中闪电图片→“动画”菜单→添加动画→进入动画→缩放，打开动画窗格，打开“效果”选项卡，声音选择导入准备好的刺啦刺啦闪电音效，设置播放动画后隐藏，因为学生答错后会继续答题，我们设计为闪电和音效闪动几次警告要消失，不再干扰学生。再打开计时选项卡，将动画的重复次数设为5次，即5次播放完动画就隐藏起来。选择第二项，触发器设为“Fish”文本框，如图7-54所示。另一个答错单词同样方法设置。

图7-54 答错单词后反馈设置

（5）设置下一题导航链接

选中箭头图片和“下一题”文本框→插入超链接，打开“编辑超链接”对话框，选择第二项“本文档中的位置”选项卡，再链接本页幻灯片的下一张幻灯片，单击“确定”按钮结束。这样游戏的一个页面就制作完成，其他页面都按第（2）～（5）步骤的方法来制作。

实践活动

按如下要求制作一个课时的演示型PPT课件：

1. 面向中小学教学应用，制作与自己所学专业或学科相符的多媒体教学PPT课件，必须包含本章介绍的课件制作技巧（页面设计、动画设计、交互设计）。

2. 课件教学设计应包括导入、内容讲解、测试（三道题以上）、课堂小结等环节。

3. 课件内要求插入视音频、动画等素材。

本章小结

本章详细讲述了演示型PPT课件的综合制作技巧和知识，内容包含综合界面设计、动画设计及交互设计。通过大量经典实训案例，对多媒体课件中典型的页面设计、导航设计、经典知识点动画小课件的制作过程和步骤进行详细呈现，尤其对制作中涉及的知识点进行了梳理和讲解。通过本章学习，可以对多媒体课件的制作流程有系统全面的认识。通过制作和模仿本章的案例，举一反三，能快速提升多媒体课件的开发能力，对开阔多媒体课件制作思路大有益处。

思考与练习

1. 目前已出现一些制作PPT课件的AI工具软件，我们是否还有必要学习制作课件的复杂技术？

2. 优秀的多媒体课件有哪些方面的要求？

第8章 Camtasia微课制作实训案例

【学习目标】

- 掌握课件界面的布局技巧；
- 理解界面设计中色彩、线条、色框、色块的作用；
- 掌握换页动画、自定义动画的使用技巧；
- 熟练触发器设置方法，在课件中实现交互动画；
- 学会典型的导航链接设置方法。

本章案例通过一个2分钟时长的Camtasia微课制作案例《"互联网+教育"来了》，学习以"PPT录屏+绿幕抠像"方式制作微课视频的流程和实现方法。将PPT课件精心设计后录屏形成微课视频的基础框架，在此基础上再整合教师授课绿幕抠像、文本、动画、视频等素材，进行后期剪辑制作微课视频，从时间效率上来讲是最具性价比的微视频开发制作途径，可以使教师不必学习复杂的制作工具软件，将主要精力放在教学上。本案例因时间所限，展现了微视频的其中一个片段，在一些场景转场、镜头语言方面不够流畅，但主要流程和环节是完整的。

8.1 前期准备及素材处理

1. 撰写分镜头脚本

首先需要撰写分镜头脚本，详细见表8-1。

表8-1 分镜头脚本

序号	场景	时长	内容设计	解 说	画 面	备 注
1	片头	10 s	显示视频标题	无	现代教育技术与应用 "互联网+教育"来了	从Camtasia素材库导入
2	案例导入	60 s	案例：腾讯智慧校园	无		素材来自互联网

续表

序号	场景	时长	内容设计	解　说	画　面	备　注
3	教师授课绿幕抠像	10 s	互联网+教育背景陈述	党的十九大作出了中国特色社会主义进入新时代的重大判断，积极推进互联网+教育的发展		简约蓝色背景与教师服装统一，给人简明的感觉
4	PPT录屏	10 s	呈现信息技术发展5个阶段，推出我国教育信息化发展目标	加快教育现代化和教育强国建设。开启了加快教育现代化、建设教育强国的新征程		以动画方式按顺序展示
5	PPT录屏+教师授课绿幕抠像	13 s	教师讲授，空白处推出教育信息化2.0行动计划	为引领，推动教育信息化的转段升级、体系重构，使我国教育信息化发展水平走在世界前列		PPT设计时，在画面中预留教师抠像的位置
6	PPT录屏	5 s	展示教育信息化2.0是1.0的升级	新时代赋予了教育信息化新的使命。也必然带动教育信息化从1.0时代进入2.0时代		无
7	片尾	6 s	显示制作者信息	无	谢谢观看	无

2．素材收集及处理

拍摄微课要围绕教学设计和知识点呈现设计，自制或从互联网搜索下载所需的图片、视音频、动画等素材，并根据分镜头脚本的设计处理这些素材，如调整图片大小以适应画面，用专业软件剪辑视音频，选取视音频片段等。本案例中腾讯智慧校园视频素材和背景图片均来自互联网。

3．拍摄教师授课视频（绿幕）

根据分镜头脚本设计拍摄用来抠像的教师讲课视频。如果没有条件去专业摄影棚拍摄，一般个人拍摄视频可利用单反照相机或性能较好的手机，还需要一块绿幕，一套拾音效果好、具备降噪功能的无线麦克风，用单反照相机或手机自带的麦克风录制是不能很好地处理噪声问题的。另一个拍摄中比较难以处理的是照明采光，日常照明达不到视频拍摄的要求，选择明亮的散射光线环境拍摄，例如中午光亮安静的教室走廊是比较好的简易拍摄场地，但要避免有光影色块的地方。如果在拍摄过程需要提词器，可以用平板计算机将解说词放大显示，请同学帮忙举在录制设备后方，这样不需要进专业摄影棚，我们也可以拍出质量不错的绿幕抠像讲课视频。

4．制作PPT课件并录屏

本案例以PPT课件录屏作为微视频的基本框架，在设计制作PPT课件时就要依据分镜头脚本的规划来设计，尤其是需要后期与绿幕抠像视频合成的部分要在画面预留位置。一些视频中画面呈现的动态效果可以尽量用PPT课件的自定义动画功能来实现，这样后期剪辑就不需要花太多时间去处理视觉特效，当然PPT实现不了的动态特效还是要用Camtasia来完成。

PPT课件制作好后要根据分镜头脚本的规划进行录屏，每个页面显示多长要根据脚本中计划的时长来录制。例如，脚本中4号场景计划是10 s，在录制时该页面至少停留12 s以上，宁长不短，到后期才有剪辑的余地。录屏的方式有两种：

方式一：安装Camtasia后，在PowerPoint中会自动安装一个加载项插件，我们可以制作完PPT课件后直接开始录屏，如图8-1所示。

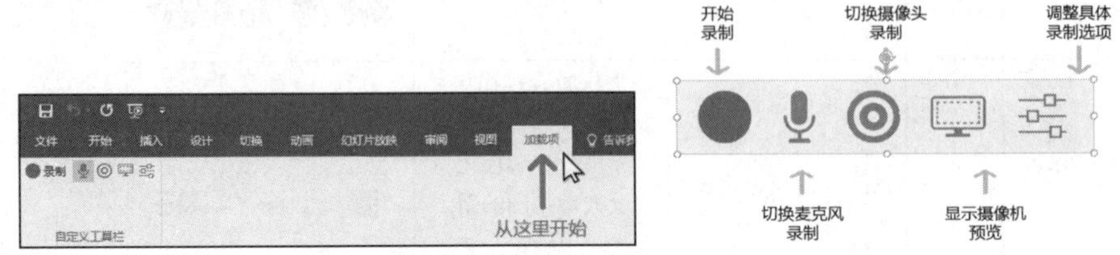

图 8-1　PowerPoint 加载项录屏

方式二：利用Camtasia录屏。打开Camtasia软件→准备好播放PPT课件，单击“录制”→在屏幕右下角“设置”对话框中进行录制设置（一般选择全屏、摄像头关、音频开）→准备好后单击“录制”按钮开始录制。录制完毕可以直接剪辑也可先保存文件，如图8-2所示。

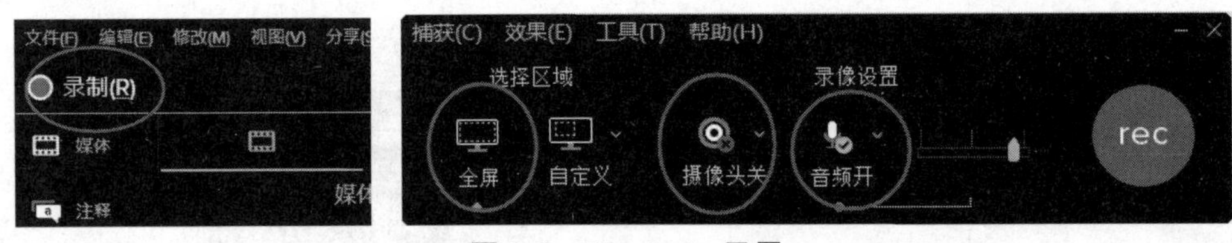

图 8-2　Camtasia 录屏

8.2　片头、片尾的制作

8.2.1　片头的制作

片头制作的步骤如下：

① 在Camtasia中新建项目，先保存项目文件并命名为“互联网+教育”。单击“导入媒体”按钮，将准备好的素材全部导入媒体箱中（见图8-3）。

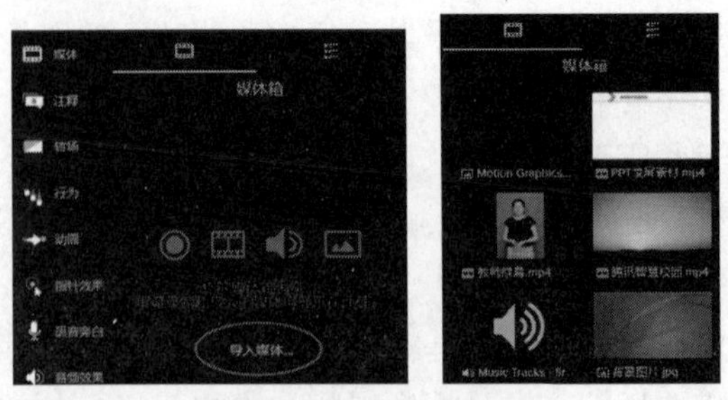

图 8-3　导入素材

② 多次单击时间轴上方“+”添加五个轨道，从下到上依次双击轨道名，改为如图8-4所示轨道名称，后续把素材放置于对应的轨道进行剪辑。

③ 添加片头，在媒体箱上方单击“素材库”选项卡→选择“动态图形-介绍剪辑”→选中“线擦拭”，如图8-5所示并拖动到时间轴的视频轨道上，起始位置为0 s。鼠标双击画面中的文字使其可编辑，输入视频标题文字替代原素材的文字，调整字体、字号、颜色、位置等（见图8-6）。如果原素材时间较长，可拖动时间抽播放头的左右两个滑块，选择要删掉的区域，再单击剪切功能（小剪刀图标）从时间轴删掉不需要的视频片段，如图8-7所示。

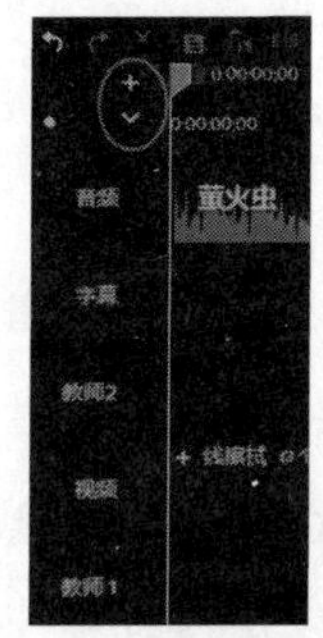

图 8-4　添加轨道

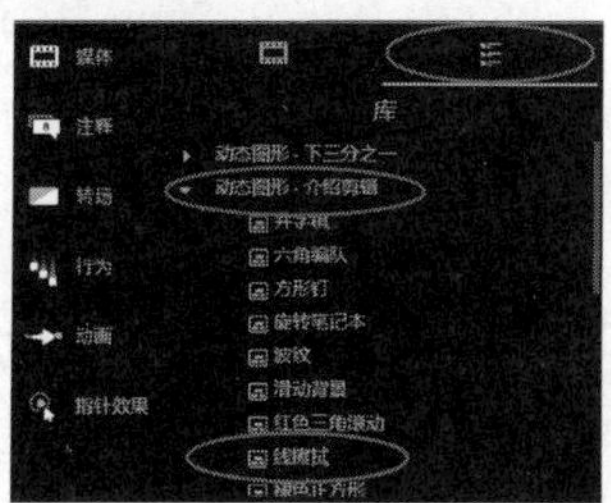

图 8-5　插入片头

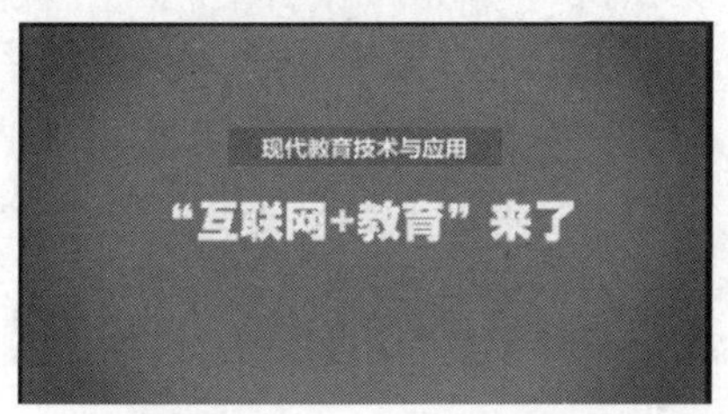

图 8-6　修改片头标题图

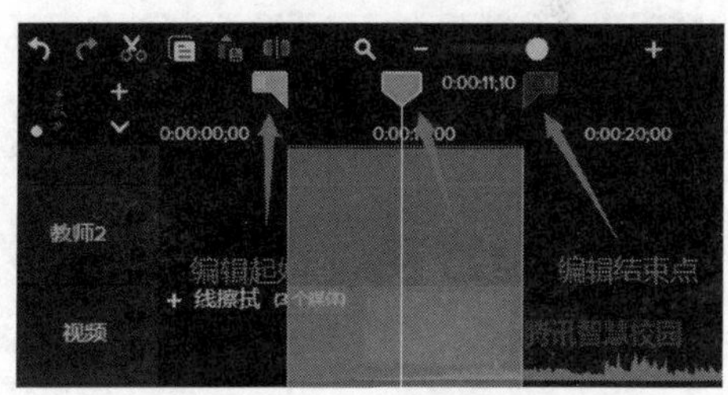

图 8-7　编辑区域的选择

8.2.2 片尾的制作

微课视频的片尾制作较为简洁，一般显示制作者信息、版权信息，致谢素材提供者即可。本案例片尾首先在视频轨道上添加背景图片，在背景图片的上层轨道插入两个注释信息，插入方法如图8-8所示，根据需要拖动显示的时间长度，本案例片尾总长度为6 s，同时也拖动背景图片的时间长度一致。时间轴设置与画面效果如图8-9所示。

图 8-8　添加注释

图 8-9　片尾时间轴

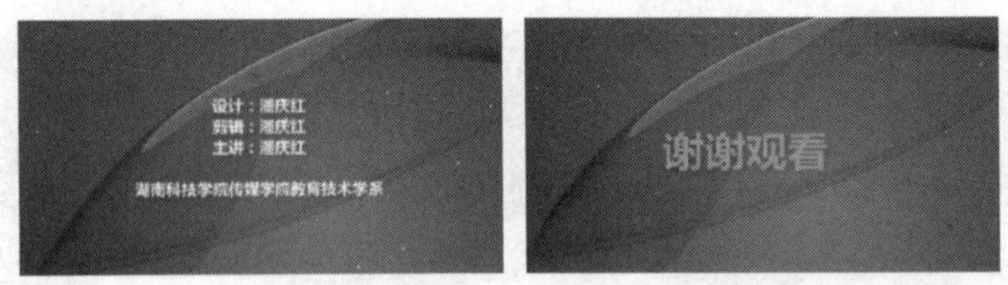

图 8-9　片尾时间轴（续）

8.3 内容编辑

8.3.1　内容剪辑

1. 案例导入剪辑

紧接着片头后面，是2号场景“案例导入”。从媒体箱拖动案例素材视频“腾讯智慧校园”到视频轨道上，将该视频素材中一些多余的镜头剪掉，使得该段视频简洁流畅，剪辑方法就是留下有旁白解说的片段，剪去过渡的部分镜头，时长保持在60 s内，如图8-10所示。

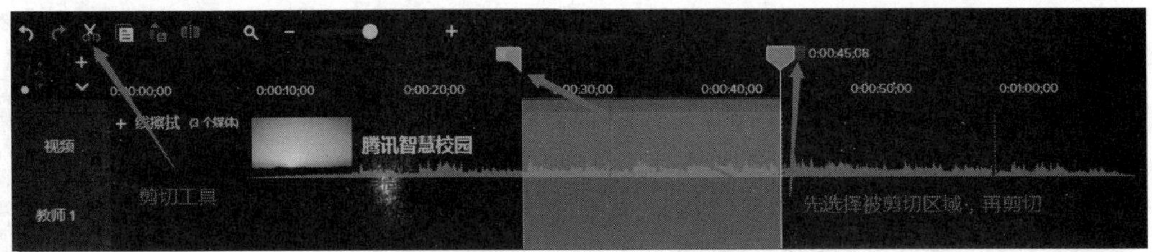

图 8-10　案例素材的剪辑

2. 自制视频的处理

接下来第3、4、5、6场景都是来源于两个素材：教师讲课绿幕抠像视频和PPT课件录屏视频。将教师抠像视频按分镜头脚本的设计分割成四个片段，用于第3、4、5、6场景；PPT录屏分割成三个片段，用于第4、5、6场景；你可能发现两个视频没有一一对应起来，因为第3个场景我们用的是背景图片，具体详细分割情况参看分镜头脚本和最终视频成品（查看不同场景的解说词即可确定分割的位置）。教师绿幕抠像和PPT录屏在时间轴上的层级关系以及最终画面效果如图8-11所示，放置在时间轴上层的视频会覆盖下层的视频，如果教师人像要在画面出现，就把教师抠像视频放在PPT录屏的上层轨道，反之画面不出现教师就把PPT录屏放在教师视频的上层轨道。

图 8-11　内容剪辑的时间轴状态

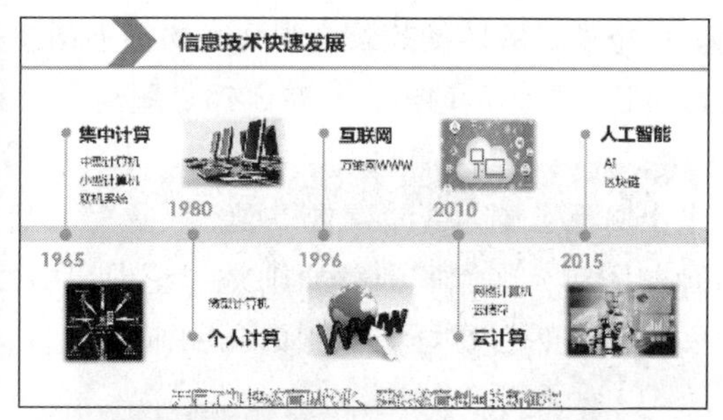

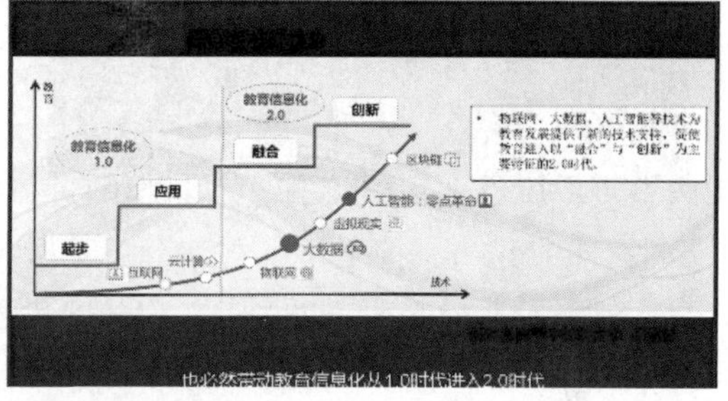

图 8-11　内容剪辑的时间轴状态（续）

3. 抠像的处理

素材视频在时间轴轨道上的位置、时长、上下层级关系处理完毕后，就可以进行抠像了。首先依据分镜头脚本规划，调整人物在画面出现的位置、调整大小，剪切掉杂乱背景，鼠标单击“视觉效果”→拖动“删除颜色”特效到教师绿幕视频上→在屏幕右侧“删除颜色”属性栏中用吸管吸取绿幕背景色，这时背景色已被删除。为使人物画面和下层的画面能更好地融合，在属性栏中微调柔软度、色相、边缘修正等参数，如图 8-12、图 8-13 所示。

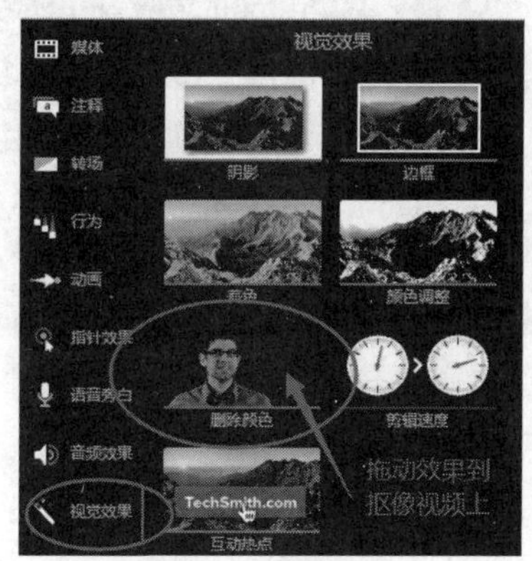

图 8-12　抠像操作

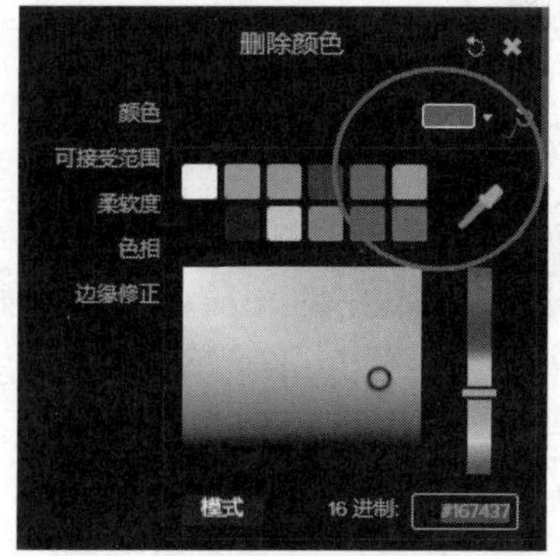

图 8-13　用吸管删除绿幕背景色

8.3.2　添加特效

为了镜头转换及场景转换更为流畅，视频内容基本剪辑完成后要在适当的场合添加一些视频特效。本案例在一些场景的转换和文字信息的动感呈现上添加了特效。

1. 转场特效

在每个场景衔接的地方为了使镜头转换看起来比较流畅，可以添加转场效果，具体操作就是用鼠标把选好的转场效果拖动到时间抽上两个视频素材衔接的地方，鼠标指向特效的边缘拖动可调整特效持续的时间，如图8-14、图8-15所示。

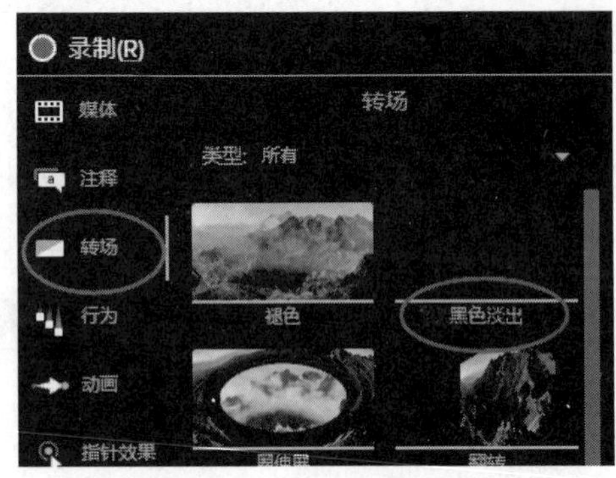

图 8-14　转场特效操作

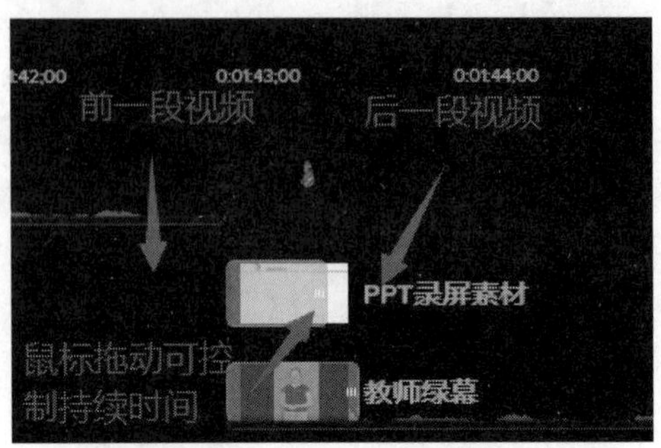

图 8-15　转场特效时间轴

2. 文字特效

本微课视频中案例导入素材“腾讯智慧校园”结尾处使用了文字特效。在素材视频的上层轨道插入“注释”文字“互联网+教育来了”→拖动文本时间轴持续时间约28 s，结束时间与下层素材视频同步→单击“动画”，选择“缩放和平移”特效，拖动到文本时间轴上→编辑特效的起点和终点，实现文字从画面中心位置从小变大的效果。注意添加放大特效后时间轴上出现从左到右的绿色箭头，箭头起点要摆放在文本时间轴的起点，此时把文字调整到最小，拖动箭头终点到合适位置，此时文字调整到最大，如图8-16、图8-17所示。

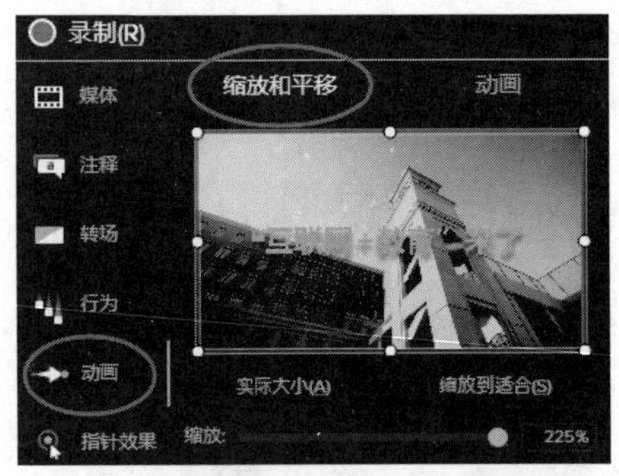

图 8-16　添加文字放大特效操作

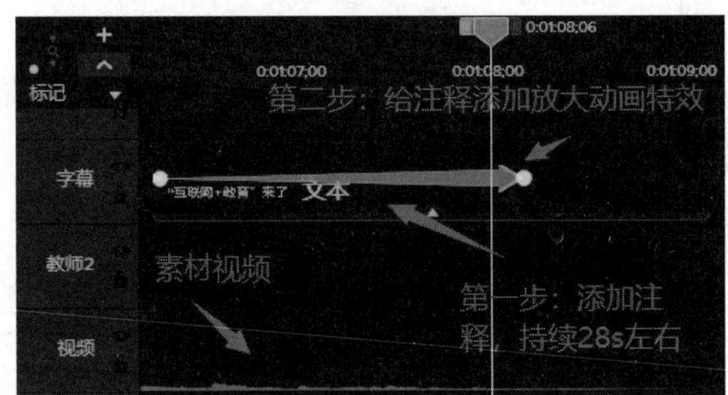

图 8-17　文字特效时间轴

8.3.3 音效处理

1. 给片头配音乐

从媒体箱的库中选择喜欢的音乐拖进时间轴的音频轨道上，再根据片头视频的时间来剪切音乐的时间长度。也可以从互联网下载其他喜欢的音乐素材导入媒体箱中使用。

2. 添加音乐特效

Camtasia主要对音频做降噪、音量控制、淡入淡出、静音特效处理，这些功能在微课制作中基本够用了。如在视频开始和结束部分使用淡入淡出特效使得声音的转换不至于很突兀，自己录制的解说一定需要降噪。尤其是在时间轴上素材叠加若干层以后，在同一时间如果每个轨道都有声音，我们就需要把一些轨道上的声音音量降低或静音处理。

8.3.4　添加字幕

字幕一般在画面中是单行显示，长度不超过画面中一行的2/3。因此我们首先要将解说词进行适当的断句。准备好后就可以按图8-18的顺序添加字幕了，字幕可以一次一句来添加，也可以“同步字幕”的方式一次输入一个段落，边听音频边在适当的位置鼠标单击字符来操作，但这种方式新手不太容易把握，因此本案例还是一次一句来添加字幕。

每次添加一句字幕后，在时间轴的字幕轨道上会出现一个默认时长的字幕媒体，这个时长往往和我们的音视频中此句解说时长是对不上的，我们还需要用鼠标拖动字幕媒体右侧的边缘调整时长，让字幕持续的时长与音视频的时长一致，如图8-19所示。

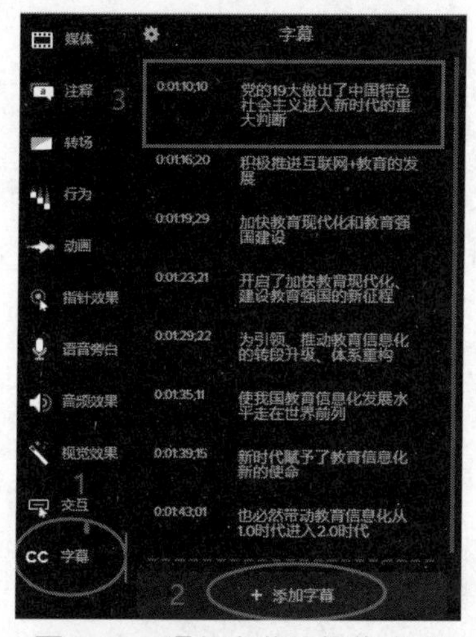

图 8-18　添加字幕的操作步骤

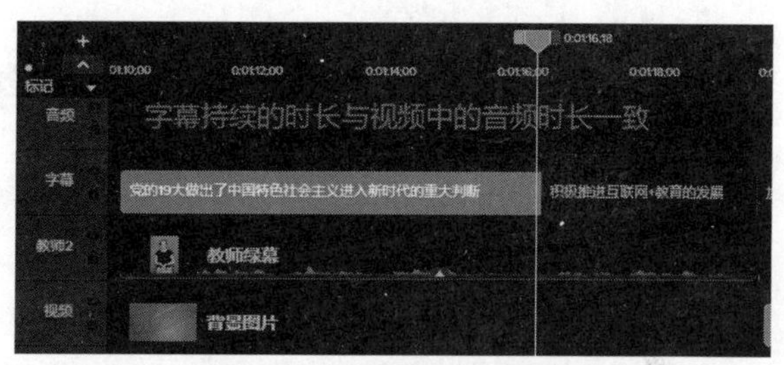

图 8-19　字幕的时间轴状态

8.3.5　视频合成发布

以上操作完成后我们从预览窗口播放视频，如果再没有调整修改的问题就可以正式合成为MP4视频了，全部制作完成的时间轴如图8-20所示。

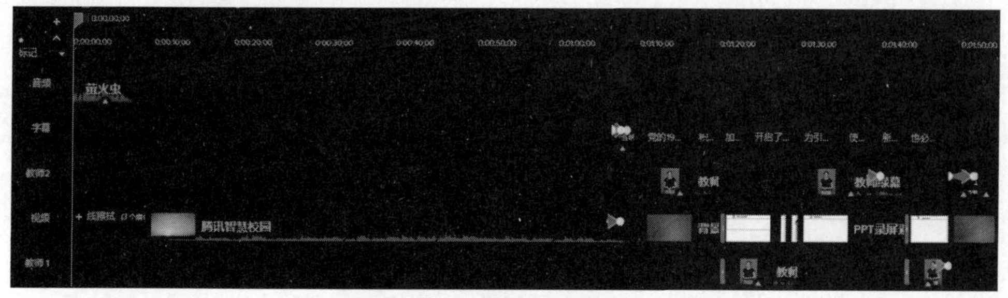

图 8-20　完整时间轴状态

单击“分享”菜单→选择“本地文件”→在弹出对话框中选择“仅MP4（最大1 080p）”→继续单击“下一步”按钮，过程中基本不用改动其他设置，默认即可→在文件保存选项中指定保存文件夹→开始渲染合成，耐心等待→结束后查看视频。

实践活动

按以下要求完成一个5～10分钟的完整微课视频，

1. 要求知识点讲解完整，教学目标明确，教学内容结构完整，讲解无科学性错误，逻辑清晰，适合学生进行自主学习。

2. 教学策略深入浅出，组织合理，启发引导性强，激发学习兴趣。形式新颖，能体现学科特色。

3. 剪辑技术良好，能合理控制噪声，视频压缩H.264编码方式，封装格式MP4。

本章小结

本章详细讲解了Camtasia Studio制作微课视频的综合制作技巧和知识。内容包含脚本撰写、内容剪辑，音效、特效、字幕等处理技巧，也介绍了片头片尾包装技术，同时完整展示了微课制作的全流程。通过本章学习，可以对微课视频的制作流程和后期剪辑合成有系统全面的认识，通过制作和模仿本章的的案例，举一反三，能快速提升微课视频的开发能力。

思考与练习

1. 微课制作中教学设计是很重要的环节，如何确定视频中的教学焦点？
2. 优秀的微课视频有哪些方面的特质？

第9章 MG动画微课制作实训案例

【学习目标】

- 熟悉万彩动画大师的基本操作；
- 掌握动画制作工具软件中时间轴的使用技巧；
- 掌握物体的移动动画制作技巧；
- 掌握角色的设置和行为动画的制作方法；
- 学会动画设计中镜头的运用。

制作MG动画的工具软件有很多，本章实训案例软件万彩动画大师（简称“万彩”）来制作。万彩动画大师是一款免费的MG动画视频制作软件，操作比Flash简单，提供丰富的基本素材库，也可以导入大量素材，如图片、视频、音频等，适用于制作企业宣传动画、多媒体课件、微课等。

9.1 动画制作知识要点

9.1.1 万彩动画大师基本操作及界面

1. 软件界面

万彩动画大师的操作界面如图9-1所示。

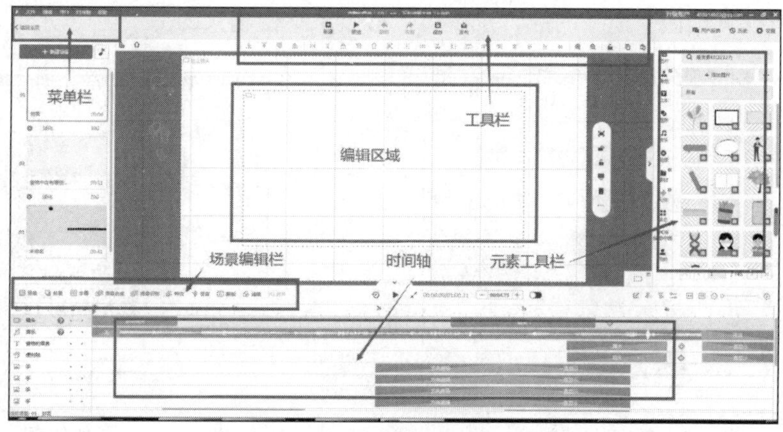

图9-1 万彩动画大师操作界面

2. 创建工程文件

MG动画课件的制作是从创建工程文件开始的。万彩提供了三种模式来创建新工程文件，分别是“新建空白页面”、“导入PPT”和利用“模板”（见图9-2）。无论哪种模式，创建工程文件后首先通过菜单栏的“文件”选项保存工程文件，给工程文件命名，然后开始编辑工程。

图 9-2　创建新工程文件的三种模式

3. 编辑场景

创建工程文件后进入编辑页面，我们可以看到屏幕左侧类似PPT幻灯片的页面，在万彩中称其为场景。精彩的动画就是由一个个场景组成的。

（1）新建场景

单击图9-3所示界面中的“新建场景”按钮后可以创建空白场景，也可以从软件提供的模板库中选择一个场景，再根据自己的需求修改模板进行二次创作。除了做常见的横版动画，还可以创作竖版的手机动画。如果希望同一个场景多次出现在同一个动画视频中，可以直接复制整个场景，然后再粘贴。或者对某个场景导出保存，编辑其他动画时导入，以便重复利用。

（2）编辑场景

场景的编辑包含场景中内容的编辑和场景与场景之间的过渡特效。内容的编辑与创意设计有关，也取决于技术的合理运用。在场景中可以插入文字、图形、图片、视频、音频、动画角色等元素，再对每个元素设置动画特效，可以使整个场景动起来（见图9-4）。万彩还提供了运镜的概念，模仿视频拍摄中镜头的推、拉、摇、移效果，使场景的呈现更生动。

图 9-3　新建场景

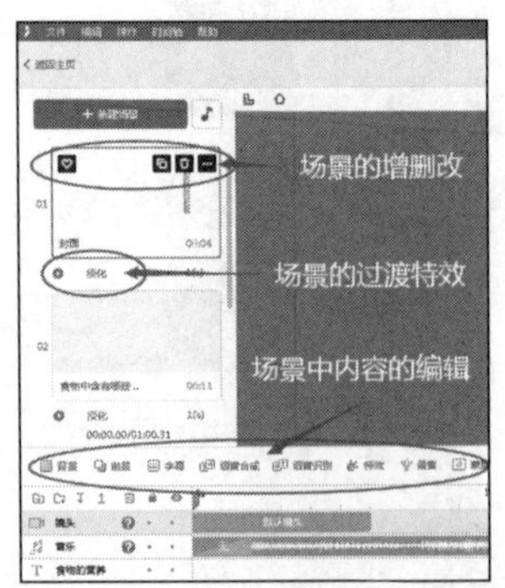

图 9-4　场景的编辑

4. 发布动画

动画制作完毕后项目工程文件通过发布才能转为标准视频文件，从而畅通无阻地在网络上传播浏览。万彩提供两种发布模式，一是发布为本地视频文件，一是发布为线上模式，通过扫二维码观看视频。单击工具栏上的“发布”按钮进入发布页面，可选择“云视频”或者“本地视频”选项。发布时需注意几个关键信息的设置，如文件存放位置、视频类型（.mp4、.mkv、.avi 等）、分辨率（720 p、1 080 p），视频封面设置等。如果是云视频还要设置便于网络搜索的视频关键字、视频简介以及是否公开显示等。

9.1.2　时间轴操作

每个场景中会有很多动画的组成元素，这些元素的动态展现要通过时间轴的精准控制和设置才能使动画流畅地动起来，万彩的时间轴界面主要划分为八个区域：镜头/背景/字幕/声音、播放/预览、播放头、场景时间、元素－动画设置、元素对象、元素对象编辑和动画效果，如图 9-5 所示。下面只介绍其中几种。

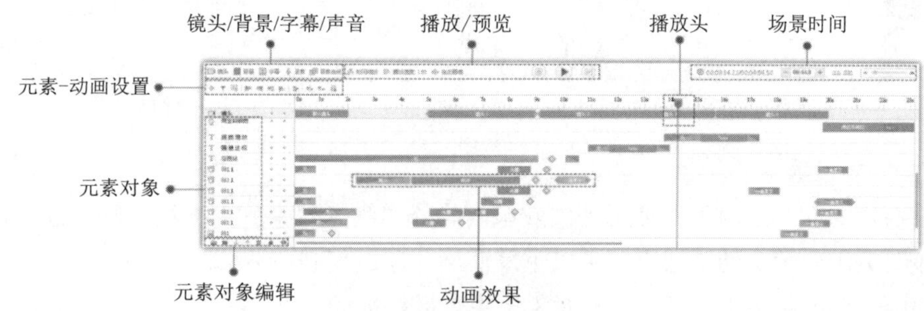

图 9-5　时间轴界面

1. 背景/前景

万彩可自定义图片背景/前景、背景/前景颜色（纯色、渐变），个性化地呈现动画视频，如图 9-6 所示。

2. 字幕

为动画添加字幕，设置字幕外观，可以增强动画演示的说服力。万彩可以导入/导出字幕快速操作，如图 9-7 所示。

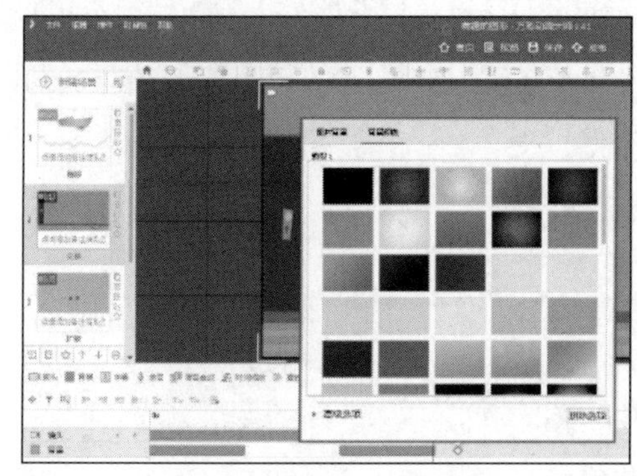

图 9-6　背景/前景设置

图 9-7　字幕的编辑

3. 语音合成

用户输入文本，万彩的语音合成功能就可以将文本快速生成不同语音（如男音、女音、普通话、卡通人物语言等），还可以调节语音的音量和音速，如图9-8所示。

4. 播放头

右击播放头，在弹出的快捷菜单中可以在时间轴指定位置插入/删除时间、添加标记，如图9-9所示。

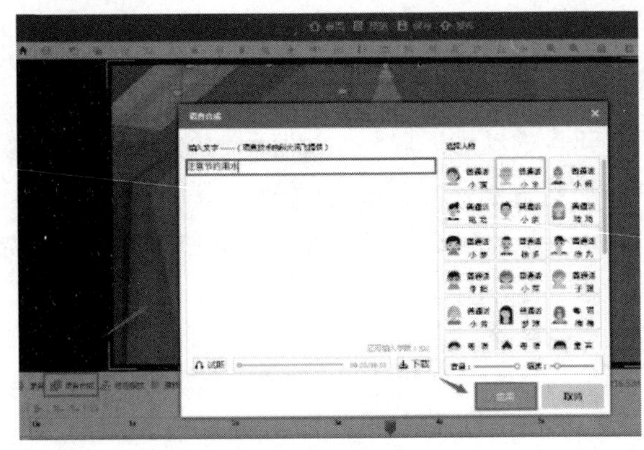

图9-8　语音合成

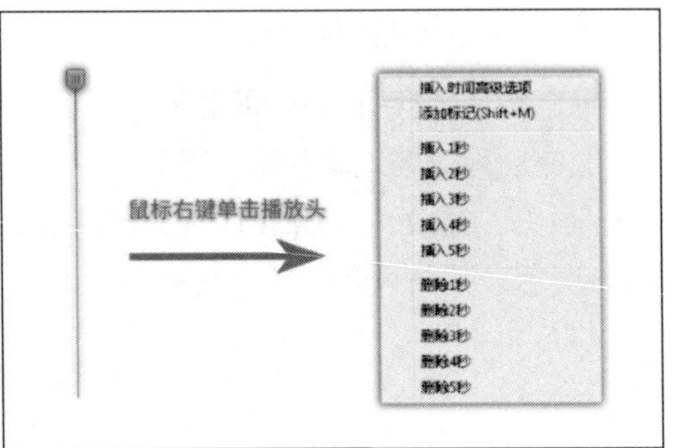

图9-9　播放头操作

5. 动画效果设置

场景中物体的动态是因为添加了动画效果。物体的动画效果分为进场动画、强调动画和退场动画，如图9-10所示。动画效果还可以重复使用，通过复制/粘贴即可操作。

进场动画：双击动画条即可为元素对象选择合适的进场动画。

强调动画：一个元素对象可添加多个强调动画效果。

退场动画：物体消失前的动画效果，如果一直在场景中选择“一直显示”。

复制/粘贴效果：复制好元素对象的一个动画效果，可以直接将其粘贴到其他元素对象的动画效果上，避免重复操作的麻烦，如图9-11所示。

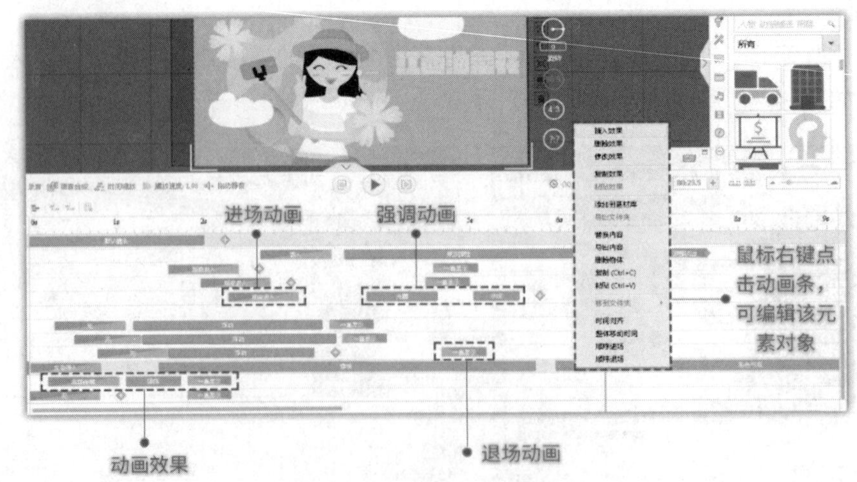

图9-10　动画效果设置

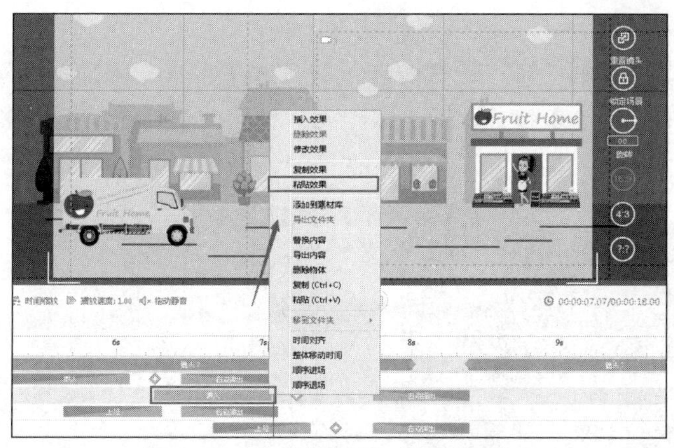

图 9-11　动画效果的复制 / 粘贴效果

9.1.3　镜头的运用

万彩可通过添加镜头使画面产生缩放、旋转、移动的镜头特效，模仿视频拍摄中镜头的推拉摇移，内容呈现动感创意。新建工程文件后有一个默认镜头，如果要改变画面视角，可以单击镜头图层上的“+”来增加镜头，如图 9-12 所示。

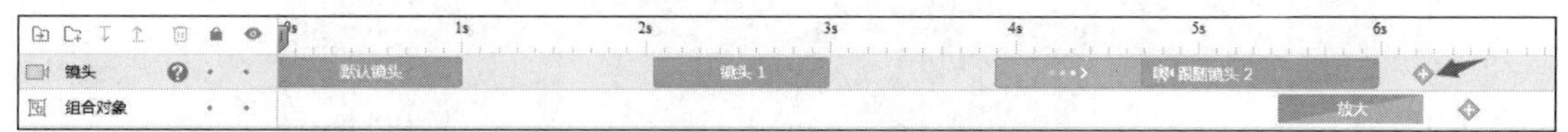

图 9-12　镜头操作

跟随镜头最能体现动态的镜头特效。例如一个人走路的动态，跟随镜头能产生画面随着人移动的特效。下面我们给出跟随镜头的制作步骤。

1. 添加物体的移动路径

单击物体所在时间轴上的“＋”图标 →在弹出的窗口中选择移动效果→单击“确定”按钮（见图 9-13）。在画布中单击要移动的物体，出现箭头指向元素复制体，拖动元素复制体设置元素直线移动路径或直接拖动虚线部分来调整移动路径（见图 9-14）。

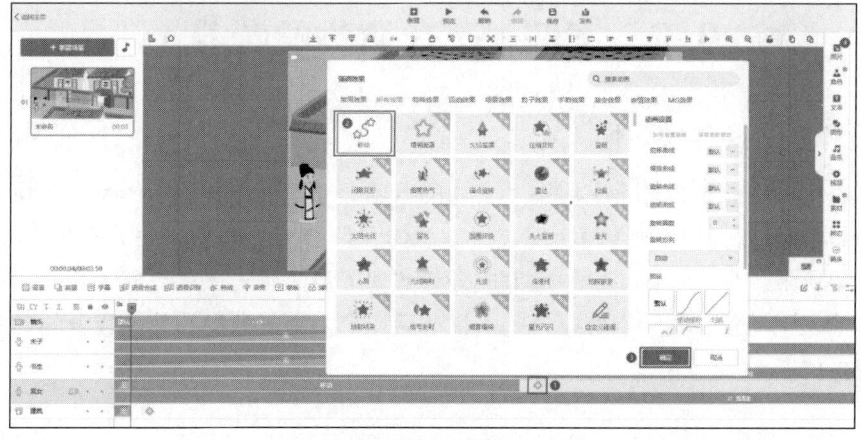

图 9-13　添加物体移动效果

2. 添加跟随镜头

单击镜头所在时间轴的“+”图标→在下拉列表中单击“跟随镜头”。跟随镜头的动画条大小是可以拉动的。动画条越长，镜头跟随元素移动的更自然，可根据需求自行调整（见图9-15）。

图9-14 设置移动路径

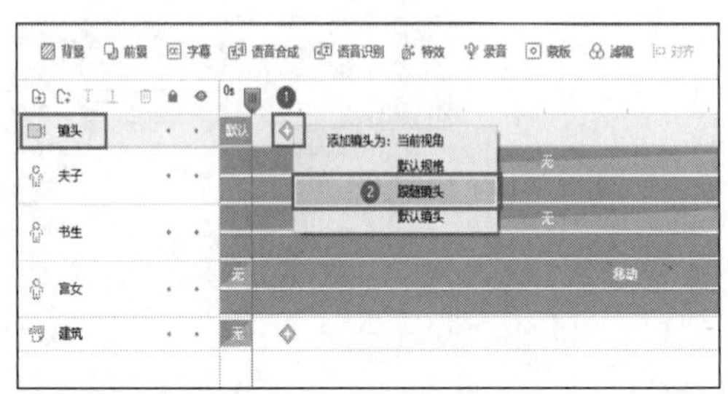

图9-15 添加跟随镜头

3. 绑定镜头

右击物体所在的时间轴→在弹出的快捷菜单中选择“绑定跟随镜头”选项→单击上一步所添加的跟随镜头完成绑定。通过预览场景即可查看画面随物体移动的视觉效果（见图9-16）。

图9-16 绑定跟随镜头

9.2 案例——《食物的营养》

9.2.1 设计思路及实现效果

本案例以统编版五年级科学上册中《食物的营养》中的部分知识点的MG动画课件实现为例，学习MG动画课件基础设计和实现方法。总体课件结构为动画封面+知识点内容的框架。本案例因篇幅所限，食物营养包含的六大成分只实现了蛋白质知识点，分为封面、食物的营养成分和蛋白质三个场景。同学们可以学完本章节后，自主完成糖类等其他成分的动画部分。实现效果如图9-17所示。

图 9-17　《食物的营养》实现效果

9.2.2　封面场景制作

封面场景制作的操作步骤如下：

① 新建工程文件命名为“食物的营养”并保存，在空白场景右上角单击“⋯”图标，在弹出的菜单中选择“官方场景替换”→在打开的模板库窗口中选择“吃饭”模板（见图9-18）。

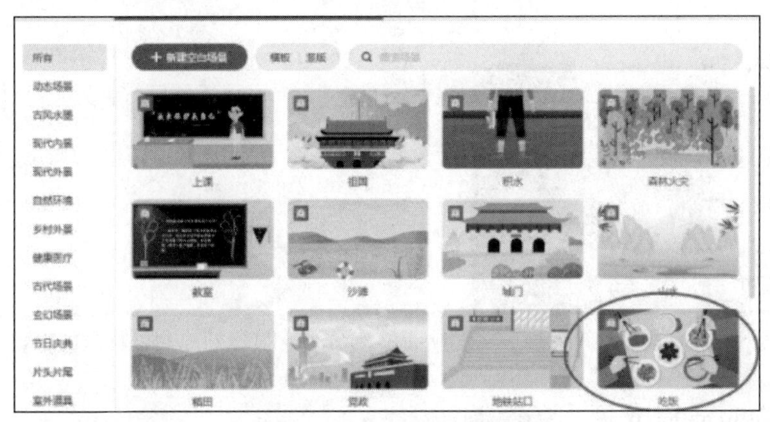

图 9-18　添加物体移动效果

② 模板中留下所有手、食物、桌布三种图层，其他图层全部删除。设置该场景总时长为4.75 s。给桌布图层添加“放大”进入动画，退出动画为“一直显示”。给食物1～食物6图层添加“渐变进入”进入动画，退出动画为“一直显示”。将食物1的进入时间设为0.5 s时开始。剩余五盘食物每个都比前一个延迟0.2 s进入，动画效果呈现为每盘食物围绕中心食物顺时针出现。给手1至手4图层添加“方向进入”进入动画，左边两只手方向设置为从左进入，右边两只手方向设置为从右边进入，退出动画为“一直显示”，进入时间设为2 s时。时间轴如图9-19所示。

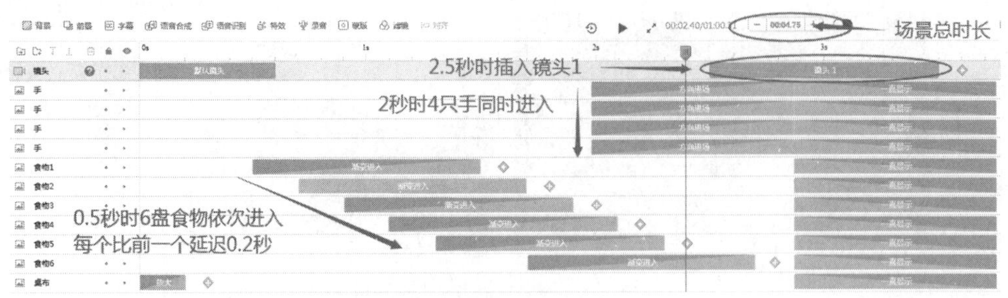

图 9-19　封面场景时间轴

③ 在2.5 s时单击镜头所在的时间轴 →单击“+”→插入默认规格镜头1，拖动镜头四周的虚线调整镜头大小。区域如图9-20所示中间黑框大小。通过预览场景可查看画面从默认镜头区域变为镜头1区域，起到了推镜头的视觉效果。

④ 封面标题的制作。单击元素工具栏插入图片，选择“便签”分类，插入图9-21所示便签，给便签图层添加“放大”进入动画，退出动画为“一直显示”，便签进入时间为3.5 s时。同样在3.5 s时，单击“元素”工具栏插入文本“食物的营养”，选择合适的字体，给文本图层添加“放大”进入动画，退出动画为“一直显示”。调整好便签和文本的位置。

图 9-20　添加物体移动效果

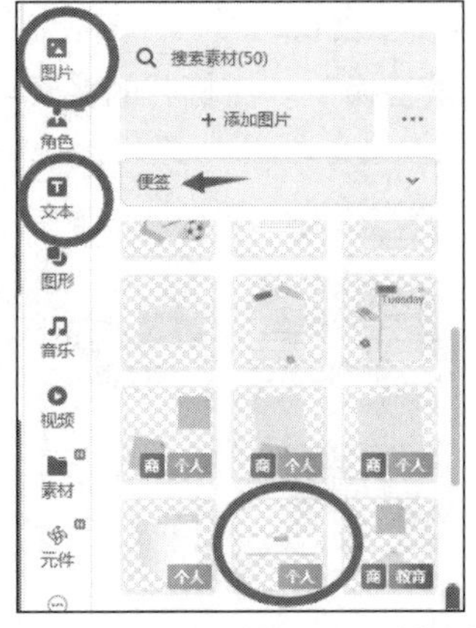

图 9-21　封面标题的设置

9.2.3　“食物的营养成分”场景制作

“食物的营养成分”场景制作的操作步骤如下：

① 单击“新建场景”按钮，添加一个新的场景→在场景编辑栏单击“背景”→在背景图层单击“+”→单击右上角“自定义颜色”插入一个淡黄色填充背景。设置该场景总时长为12 s。单击元素编辑栏分别插入本地图片餐盘（事先从网上下载），从素材库中插入植物、窗户、门、沙发图片，从角色库中插入小胖角色，同时选择小胖的动作是坐着吃东西。如图9-22所示设置以上元素的时间轴，这些元素不设置进入动画，使得该场景一打开这些物品就出现在画面，在3 s时添加各自的退出动画，除小胖外所有物品都从四周退出，小胖吃东西的动作在2 s时结束。

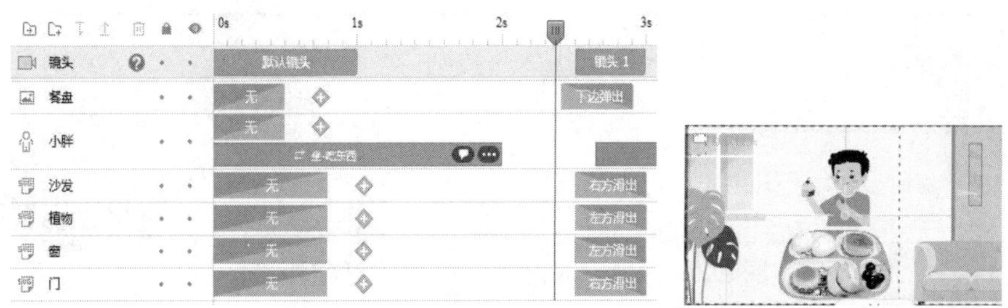

图 9-22　“小胖坐吃东西”片段时间轴

② 如图 9-23 所示，在 2.7 s 时，单击小胖行为图层“+”，添加一个新的动作“站立讲话”→用鼠标拖动动作至 5 s 时结束。在 3 s 时，从素材库插入泡泡对话框、文本框“食物中含有哪些营养成分呢？”，调整好对话框和文本框的位置，插入摆成圆形的食物图片（事先从网上下载）。给以上三个物品添加进入动画“模糊变清晰”，4.5 s ～5 s 间给泡泡对话框添加缩小退场的退出动画、给文本框添加文本消失的退出动画，同时单击食物图层“+”，添加食物的强调动画“转体 360°”，使食物开始在画面中央旋转，添加食物退出动画为一直显示。那么从图 9-24 我们看到小胖已经从画面中央的坐姿移动到画面右侧站立了，位置的变动是如何实现的呢，其实就是增加了一个“镜头 1”，拖动鼠标不改变镜头 1 大小，往左侧移动，使镜头中的小胖站在画面右侧就可以了。

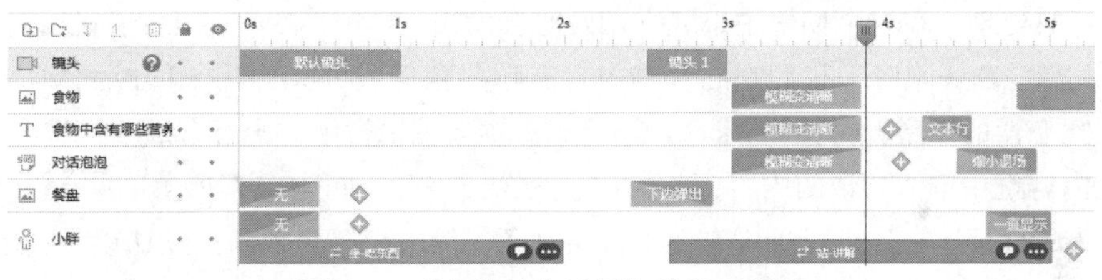

图 9-23　“小胖站立讲话”片段时间轴

图 9-24　“小胖站立讲话”画面

③ 食物开始旋转后，要让六个营养成分的圆形依次出现在周围，这部分操作已经在封面的制作中学习过（参考封面餐盘的处理方法），就不重复说明，请按图 9-25 的时间轴设置学习，注意物品的延迟时间和结束时间，由于把圆形图标和文本组合在一起了，在时间轴上我们看到的物品被称为组合对象。画面的位置参考图 9-26。

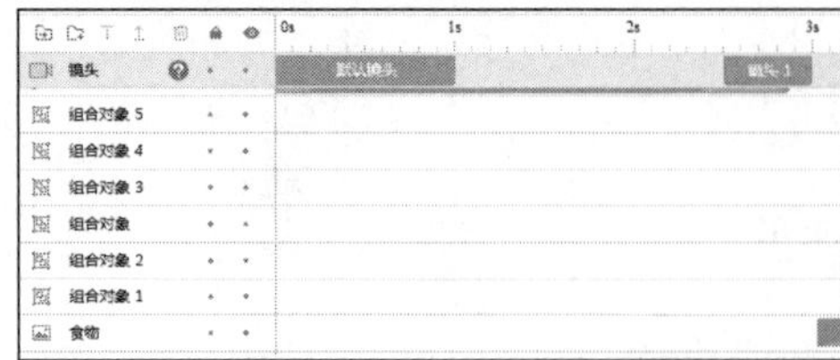
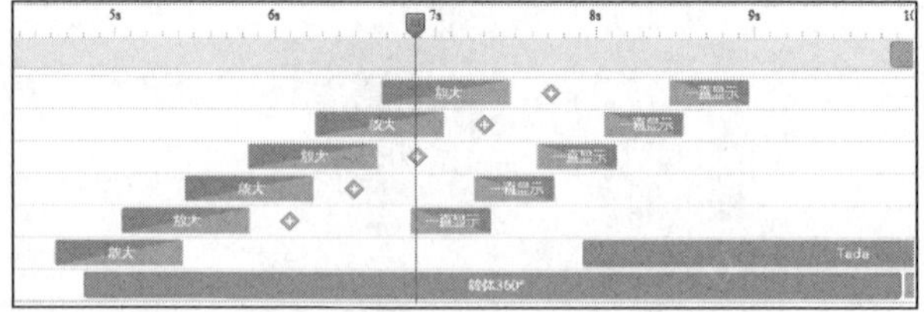

图 9-25 “弹出食物营养成分”片段时间轴

图 9-26 “弹出食物营养成分”画面

④ 声音的处理。在这个场景中小胖吃东西时会发出“咔呲咔呲”的声音，在图9-25画面时小胖会说语音“真好吃呀，我们吃的食物中含有哪些营养成分呢？”。单击元素编辑栏中“音乐”，插入吃东西的声音，时长为0 s～2.8 s。单击场景编辑栏中“语音合成”→选择“童声/杰力豆”，在内容框中输入要说的内容，时长位置为3 s～8 s，如图9-27所示。

⑤ 镜头的处理。在这个场景中有三个镜头视角。第一个镜头视角是默认镜头，新建场景后直接在这个视角编辑小胖坐着吃东西的画面。第二个镜头视角是小胖站起来移动到画面右侧，即在镜头图层添加一个“镜头1”，把镜头画面调整成小胖在右侧。第三个镜头视角是10s时呈现放大充满画面的蛋白质字样。同样方法添加一个跟随镜头，用鼠标拖动镜头范围，整个画面呈现蛋白质三字，如图9-28所示。

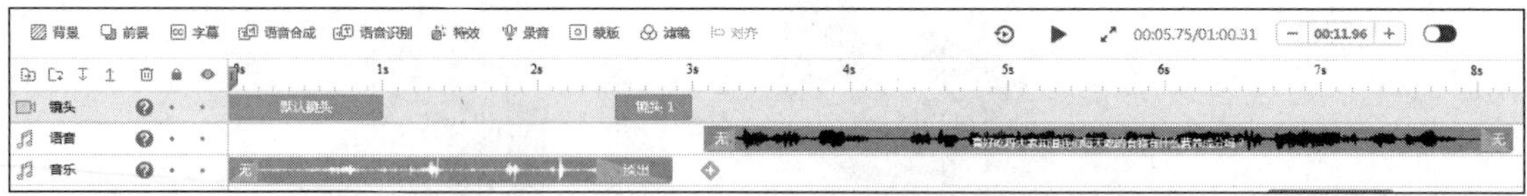

图 9-27 声音时间轴

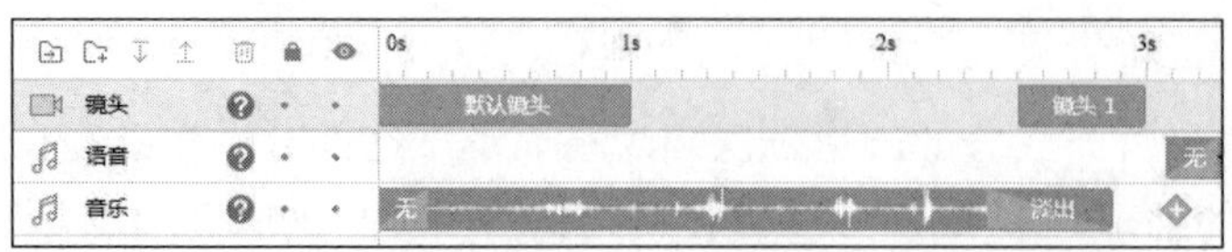
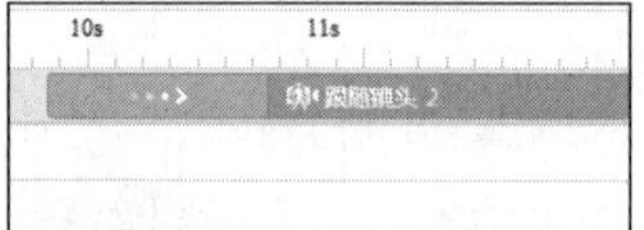

图 9-28 镜头时间轴

9.2.4　“蛋白质”场景制作

“蛋白质”场景制作的操作步骤如下：

① 单击“新建场景”按钮添加一个新的场景→场景编辑栏单击“背景”→在背景图层单击“+”→单击右上角“自定义颜色”选项，插入一个黄绿色填充背景。设置该场景总时长为41.6 s。单击元素编辑栏分别插入本地人体图片（事先从网上下载），从素材库中插入翻开的书图片，插入文本框“蛋白质是构成人体肌肉、内脏、头发、指甲和血液的主要成分”。如图9-29所示设置时间轴。注意，书本和人体图片无进入动画，人体在4 s时设退出动画为不显示，文本框添加进入动画为手写，适当拖长进入动画的时间。文本框和书本在6 s时添加缩小退出动画。5.5 s时添加文本框“哪些食物含有丰富的蛋白质呢”，添加进入动画为上方滑入，8.5 s时添加退出动画渐变退出。

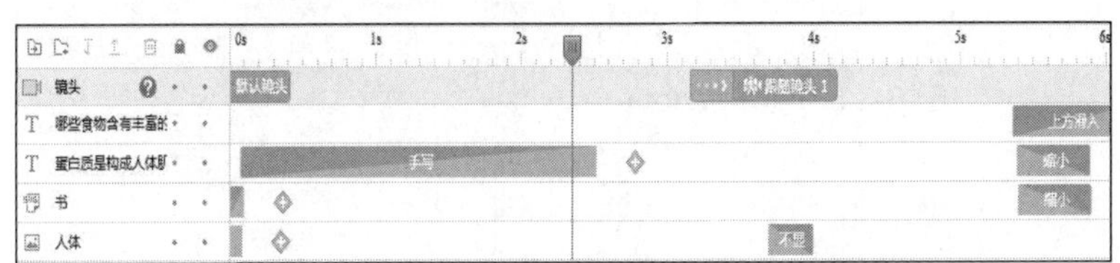

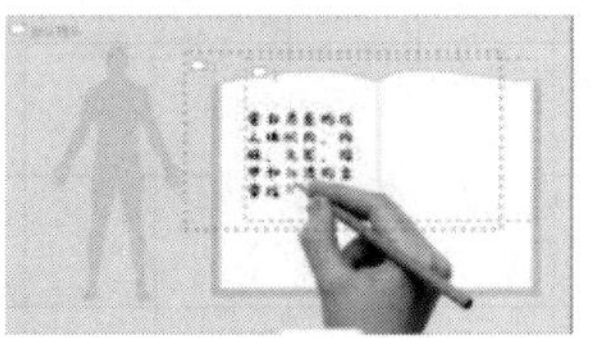

图 9-29　手写片段时间轴

②如图9-30所示，在8.5 s时，插入肉、蛋、奶图片（事先从网上下载）。在9 s时从素材库插入五个文本，分别是“肉、奶、鱼、虾、蛋”。这个片段的动画是从肉蛋奶图片中以图片放大镜的方式显示五个富含蛋白质的食物。

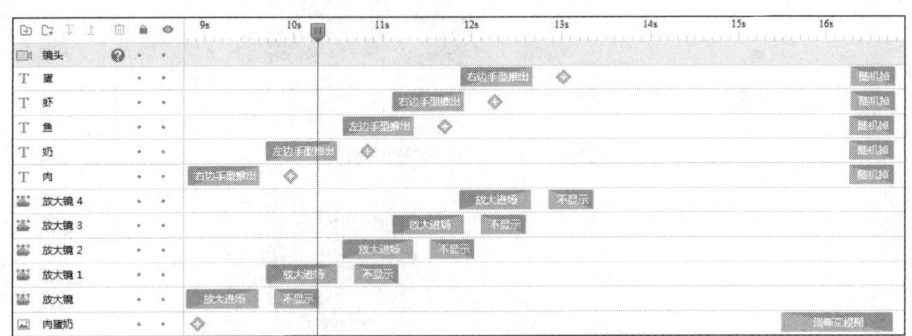

图 9-30　肉蛋奶片段时间轴

首先，选择肉、蛋、奶图片，在“元素”工具栏选择“其他”→单击“工具”→单击“放大镜”（见图9-31），这时在图片中出现一个矩形放大区域，鼠标拖动到图片中肉上。同样方法再插入其他四个放大镜，分别拖动到图片的鱼、牛奶、虾和鸡蛋上。然后参照图9-30依次在时间轴上调整进入动画的时间，每个放大镜和对应的食物要同步。给文本添加手型退出的进入动画，每个放大镜在下一个放大镜进入时添加不显示退出动画，在17 s时，给所有文本添加随机掉出的退出动画。

③ 在时间轴15 s位置插入食物塔图片（事先从网上下载），从元素编辑栏插入角色“女教师”，如图9-32所示。时间轴如图9-33所示，把女教师先放在镜头外左上方，给她添加走路动作，再添加移动强调动画，拖动移动终点为镜头内左侧，时间持续到17.5 s，这样就完成了女

教师从画面外走进来的效果，继续给女教师添加说话动作，持续到27 s，最后添加退出动画“清晰变模糊”。食物塔的处理比较简单，在17.5 s女教师进入画面后添加放大进入动画，持续到35 s添加退出动画“清晰变模糊”。

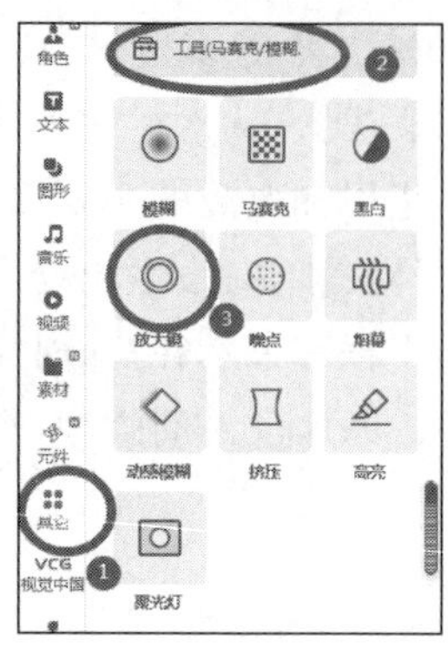

图 9-31　制作放大镜

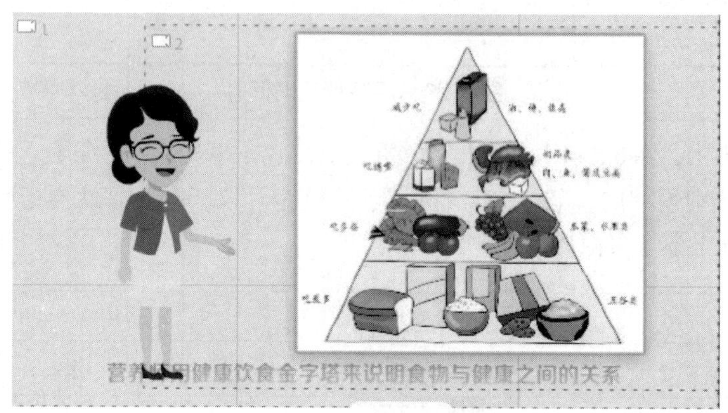

图 9-32　女教师讲课画面

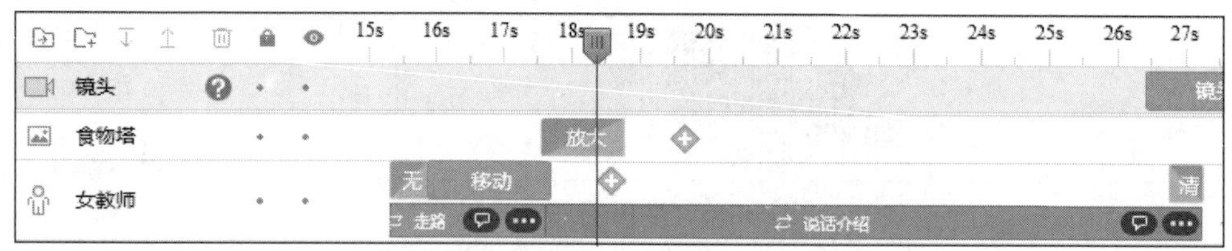

图 9-33　女教师讲课时间轴

④ 参考图9-34，在时间轴35 s位置插入团圆饭图片、红烧肉图片、巧克力图片（事先从网上下载），分别添加MG展开进场动画和从上方跌入进场动画。在时间轴36 s位置从元素编辑栏插入两个“×”符号图片，没有进场动画，最后在时间轴39 s位置给它们都添加清晰变模糊退场动画。同时在39 s位置插入文本“不挑食 不偏食”，添加进场动画为从上方滑落，退场动画为一直显示，如图9-35所示。至此视觉动画部分制作完成。

⑤ 声音的处理。该场景主要是两段女教师的讲解，我们在上一个场景中仔细讲解了小胖吃东西、说话的配音方法，此处再不赘述，现在我们已经做好了视觉动画，在合适的时间轴位置，插入“语音合成”→选择女声，在内容框中输入要说的内容即可。

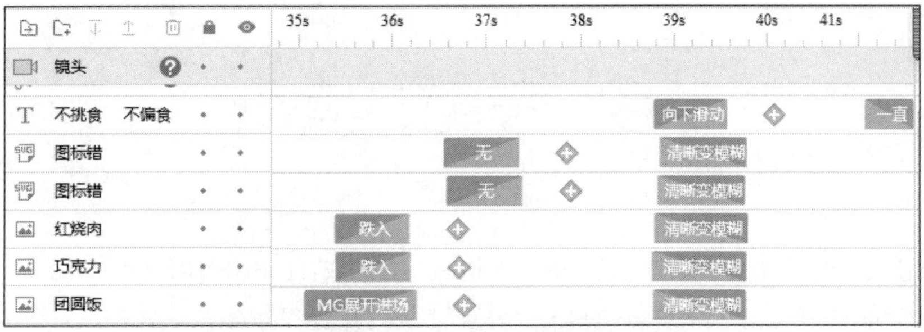

图层	35s	36s	37s	38s	39s	40s	41s
镜头							
不挑食　不偏食					向下滑动		一直
图标错			无		清晰变模糊		
图标错			无		清晰变模糊		
红烧肉		跌入			清晰变模糊		
巧克力		跌入			清晰变模糊		
团圆饭	MG展开进场				清晰变模糊		

图 9-34　不挑食时间轴

图 9-35　不挑食画面

⑥ 镜头的处理。该场景中有三个镜头视角。第一个镜头视角是默认镜头，新建场景后直接在这个视角人体和手写蛋白质概念的画面。第二个镜头放大手写的内容。第三个镜头女教师讲完食物塔后，画面放大到整个食物塔。这里参考上一场景中镜头的处理，这里不再重复介绍。

实 践 活 动

完成一个以夏日防蚊虫为题材的完整MG动画微课视频，要求如下：

1. 时长2 min以上，至少四个场景。
2. 要求知识点讲解完整，教学目标明确，内容生动有趣，讲解无科学性错误。
3. 节奏感明快，画面美观精良，有创意。

本 章 小 结

本章详细论述了使用万彩动画大师进行MG动画微课的综合制作技巧和知识。内容包含编辑场景、发布动画、时间轴操作、镜头运用等处理技巧，同时完整展示了“食物的营养”案例的制作全流程。通过本章学习，可以对MG动画的制作流程有系统全面的认识，通过制作和模仿本章的的案例，举一反三，能快速提升MG动画的开发能力。

思考与练习

你是否了解用AI创作动画的工具软件？请谈谈使用体会。

参考文献

[1] 郭红霞.信息素养促进教师专业能力发展的内在机制及其养成[J].中国电化教育,2012(5):58-61.

[2] 张静.三重视角下融合技术的学科教学知识之内涵与特征[J].远程教育杂志,2014,32(1):87-95.

[3] 何克抗.TPACK：美国"信息技术与课程整合"途径与方法研究的新发展(下)[J].电化教育研究,2012,33(6):47-56.

[4] 杨绪辉，沈书生.创客空间的内涵特征、教育价值与构建路径[J].教育研究,2016,37(3):28-33.

[5] 杨文正，徐杰，李美林.数字教育资源配置生态链模型及其运行机制[J].现代教育技术,2018,28(3):19-25.

[6] 李兆义，桑苏玲，杨彦栋.现代教育技术[M].北京：高等教育出版社，2019.

[7] 张金磊.翻转课堂教学模式研究[J].远程教育杂志，2012(4):46-51.

[8] 邱艺，谢幼如，李世杰，等.走向智慧时代的课堂变革[J].电化教育研究,2018(6):70-76.

[9] 李王伟，徐晓东.作为一种学习方式存在的STEAM教育：路径何为[J].电化教育研究，2018(8):28-36.

[10]许博博.在线教育背景下学生学习方式研究[D].济南：山东师范大学,2018.

[11] 杨非，王珠珠.国家在线教育资源公共服务在抗疫中的战略作用及疫后发展[J].教育研究，2020,41(8):18-21.

[12] 姚亚杰.国内同步课堂文献综述[J].开放学习研究，2019,24(4):41-45,53.

[13] 王浩.远程同步互动课堂系统设计与实现[D].西安：西安科技大学,2019.

[14] 胡水星.大数据及其关键技术的教育应用实证分析[J].远程教育杂志，2015,33(5):46-53.

[15] 何克抗，李文光.教育技术学[M].北京：北京师范大学出版社，2009.

[16] 李克东.新编现代教育技术基础[M].上海：华东师范大学出版社，2009.

[17] 张立新，张丽霞.教育技术的理论与实践[M]. 北京：科学出版社，2009.

[18] 何克抗，谢幼如，郑永柏.教学系统设计[M]. 北京：北京师范大学出版社，2016.

[19] 祝智庭."教育信息化带动教育现代化"的文化诠释[J].中小学信息技术教育，2007(5):20-22.

[20] 何克抗.我国教育信息化理论研究新进展[J].中国电化教育，2011(1):1-19.

[21] 钟启泉，王艳玲.从"师范教育"走向"教师教育"[J].全球教育展望，2012,(6):22-25.

[22] 王奕骄.我国"师范教育"向"教师教育"的转型研究[D].南京:南京师范大学，2012.

[23] 韩晨.新教师的教学技能训练方案与效果研究：基于中美两所大学比较的视角[D].上海，2013.

[24] 李学杰.基于网络环境的教师教学技能培训模式构建[J].中国电化教育，2013(7):69-73.

[25] 王群松.新课程理念下教师教学技能的新要求[J].现代教育科学,2008(6):41-43.

[26] 王寅龙，李前进.信息化教学设计的过程、方法及评价要点探究[J].中国教育信息化，2011(6):15-18.

[27] 闫祯.教育学学程：模块化理念的教师行动与体验[M].北京:北京大学出版社，2013.

[28] 党志敏.信息化教学设计模式研究综述[J].中国教育技术装备，2014(4):59-61.

[29] 郝文武.师范教育向教师教育转变的必然性和科学性[J].教育研究，2014(3):127-131.

[30] 任友群，郑旭东.深度推进信息技术与教育的融合创新:《教育信息化"十三五"规划》(2016)解读

[J].现代远程教育研究，2016(5):3-9.

[31] 沈书生.形态视角下的信息化教学设计探析[J].电化教育研究，2015(12):65-69.

[32] 武法提.网络教育应用[M].2版.北京:高等教育出版社，2011.

[33] 冉新义.现代教育技术应用[M].厦门:厦门大学出版社，2017.

[34] 潘庆红.网络自主学习与学习环境构建[M].成都:电子科技大学出版社，2013.

[35] 张金磊，王颖，张宝辉.翻转课堂教学模式研究[J].远程教育杂志，2012(4): 46-51.

[36] 赵兴龙.翻转教学的先进性与局限性[J].中国教育学刊，2013(4):65-68.

[37] 张金磊.翻转课堂教学模式研究[J].远程教育杂志，2012(4):46-51.

[38] 丁建英，黄烟波，赵辉.翻转课堂研究及其教学设计[J].中国教育技术装备，2013(21):88-91.

[39] 何克抗，谢幼如，郑永柏.教学系统设计[M].2版.北京：北京师范大学出版社，2016.